PILZE

DER GROSSE NATURFÜHRER

PILZE

Ein umfassender Ratgeber zum Bestimmen und Sammeln von Pilzen

Ettore Bielli
Zeichnungen Laura Maggiora

VERLEGT BEI
KAISER

Titel des italienischen Originals: »Funghi«
Einzig berechtigte Übertragung aus dem Italienischen:
Mag. Linda Pölzler und Mag. Norbert Jakober
Fachlich redigiert: Mag. Klaus Kugi

Redaktion: Marco Drago, Andrea Boroli
Marcella Boroli, Cristina Cappa Legora,
Valeria Camaschella
Bildredaktion: Centro Iconografico des Istituto Geografico de Ágostini, Maria Serena Battaglia
Bildnachweis: Archiv IGDA (2P, G. Cappelli, F. S. Cirillo, A. Colombi, C. Del Prete, E. Ferrari,
G. Galli, R. Galli, E. Giovenzana, M. Giovanoli, P. G. Jamoni, A. Lucini, R. Mazza,
M. Pizzirani), Jacana 253, 270c, 276, 282, Jacana-Pissavini 177

Herausgegeben von: Studio Booksystem, Novara

Deutsche Erstausgabe

Neuauflage 2002
e-mail: office@kaiserverlag.com
www.kaiserverlag.com

Einbandgestaltung: Volkmar Reiter
Satz: Context Type & Sign Pink, St. Veit/Glan
Gesamtherstellung: Mladinska Knjiga, Slowenien

Inhalt

Deutsche Pilznamen

Einführung

Das, was man gemeinhin einen Pilz nennt, ist genau genommen nur der sichtbare Teil des Pilzorganismus, eine Art Fruchtkörper, der zur Produktion der Sporen gebildet wird, welche ihrerseits der Fortpflanzung dienen. Der restliche, nicht sichtbare Teil dieses Organismus befindet sich unter der Erde bzw. unter Laub im Unterholz, in moderndem Holz, in verschiedensten organischen Substanzen, die in Auflösung begriffen sind, oder in der Rinde von Bäumen, wo Pilze stets fadenförmige Stränge aneinander hängender Zellen, die sogenannten *Hyphen,* bilden, die in ihrer Gesamtheit das sogenannte *Myzel* ergeben. Dieses ist ein fein verzweigtes Geflecht, das manchmal mit freiem Auge als watteartige Substanz sichtbar ist, in anderen Fällen aber nur unter dem Mikroskop betrachtet werden kann.

Damit ein Fruchtkörper entstehen kann, müssen sich zuvor zwei Primärmyzelien der gleichen Pilzart vereinigen. Anschließend bilden die beiden Myzelien verschiedenen Geschlechts das sogenannte *Sekundärmyzel,* welches bei optimalen Bedingungen, d. h. bei entsprechender Temperatur, Feuchtigkeit und gutem Nährstoffangebot nach einer gewissen Zeit in der Lage ist, Fruchtkörper hervorzubringen, welche der Arterhaltung dienen, indem sie die sogenannten *Sporen* bilden.

Neben der geschlechtlichen Vermehrung kann sich der Pilz auch ungeschlechtlich fortpflanzen, und zwar indem er entlang der Hyphen bestimmte Zellen bildet, die sogenannten *Konidien,* aus denen direkt neue Sekundärmyzelien hervorgehen, die ohne Verschmelzung einen Fruchtkörper bilden können. In anderen Fällen kann die Fortpflanzung der Pilze auch durch eine Teilung des Pilzgeflechts vor sich gehen.

Entstehung eines Pilzemyzels: Die Sporen fallen zu Boden; nach der Keimung bildet sich das Primärmyzel, welches männlichen oder weiblichen Geschlechts sein kann. Durch die Verschmelzung zweier Primärmyzelien verschiedenen Geschlechts entsteht das Sekundärmyzel, der neue Pilz, aus dem nach einiger Zeit Fruchtkörper hervorgehen.

Die Verbreitung der Sporen erfolgt hauptsächlich durch den Wind. Da die Sporen sehr klein sind, können sie in kurzer Zeit mehrere Hundert Kilometer weit getragen werden. Das Weiterbestehen vieler Pilzarten kann aber auch durch die Verbreitung der Sporen durch Insekten gesichert werden, die sich entweder als Parasiten vom Pilz ernähren oder sich nur vorübergehend auf dem Pilz aufhalten. Manchmal fungieren auch Säugetiere wie das Wildkaninchen oder das Wildschwein als Sporenverbreiter, indem sie sich gelegentlich von Pilzen ernähren und die Pilzsporen später durch Ausscheidung verbreiten. Jeder Pilzfruchtkörper produziert in der Regel Milliarden von Sporen, aber nur sehr wenige fallen auf einen günstigen Boden, wo jene biologischen und ökologischen Bedingungen herrschen, die eine Keimung sowie die

Die Verbreitung der Sporen, wie sie nebenan dargestellt ist, geschieht meist durch den Wind. Im Bild unten sieht man - neben Basidien und Asci, auf oder in denen sich die Sporen bilden - die vielen verschiedenen Formen, in denen die Pilzsporen auftreten können.

Bildung eines Myzels ermöglichen. Die Pilze treten in einer unglaublichen Artenvielfalt auf - es sind bis heute mehr als 100.000 verschiedene Arten bekannt, die im Allgemeinen zum Pflanzenreich gezählt werden. Nunmehr wird aber immer öfter die Meinung vertreten, dass die Pilze eine eigene Gruppe bilden, die irgendwo zwischen dem Reich der Pflanzen und jenem der Tiere angesiedelt ist. Anatomisch bzw. physiologisch gesehen besitzen die Pilze nämlich sowohl pflanzliche als auch tierische Merkmale. Sie unterscheiden sich von den Pflanzen dadurch, dass sie keinerlei Chlorophyll (Blattgrün) besitzen und folglich nicht in der Lage sind, durch Photosynthese aus Wasser und Kohlendioxid Zucker herzustellen. Um zu überleben,

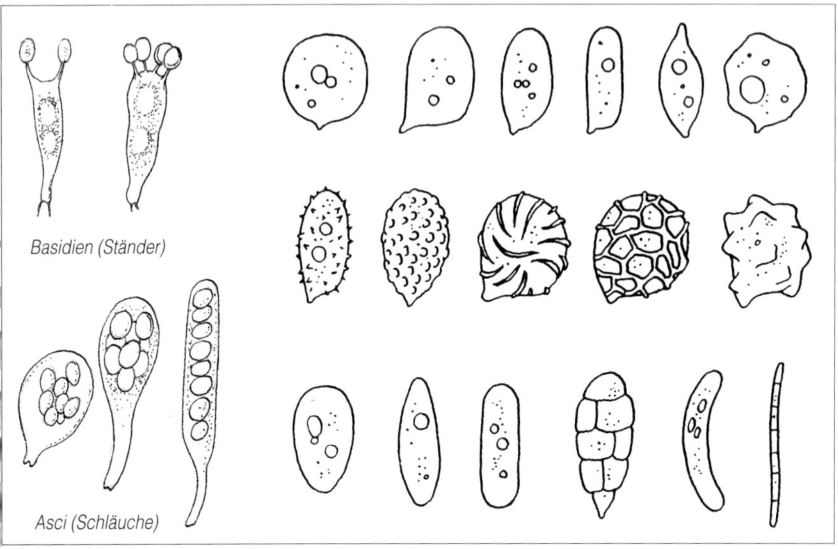

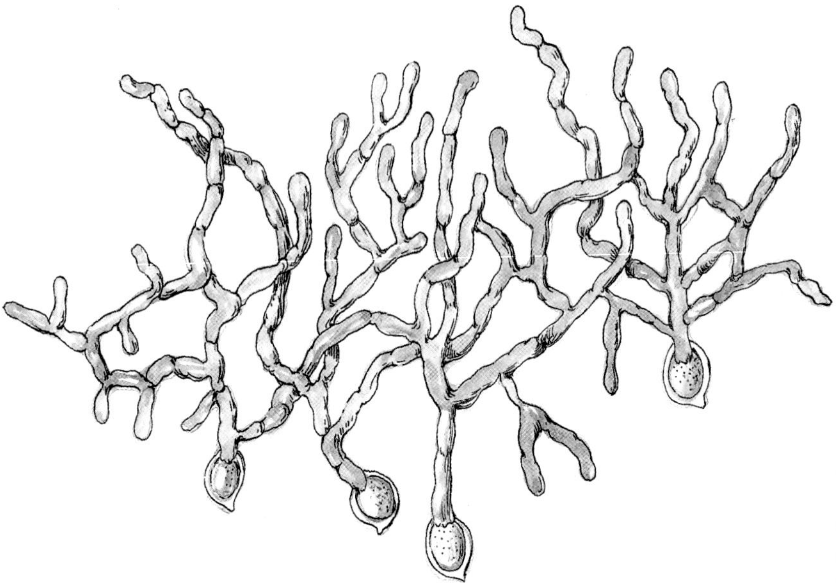

Entstehung eines Myzeliums aus keimenden Sporen

sind die Pilze also wie die Tiere darauf angewiesen, sich von Substanzen zu ernähren, die von anderen Organismen produziert wurden, wie etwa Proteine und Zucker, die zum Beispiel in verrottenden Pflanzenteilen enthalten sind. Außerdem bestehen die Zellwände des Pilzes nicht nur aus Zellulose, sondern auch aus Chitin, das ein typischer Bestandteil des Außenskeletts der Insekten und anderer Gliedertiere ist. Viele Schleimpilze, die, so wird vermutet, mit den Schimmelpilzen verwandt sind, entwickeln amöbenartige Zellen, die Nährsubstanzen gleichsam umschließen können - genau wie man es von den Amöben kennt, die als Protozoen ja zur Tierwelt gehören.

Die höheren Pilze, oder Makromycetes, werden in zwei Klassen unterteilt: die Ständerpilze (Basidiomycetes) und die Schlauchpilze (Ascomycetes).

Diese Unterteilung basiert auf verschiedenen Merkmalen des Pilzfruchtkörpers, welcher bekanntlich der Bildung der Sporen dient. Das *Hymenium* oder Fruchtfleisch der Ständerpilze besteht meist aus Lamellen oder Röhren, in denen dicht an dicht die zylindrischen oder keulenförmigen *Basidien* (Sporenständer) sitzen. An ihren Fortsätzen befinden sich die Sporen - meist sind es vier oder ein Vielfaches der Zahl vier. Ein einziger Fruchtkörper bringt in der Regel mehrere Milliarden Sporen hervor, die mit freiem Auge nur als eine Art Staub erkennbar sind.

Die Sporen der Schlauchpilze werden hingegen im Inneren eines zylindrischen oder sackförmigen Schlauches *(Ascus)* produziert. Zur Reifezeit öffnet sich der Schlauch am oberen Ende, um die Sporen freizugeben. Wir unterscheiden zwischen nichtgedeckelten (inoperculaten) Schläuchen und solchen, die am oberen Ende ein Deckelchen besitzen, welches sich zu gegebener Zeit öffnet (operculate Schläuche).

Form und Farbe der Sporen unterscheiden sich oft stark voneinander und sind daher für den Wissenschafter ein wichtiges Unterscheidungsmerkmal für schwer zu bestimmende Arten.

Bau der Pilze

Die Ständerpilze mit ihren typischen schirmförmigen Fruchtkörpern haben schon seit jeher unsere Fantasie beflügelt und sind zum festen Bestandteil zahlreicher Märchen geworden, in denen Feen und Zwerge den Wald bevölkern, wo im übrigen auch diese Pilze daheim sind. Sie haben einen mehr oder weniger gut entwickelten Stiel, der bisweilen zylindrisch, manchmal aber auch an der Basis knollig verdickt oder aber verjüngt sein kann. In manchen Fällen ist der Stiel spindelartig verlängert und wurzelt tief im Boden. Die Oberfläche des Stiels kann unter anderem glatt, schuppig, geädert, gerieft, genattert oder körnig sein. Der Stiel kann entweder aus festem Fruchtfleisch bestehen oder aber teilweise bis gänzlich hohl sein. Manchmal ist der untere Teil des Stiels mit einer Membrane von unterschiedlicher Festigkeit, der sogenannten *Volva* (Scheide) umgeben. Es handelt sich dabei um den aufgerissenen unteren Teil der Allgemeinhülle (*Velum generale* oder *universale*), welche den Fruchtkörper in seinem frühen Entwicklungsstadium gänzlich umhüllt. Das Velum kann auch im mittleren bis oberen Bereich des Stieles Spuren hinterlassen, und zwar in Form eines Rings oder einer Manschette, welche mehr oder weniger stark ausgeprägt sein können und oft mit fortschreitender Reifung des Pilzes gänzlich verschwinden. Die Verbindung des Stiels mit dem Hut kann zentrisch (gestielt), exzentrisch (seitlich gestielt) oder stark exzentrisch (am Rande gestielt, zungenförmig) sein. Während der Reifung des Pilzes ist die Form des Hutes meist großen Veränderungen unterworfen. Ist er anfangs kugelig bzw. glockenförmig, so kann er bei völliger Reife in der Mitte eine mehr oder weniger starke konkave Vertiefung aufweisen. Der Hut kann weiters völlig flach sein, er kann aber auch unregelmäßig konvexe Formen, in der Art eines steifen oder flachen Höckers, annehmen (spitzgebuckelt, rundlich gebuckelt). Die Oberfläche des Hutes kann glatt, gewellt, gerieft, mit verschieden großen Schuppen bedeckt, glänzend, schleimig, klebrig oder trocken bzw. körnig sein. Der Hutrand kann eingerollt sein, vielfach ist er auch ausgebuchtet oder gelappt, manchmal von Fransen behangen. Unterseits des Hutes bildet sich das sporenbildende Gewebe *(Hymenium)*, welches

Verbindung der Lamellen mit dem Stiel bei Blätterpilzen. Ganz unten: Darstellungen der häufigsten Stielformen bei den Blätterpilzen. Wichtiges Bestimmungsmerkmal ist auch die Form der Stielbasis.

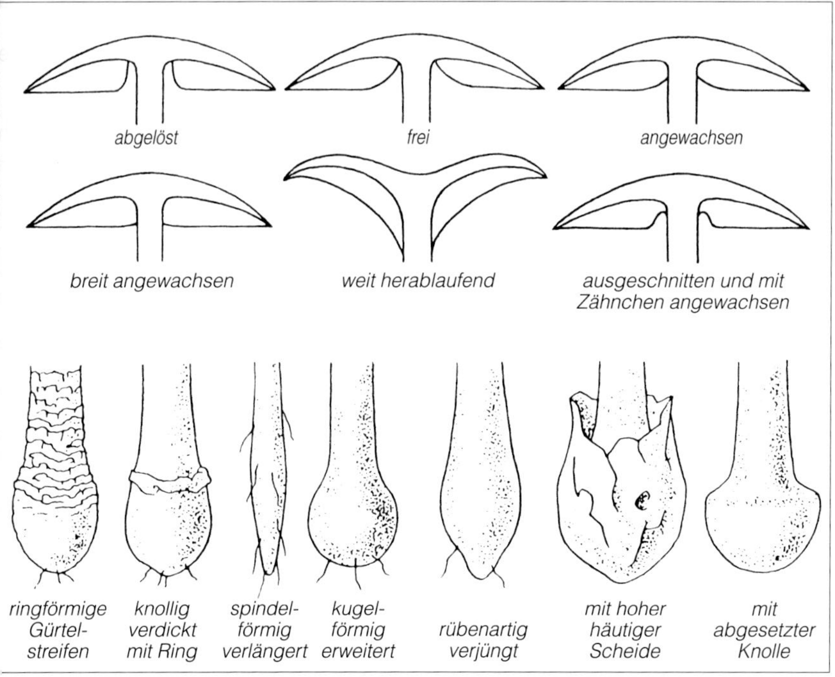

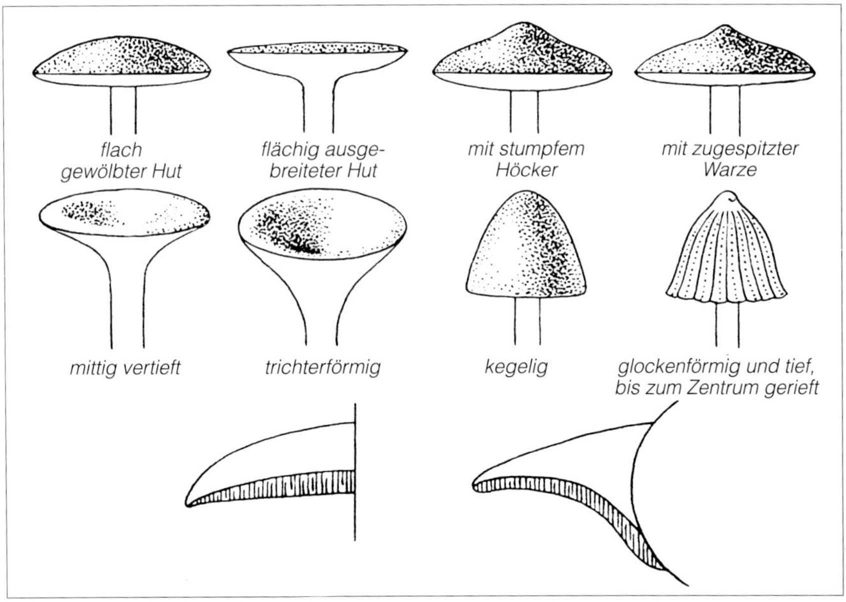

Huttypen und deren genaue Bezeichnung bei Hutpilzen. Unten: Zwei Hutformen von Porlingen, die in dieser Form ohne Stiel aus dem Substrat Holz herauswachsen.

bei den Ständerpilzen entweder aus Lamellen oder aus Röhren besteht. Für die Klassifizierung der Lamellenpilze stellen die Lamellen ein wichtiges Unterscheidungsmerkmal dar. Wichtige Kriterien sind hierbei die Farbe, Größe, Stärke, Dichte des Wuchses, weiters die Breite sowie das eventuelle Vorhandensein von Gabelungen sowie von kürzeren Zwischenlamellen. Aber auch die Verbindung der Lamellen mit dem Stiel kann Aufschluss darüber geben, um welche Pilzart es sich handelt. So sind bei manchen Pilzen die Lamellen gänzlich mit dem Stiel verwachsen, bei anderen herablaufend oder ausgekerbt und mit Zähnchen angewachsen oder aber frei, das heißt nicht mit dem Stiel verwachsen.

Die Röhren, welche für die Familie der Röhrenpilze (Boletaceae) und der Porlinge (Polyporaceae) charakteristisch sind, stellen ein schwammartiges Gewebe dar. Die Ausgänge der Röhren werden von den sogenannten Poren gebildet. Auch hier kann die Verbindung mit dem Stiel für die Pilzbestimmung wichtig sein. Nicht zuletzt sind aber auch die Länge und der Durchmesser der Röhren sowie die Form der Poren (rundlich, eckig, länglich usw.) wichtige Unterscheidungsmerkmale.

Eine Ausnahme bei den Ständerpilzen stellen die Familien der Stinkmorcheln (Phallaceae), Gitterpilze (Clathraceae), Staubpilze (Lycoperdaceae) und Kartoffelboviste (Sclerodermataceae) dar. Das Hymenium liegt bei den ersten beiden Familien völlig frei, während es sich bei den beiden anderen im Inneren eines kugel- oder birnenförmigen Beutels, der sogenannten Innenhülle *(Endoperidie)*, befindet, die ihrerseits von der Außenhülle *(Exoperidie)* umgeben ist. Hat der Pilzfruchtkörper seine volle Reife erreicht, so öffnet er sich am Scheitel und entlässt im Zuge der Alterung Unmengen von Sporen in Form von Staubwolken. Bei den Schlauchpilzen (Ascomycetes) gibt es häufig keine klare Trennung zwischen Stiel und Hut. Meist besitzen sie auch nicht die für die Ständerpilze so typische Schirmform. Die Morcheln und Lorcheln haben zwar eine Art Stiel sowie einen Hut, der vor allem bei den Morcheln eher kegelig ausfällt und mit wabenartigen Vertiefungen versehen ist. Der Hut der Lorcheln hingegen ist oft kraus, lappig oder sattelförmig.

Andere Schlauchpilze haben ein becherförmiges Aussehen und sind bisweilen von gallertartiger Konsistenz. An der Oberseite dieser Becher wird das Sporen bildende Gewebe bzw. die Sporen gebildet. Zu den Schlauchpilzen gehören beispielsweise auch die äußerst begehrten Trüffeln, die in Form von Knollen unter der Erde heranwachsen. Bei ihnen werden die Sporen im Inneren des Fruchtkörpers gebildet.

Lebensformen der Pilze

Da die Pilze weder Chlorophyll noch andere Arten von Pigmenten zur Photosynthese besitzen, müssen sie die für sie lebensnotwendigen Stoffe von anderen Organismen beziehen. Dabei sind sie auf Pflanzen oder bisweilen auch auf tierische Überreste angewiesen, aus denen sie sich die notwendigen Nährstoffe holen.

SAPROPHYTISCHE PILZE

Die meisten Pilzarten leben saprophytisch, d. h., sie wachsen auf toten oder vermodernden pflanzlichen Organismen, auf Falllaub, Nadelstreu, abgefallener Rinde, vermodertem Holz oder Dung. In selteneren Fällen siedeln sie sich auf toten Insekten an, wie dies bei der Raupenkernkeule und der Puppenkernkeule, zwei Cordyceps-Arten, der Fall ist.

Durch ihre Rolle als »Zersetzer« aller organischen Substanzen des Waldes spielen die Pilze eine äußerst wichtige Rolle für die Ökologie des Waldes, sorgen sie doch für den raschen Abbau von abgefallenem Laub, Zweigen, abgestorbenen Bäumen und tragen somit dazu bei, dass der Wald frei von »Abfall« ist.

PARASITISCHE PILZE

Diese Pilze gedeihen auf Kosten von anderen lebenden, vorwiegend pflanzlichen Organismen. Sie siedeln sich gerne auf großen Bäumen an, wobei eine kleine Wunde in der Rinde genügt, um das Eindringen der Pilzsporen zu ermöglichen. Manchmal gelingt es den Pilzsporen auch mit Hilfe von holzfressenden Insekten, die sich in oder unter der Rinde von Bäumen aufhalten, eine geeignete »Wirtspflanze« zu finden. Hier spielt vor allem der Borkenkäfer eine große Rolle. Unter dem Mikroskop kann man erkennen, dass diese Insekten ständig eine geringe Anzahl an Pilzsporen in den winzigen Spalten ihres Außenskeletts tragen. Oft findet man sogar Pilzsporen in der Hülle ihrer Eier. Die Pilzfäden parasitischer Pilze dringen in das Gewebe der Pflanze ein und bilden allmählich ein dicht verflochtenes Netz aus filzig weißen Strängen, welche dem »Wirt« unaufhörlich Pflanzensaft entziehen und ihn damit mehr oder weniger rasch zum Absterben bringen. Es gibt sogar parasitische Pilze, die auf anderen Pilzen wachsen, dabei aber meist auf eine ganz bestimmte Pilzart beschränkt sind. Zu dieser Gruppe zählt der sogenannte Schmarotzerröhrling oder parasitische Röhrling, der sich ausschließlich in Pilzen der Art Kartoffelbovist entwickeln kann. Zwischen der saprophytischen und

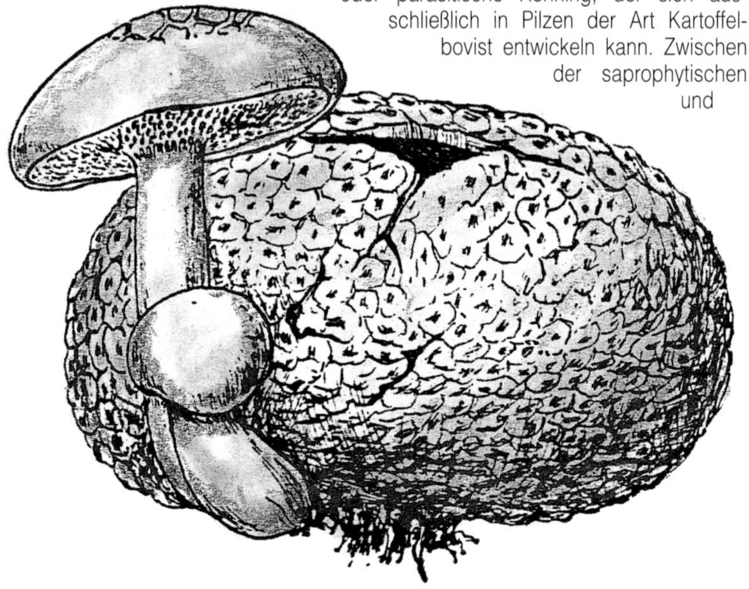

Der typische Fall eines parasitisch lebenden Pilzes, der in einem anderen Pilz schmarotzt, ist der Schmarotzerröhrling, der ausschließlich auf Kartoffelbovisten lebt.

der parasitischen Lebensform von Pilzen lässt sich aber keine klare Trennlinie ziehen. Wenn es die Umstände erfordern, können viele parasitische Pilze vollständig die saprophytische Lebensform annehmen. Zahlreiche Beispiele dafür sind die Löcherpilze, die Seitlinge und der bekannte Hallimasch, welche ihre Wirtspflanze durch Entziehung der Pflanzensäfte zuerst zu Grunde gehen lassen und sich dann von der abgestorbenen Substanz ernähren.

SYMBIONTISCHE PILZE

Viele Pilze, allen voran die Wulstlinge und die Röhrlinge, umschließen mit ihren Pilzfäden die Wurzeln von Grünpflanzen, um so die nötigen Nährstoffe zu bekommen. Diese Lebensform, von der beide Beteiligten profitieren, nennt man auch *Mykorrhiza*. Sie stellt eine Lebensgemeinschaft dar, die für die Ökologie des Waldes von fundamentaler Bedeutung ist.

Wenn das sich unterirdisch ausbreitende Myzel auf eine Wurzel trifft, umschließt es deren Oberfläche mit weißlich filzigen Pilzfäden, die auch mit freiem Auge sichtbar sind (ektotrophe Mykorrhiza). In anderen Fällen dringen die Pilzfäden (Hyphen) tief ins Innere der Wurzelzellen ein (endotrophe Mykorrhiza). In beiden Fällen entnimmt der Pilz der Pflanze Zucker und andere wichtige Nährstoffe, die er für sein Wachstum braucht. Es sieht aber nicht so aus, als ob der Baum darunter leiden würde - im Gegenteil, die Symbiose mit dem Pilz ermöglicht es ihm, bestimmte, für sein Wachstum äußerst wichtige Substanzen wie Natrium, Kalium oder Phosphor leichter aufzunehmen. So wurde beispielsweise beobachtet, dass Bäume, die auf Böden mit geringem Mineraliengehalt wachsen und in einer Mykorrhizabindung mit einem Pilz stehen, sich wesentlich besser entwickeln als solche ohne Pilzgemeinschaft.

Auf der Abbildung unten ist die symbiotische Lebensgemeinschaft zwischen Pilz und Baum, die Mykorrhiza, dargestellt.

In manchen Fällen ist die Mykorrhiza für das Überleben beider Partner unentbehrlich. Manche tropische Orchideen beispielsweise haben im Anfangsstadium ihres Wachstums keine Möglichkeit, den Prozess der Photosynthese zu aktivieren und sind daher, um sich entwickeln zu können, auf eine saprophytische Gemeinschaft mit einem Pilz angewiesen. Zu diesem Zweck geht die Orchidee praktisch sofort nach der Keimung eine endotrophe Mykorrhiza mit einem Pilz ein, die es ihr ermöglicht, die notwendigen Nährstoffe aufzunehmen. Sobald die Orchidee entwickelt ist, erlangt sie die Fähigkeit zur Photosynthese und ist nicht mehr auf die Symbiose mit dem Pilz angewiesen. Der Pilz stirbt ab, jedoch nicht bevor er eine Unmenge von Sporen produziert hat, die vom Wind oder Wasser weitertransportiert werden und von denen einige schließlich auf eine Pflanze treffen, mit der sie sich wieder gemeinsam entwickeln können.

Giftpilze und ihre Gefahren

Unter den Pilzen gibt es einige für den Menschen giftige Arten, deren Verzehr in gewissen Fällen sogar zum Tod führen kann. Aber auch essbare Pilze können mitunter Vergiftungserscheinungen hervorrufen; so kann bei manchen Personen der Verzehr größerer Mengen von Speisepilzen bisweilen zu schweren Störungen des Magen-Darm-Bereichs führen, die aber nach kurzer Zeit wieder verschwinden. Darüber hinaus kann es gelegentlich auch vorkommen, dass Steinpilze oder Milchlinge für manche Menschen unverträglich sind. Dabei kann es zu Verdauungsstörungen bis hin zum Auftreten unangenehmer Hautausschläge mit starkem Juckreiz kommen, ähnlich der Nesselsucht, wie sie der Genuss von Erdbeeren, Himbeeren, Feigen oder Meeresfrüchten manchmal auslöst. Überdies stellen auch die in unglaublich großer Zahl produzierten Pilzsporen sogenannte Allergene dar, welche bisweilen für Atemwegsbeschwerden verantwortlich sind. Sie können bei manchen Menschen einen klassischen Heuschnupfen auslösen, mitunter aber auch zu Asthmaanfällen führen, sodass ärztliche Hilfe vonnöten ist. Manche Pilzarten, die sich normalerweise sehr gut zum Verzehr eignen, wie etwa der Steinpilz oder der Kaiserling, sollten in überreifem Zustand nicht mehr gesammelt werden, da sie entweder von Insekten befallen oder aber bereits Giftstoffe wie Putreszin oder Ptomain gebildet haben, die den Giftstoffen in verdorbenem Fleisch ähnlich sind. Werden solche Pilze verzehrt, so riskiert man eine schwere Vergiftung.
Es gibt viele Pilze, die im rohen Zustand schwach giftig sind. Werden sie aber eine gewisse Zeit lang gekocht, so verschwindet die Giftigkeit und der Pilz kann unbedenklich verzehrt werden. Der Grund dafür ist, dass diese Pilze thermolabile (hitze unbeständige) Giftstoffe enthalten, deren Moleküle sich beim Erreichen einer bestimmten Temperatur in kleinere Moleküle aufspalten, welche nunmehr ungiftig sind. Zu den Pilzen, die in jedem Fall stark erhitzt werden müssen, zählen der Hallimasch, die essbaren Morcheln, der Netzstielige Hexenröhrling, der Nebelgraue Trichterling sowie viele genießbare Wulstlinge. Der Verzehr dieser Pilze im Rohzustand verursacht Beschwerden im Magen-Darm-Trakt, die von Übelkeit, Erbrechen, Kopfschmerzen und Schweißausbrüchen begleitet sein können.
Viele Pilze produzieren aber auch thermostabile (hitzebeständige) Giftstoffe, die man nicht einmal durch langes Kochen unschädlich machen kann. Diese Arten verursachen schwere Vergiftungen, die bisweilen sogar zum Tod führen können.

DAS PHALLOIDES-SYNDROM (LEBERVERGIFTUNG)

Die Mehrzahl aller Pilzvergiftungen mit Todesfolge geht auf das Konto von drei sehr häufig auftretenden Wulstlingen: dem Grünen Knollenblätterpilz *(Amanita phalloides)*, dem Weißen Knollenblätterpilz *(Amanita verna)* und dem Kegelhütigen Knollenblätterpilz *(Amanita virosa)*. Die giftig wirkenden Substanzen sind ringförmig angeordnete Eiweiße (Zyklopeptide), die zur Gruppe der Polypeptide gehören und auf Grund ihrer Struktur nicht durch Kochen zerstörbar sind (thermostabile Gifte). Dazu gehören das Phalloidin, das Alpha-Amanitin, das Beta-Amanitin und das Gamma-Amanitin, welche schwer leberschädigend wirken und schon bei wenigen Milligramm pro Kilo Körpergewicht zum Tod führen. Man kann davon ausgehen, dass der Verzehr von nur 50 Gramm dieser Pilze bei einem erwachsenen Menschen bereits tödlich wirkt.

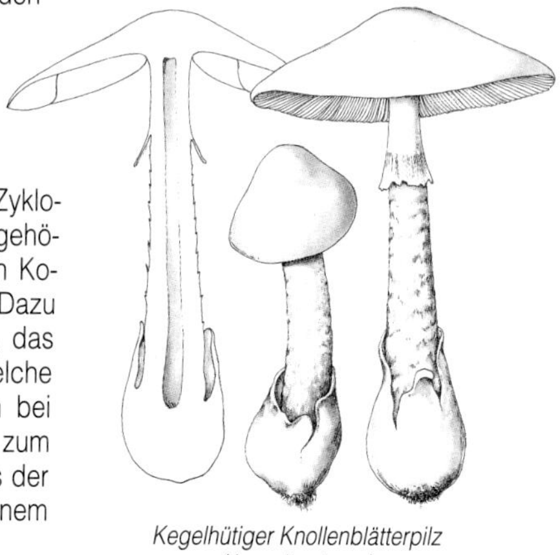

Kegelhütiger Knollenblätterpilz (Amanita virosa)

Grüner Knollenblätterpilz
(Amanita phalloides)

Größte Vorsicht ist also mehr als angebracht. Um jedes Risiko auszuschließen, sollten in diesem Fall auch ähnliche Arten vermieden werden, und im Zweifel sollte man unbedingt einen Pilzfachmann zu Rate ziehen.

Das Phalloides-Syndrom nimmt einen sehr langsamen Verlauf und schädigt vor allem die Leber. Die Symptome treten erst spät auf, manchmal erst zwei Tage nach Verzehr der Pilze. Anfangs äußert sich die Vergiftung in starken Bauchschmerzen, heftigem Erbrechen und Durchfall, was zur Austrocknung des Organismus führt, weitere Symptome sind Schweißausbrüche, wenig Harnabscheidung und Wadenkrämpfe. Nach einer Periode scheinbarer Besserung kommt es in weiterer Folge zur Gelbsucht. Nach fünf bis zehn Tagen stirbt der Kranke schließlich an den Folgen einer unzureichenden Leberfunktion.

Bis heute sind keine sicheren medizinischen Methoden bekannt, um diese heimtückische Vergiftung in den Griff zu bekommen. Gute Resultate erzielte man lediglich auf Grund einer frühzeitigen Erkennung der Pilzvergiftung und mit Hilfe von bestimmten, schwer zu beschaffenden Gegengiften. Interessanterweise wirkt sich der Verzehr dieser Pilze auf die Insekten und Weichtiere, die sich von ihnen ernähren, keineswegs tödlich aus. Es wäre also ein gewaltiger Irrtum, zu glauben, dass Pilze, die von Schnecken oder Insekten befallen sind, auch essbar seien.

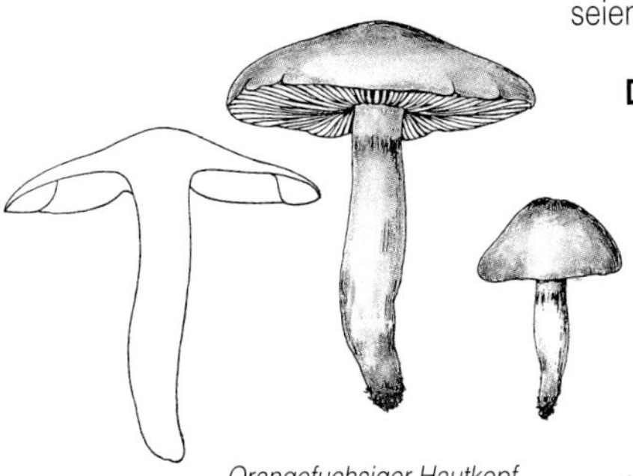

Orangefuchsiger Hautkopf
(Cortinarius orellanus)

DAS ORELLANUS-SYNDROM (NIERENVERGIFTUNG)

Hierbei handelt es sich um eine sehr schwere Vergiftung, die oft zum Tod führt und die Ähnlichkeiten mit der Phalloides-Vergiftung aufweist. Der Orangefuchsige Hautkopf *(Cortinarius orellanus)* und der Fleischrötliche Giftschirmling *(Lepiota helveola),* aber auch andere Schirmlinge enthalten einen gefährlichen thermostabilen Giftstoff, der Orellanin genannt wird und der trotz längerer Kochzeit nichts von seiner Giftigkeit verliert. Bevor die ersten Vergiftungserscheinungen auftreten, vergeht eine verhältnismäßig lange Zeit von zwei bis 14 Tagen. Zu Beginn der Krankheit hat man mitunter unstillbaren Durst und Migräne, später treten starke Bauchschmerzen, ein Kältegefühl in den Gliedmaßen sowie Rückenschmerzen auf. Der Tod tritt auf Grund irreversibler Schäden an den Nieren ein. Orellanin-Vergiftungen kommen eher selten vor, da die Pilze, welche diesen Giftstoff enthalten, nicht sehr häufig anzutreffen sind und auch nicht besonders verlockend aussehen.

DAS PANTHERINA- ODER FLIEGENPILZ-SYNDROM

Die diese Art der Vergiftung hervorrufenden Pilze sind Pantherpilz und Fliegenpilz, welche eine ganze Reihe von Giftstoffen enthalten. Hauptverantwortlich sind Muscarin und Muscaridin, aber auch das Bufotenin, welches Halluzinationen hervorruft. Je nach Verhältnis und Gehalt der Toxine im Pilzgewebe kann man verschiedene Vergiftungsarten beobachten, die sich oft auch überlagern. Wenn etwa das Muscarin und das Bufotenin überwiegen, macht sich bald ein Erregungszustand bemerkbar, der einem Alkoholrausch ähnelt und der auch in Halluzinationen, extreme Stimmungsschwankungen, hysterische Anfälle, aber auch extreme Mattigkeit münden kann. Wenn der Giftstoff Muscaridin den Hauptteil ausmacht, zeigen sich eher Störungen im Magen-Darm-Trakt, die sich in Durchfall, Erbrechen, Schweißausbrüchen, vermehrter Speichelabsonderung und wenig Harnabscheidung äußern. Die Symptome treten bereits kurze Zeit, d. h. 30 Minuten bis eine Stunde nach Verzehr der Pilze, ein. Eine Magenspülung bringt diese Symptome meist rasch wieder zum Abklingen. Der Name »Fliegenpilz« kommt übrigens daher, dass dieser Pilz in früheren Zeiten vor allem in Mitteleuropa oft zur Bekämpfung von lästigen Fliegen verwendet wurde. Man bestreute einige Pilzstücke mit Zucker und legte sie im Haus und in den Ställen aus. Die Fliegen wurden vom Zucker angelockt und nahmen gleichzeitig mit ihm auch das Pilzgift auf, worauf sie bald zu Grunde gingen.

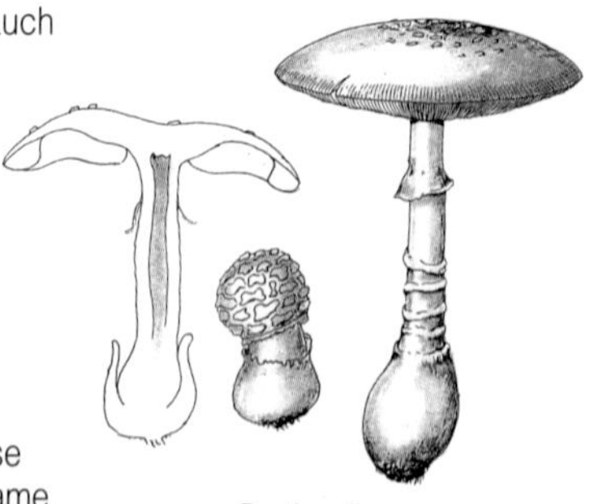

Pantherpilz (Amanita pantherina)

DAS MUSCARIA-SYNDROM

Diese Vergiftungserscheinung tritt nach dem Verzehr von Trichterlingen und von Risspilzen auf, die fast ausschließlich den Giftstoff Muscarin enthalten. Die Symptome machen sich bereits nach einer bis zwei Stunden bemerkbar, und zwar durch Verengung der Pupillen, starke Schweißausbrüche, Speichel- und Tränenfluss, starke Bauchschmerzen, Erbrechen, Sehstörungen, beschleunigten Puls und Atemnot. Die Krankheit nimmt meist einen verhältismäßig harmlosen Verlauf, in schweren Fällen wird als Gegenmittel in der Regel Atropin verabreicht.

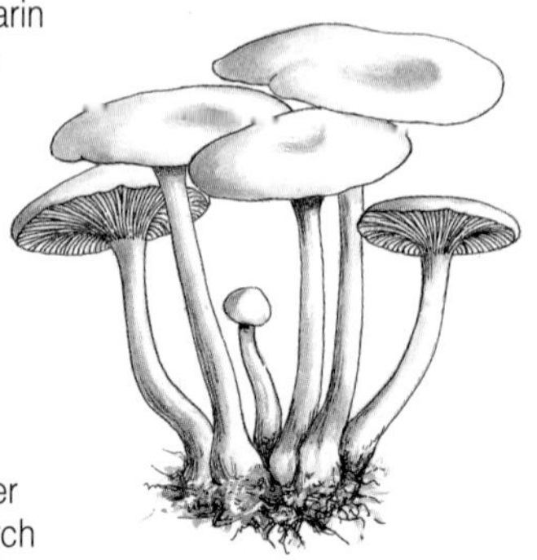

Feldtrichterling (Clitocybe dealbata)

DAS GYROMITRA-SYNDROM

Diese Vergiftung wird hauptsächlich durch den Verzehr der Frühjahrslorchel *(Gyromitra esculenta),* aber auch durch einige Morchelarten verursacht. Der Giftstoff in diesen Pilzen ist das Gyromitrin, welches teilweise thermostabil ist und zur Hämolyse (Zerfall der roten Blutkörperchen) führen kann. Zu Beginn der Vergiftung treten Kopf- und Bauchschmerzen, Erbrechen und Durchfall auf, die nach zwei bis sechs Tagen abklingen. Nach einer kurzen, trügerischen Erholungsphase kommt es zu Leberschädigung und Hämolyse. In schweren Fällen kann der Erkrankte ins Koma fallen und sterben. Einen derart schwerwiegenden Verlauf nimmt die Erkrankung jedoch im Allgemeinen nur bei Kindern oder Personen mit schlechtem Allgemeinzustand. Bei dem Stoff Gyromitrin handelt es sich um ein Gift, das im Körper mehr oder weniger lange Zeit akkumuliert wird, sodass mehrmaliger Genuss innerhalb weniger Tage zu schweren Organschäden führen kann.

DAS PSILOCYBIN-SYNDROM

Dieses wird durch den Verzehr einiger Kahlköpfe (Psilocybe) und Samthäubchen (Conocybe) verursacht, die noch heute von Naturvölkern für bestimmte schamanische Riten verwendet werden. Die Giftstoffe, die in diesen kleinen, recht unscheinbaren Pilzen enthalten sind, sind Psilocybin

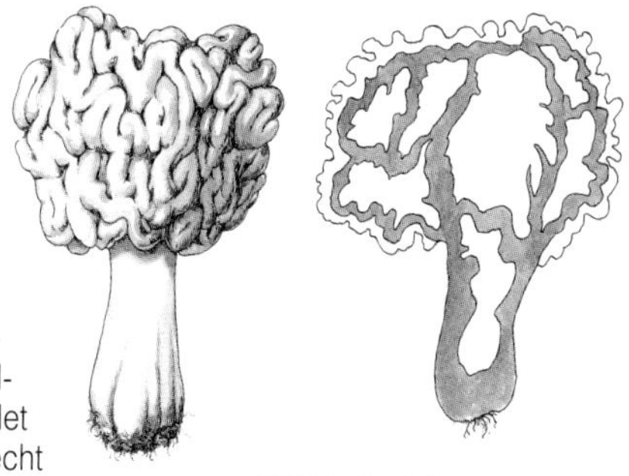

Frühjahrslorchel (Gyromitra esculenta)

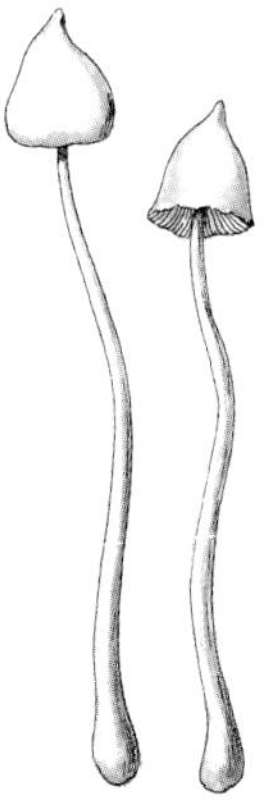

Spitzkegeliger Kahlkopf
(Psilocybe semilanceata)

und Psilocin. Diese rufen eine rasche Veränderung der Wahrnehmung hervor. Die Symptome äußern sich durch ein rasches Absinken des Blutdrucks, Schwindel, Kältegefühl, Benommenheit, Verwirrung und Erregung, mitunter auch Depressionen, begleitet von starken Halluzinationen, die sogar zum Selbstmord führen können.

DAS COPRINUS-SYNDROM

Dieses wird durch den Verzehr des Grauen Tintlings (»Antialkoholikerpilz«) hervorgerufen. Der dafür verantwortliche Giftstoff, das Coprin, ist in Alkohol sehr gut löslich, weshalb die Vergiftung nur bei gleichzeitigem Genuss von Pilzen und Alkohol auftritt. Das Coprin blockiert den vollständigen Alkoholabbau, sodass sich im Blut Acetaldehyd anreichern kann. Die mitunter sehr starken Vergiftungserscheinungen halten maximal zwei bis drei Tage an und äußern sich in Atemnot, Angstzuständen, Sehstörungen, Blutdruckabfall bis hin zu Herzbeschwerden und Kollaps, aber auch in leichten bis mittelschweren Darmkoliken.

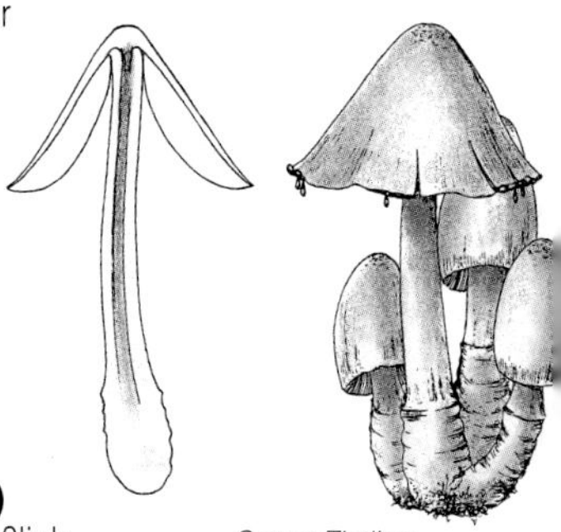

Grauer Tintling
(Coprinus atramentarius)

GASTROINTESTINALES SYNDROM (VERGIFTUNG DES VERDAUUNGSTRAKTES)

Diese Form der Vergiftung wirkt sich ausschließlich auf den Verdauungstrakt aus und schädigt keine anderen Organe. Sie wird vor allem durch den Riesenrötling *(Entoloma livicum),* den Tigerritterling *(Tricholoma pardinum),* den Ölbaumtrichterling *(Omphalotus olearius),* den Satansröhrling *(Boletus satanas)* sowie verschiedene Milchlinge und Täublinge hervorgerufen. Die Vergiftung äußert sich meist bereits wenige Stunden nach dem Verzehr der Pilze durch heftiges Erbrechen, kolikartige Bauchschmerzen und Durchfall sowie durch Muskelkrämpfe. Meist verschwinden diese Beschwerden nach einigen Tagen wieder. Bei Kindern und Erwachsenen mit schlechtem Allgemeinzustand muss jedoch mit Komplikationen gerechnet werden, die in seltenen Fällen auch zum Tod führen können.

Satansröhrling
(Boletus satanas)

Riesenrötling
(Entoloma sinuatum)

Pilze sammeln

Wie jeder Naturliebhaber sollte auch der Pilzsammler der Umwelt mit Respekt begegnen, um ihre Kreisläufe und ihre Ordnung nicht durch ungeschicktes oder fahrlässiges Verhalten unnötig zu stören. Leider kommt es immer wieder vor, dass die komplexen Lebensgemeinschaften des Waldes durch ein mehr oder weniger unbedachtes Niedertrampeln oder Ausreißen von allerlei Kräutern und Sträuchern empfindlich beeinträchtigt werden. So werden beispielsweise ungenießbare Pilze oft reihenweise von Sammlern zertreten, ausgerissen oder umgestoßen, wodurch dem ganzen Lebensraum großer Schaden zugefügt wird - denn dass diese Pilze für uns unbrauchbar sind, heißt ja noch lange nicht, dass sie für den Wald und seine Bewohner ebenfalls stets nutzlos sind. Es sollte uns allen bewusst sein, dass die Natur ein einzigartiges Gut ist, das niemandem wirklich gehört und das folglich auch niemand sich anmaßen darf zu zerstören.
Der Pilzsammler sollte sich jedoch nicht nur mit der richtigen Einstellung gegenüber der Natur, sondern selbstverständlich auch mit dem passenden »Werkzeug« auf den Weg machen. Da stellt sich zunächst einmal die Frage nach der Wahl des richtigen Behälters für die empfindlichen Pilze. Für diese Zwecke ist unter allen Möglichkeiten ein einfacher geflochtener Korb am besten geeignet. Der große Vorteil eines Korbes besteht in seiner Luftdurchlässigkeit und Formstabilität. Eigenschaften also, die eine Plastiktüte ganz und gar nicht erfüllt, denn die von den Pilzen abgegebene Feuchtigkeit kann in der Plastiktüte nur sehr eingeschränkt verdunsten, was zu einem Wärme- und Feuchtigkeitsstau führt, der in der Folge die rasche Zersetzung der gesammelten Pilze bewirkt. Darüber hinaus sollte man auch darauf achten, dass in ein und demselben Korb gute Speisepilze nicht zusammen mit Pilzen transportiert werden, deren Genießbarkeit höchst zweifelhaft ist, da ihre Sporen oder kleine Bruchstücke von ihnen sich mit essbaren Pilzen vermischen können und so beim Genuss möglicherweise Vergiftungserscheinungen hervorrufen können.
Zur Schonung des empfindlichen Pilzmyzels dreht man den Pilz sorgfältig aus dem Boden heraus; oder man kann ihn auch mit einem kurzen, scharfen Messer direkt über dem Boden abschneiden. Dabei sollte man überreife Exemplare ebenso meiden wie Pilze, die von Maden befallen sind.

Der nebenan abgebildete Kaiserling, der vor allem in wärmeren Gegenden zu finden ist, gilt als besonders schmackhafter Speisepilz.

Lebensraum der Pilze

Pilze sind in den verschiedensten Lebensräumen und Klimazonen anzutreffen. Manche leben sogar im Wasser, andere bevorzugen die Dunkelheit, wieder andere gedeihen in extremer Kälte bzw. Wärme. Es gibt beispielsweise Pilze, die sich bei bis zu 55 °C im Schlamm entwickeln, während andere etwa in der arktischen Tundra bei Minusgraden von bis zu 60 °C hervorragend gedeihen. Licht ist ja bekanntlich für das Wachstum aller Lebewesen von fundamentaler Bedeutung. Auf den Tintling hat das Licht jedoch eine eher wachstumshemmende Wirkung.
Für den Pilzsammler ist aber in erster Linie interessant, auf welchen Böden bzw. unter welchen Bäumen eine bestimmte Pilzart zu finden ist; der wahre Pilzfreund wird dabei jedoch nicht ausschließlich von kulinarischen Motiven geleitet sein, sondern schlicht und einfach Freude daran haben, mehr über das Leben dieser eigenartigen Gewächse zu erfahren.

LEBENSRAUM WALD

Am vorteilhaftesten für die Entwicklung der Pilze sind Wälder, in denen die Fruchtkörper in mehr oder weniger großer Zahl meist im Spätsommer und Herbst zum Vorschein kommen. Viele Pilzarten bevorzugen einen ganz bestimmten Waldtyp, wobei wir von einer grundsätzlichen Unterteilung in Laubwald, Nadelwald und Mischwald ausgehen. So trifft man eine bestimmte Pilzart häufig nur in einem bestimmten Waldtyp bzw. auf oder unter ganz bestimmten Bäumen an. Tatsächlich haben manche Pilzarten eine spezielle Vorliebe für eine einzige Baumart entwickelt, an der sie saprophytisch oder parasitisch leben. Andere gehen Lebensgemeinschaften mit bestimmten Baumarten ein, wovon beide Seiten Nutzen ziehen. Eine solche Symbiose nennt man Mykorrhiza.

Das Bild nebenan zeigt ein Exemplar der Schmetterlingstramete, einer Pilzart, die vorzugsweise auf Baumrinden von Laubbäumen wächst. Das Bild auf der nächsten Seite zeigt den Rillstieligen Helmling, der sich an Baumstümpfen oder auf morschem Holz entwickelt.

Bei den Pilzen, die in Wäldern gedeihen, unterscheidet man zwischen solchen, die auf Falllaub oder im dichten Gebüsch wachsen, und solchen, die sich auf Substraten wie Holz, Zweigen, Strünken, Wurzeln usw. entwickeln.
Die häufigsten Pilzarten kann man nach ihrem bevorzugten Waldtyp einordnen. Wir wollen hier anhand einer Auswahl von charakteristischen Pilzarten die verschiedenen Waldtypen behandeln und dabei jene Baumarten anführen, in deren Umgebung der Pilzliebhaber fündig werden kann.

LAUBWALD
Fast jeder Baumart können ein oder mehrere spezielle Mykorrhizapilze zugeordnet werden, die man am häufigsten dort antrifft, wo auch diese Baumart wächst. Oft muss ein Pilz sich in einem Dickicht aus verschiedenen niederen Grünpflanzen, Farnen und Moosen behaupten. Der erfahrene Pilzsammler weiß genau, welche Pilzarten auf trockenen Waldlichtungen und welche auf feuchtem Moos anzutreffen sind. Pappelwälder beispielsweise werden vom Perlpilz, vom Süßlichen Milchling, dem Rosascheckigen Milchling, dem Grasgrünen Täubling, dem Birkenreizker, Pappelritterling, Maronenröhrling und dem Rotfußröhrling als Standort bevorzugt.
In Eichen- und Mischwäldern des Flachlandes, aber auch in höheren Lagen, sind u. a. folgende Arten beheimatet: der Grüne Knollenblätterpilz, der Fliegenpilz, der Perlpilz, der Grasgrüne Täubling, der Birkenreizker, der Violette Milchling, der Maronenröhrling, der Rotfußröhrling, der Steinpilz sowie der Netzstielige Hexenröhrling.
In den etwas höher gelegenen Wäldern, in denen Stieleichen, Hainbuchen und oft auch Nussbäume vorherrschen, findet man vor allem den Hainbuchenraufuß, den Sommersteinpilz und viele Milchlingsarten, wie etwa den Süßlichen Milchling.
In trockenen Eichenwäldern in hügeligen Gegenden mit mildem Klima findet man vor allem den Grünen Knollenblätterpilz, den Grünschuppigen Täubling, den Purpurschwarzen Täubling, den Fleischroten Speisetäubling, den Süßlichen Milchling, den Trockenen Schneckling, den Goldflüssigen Milchling, den Eichenmilchling, den Netzstieligen Hexenröhrling und den Bronzeröhrling.
Unter Birken sind vor allem der Birkenpilz, der Grasgrüne Birkentäubling und der Kahle Krempling zu finden.
Laubwälder mit Edelkastanien, die häufig üppig bemoost sind und in denen vor allem Heidekraut und Heidelbeersträucher gedeihen, sind besonders reich an Pilzen. Die

Das Bild rechts zeigt den Stockschüppling, der hauptsächlich auf Falllaub gedeiht. Im Bild auf der nächsten Seite ist der Violette Rötelritterling zu sehen, der in Laub- und Nadelwäldern gleichermaßen anzutreffen ist.

häufigsten Arten sind dort der Fliegenpilz, der Perlpilz, der Pantherpilz, der Graue Wulstling, der Narzissengelbe Wulstling, der Speitäubling, Zinnobertäubling, Frauentäubling, der Milde Wachstäubling, der Langstielige Pfeffermilchling, der Wollige Milchling und der Schwefelritterling. Darüber hinaus findet man in diesen Wäldern eine große Zahl verschiedener Röhrlingsarten, von denen die häufigsten der Steinpilz, der Kiefernsteinpilz, der Maronenröhrling und der Netzstielige Hexenröhrling sind.

Buchenwälder, in denen auch die Weißtanne anzutreffen ist, haben wenig Dickicht, da sich auf Grund des Lichtmangels kaum niedrige Pflanzen entwickeln können. Für manche Pilzarten stellen sie jedoch äußerst günstige Standorte dar, und zwar vor allem für den Grünen Knollenblätterpilz, den Narzissengelben Wulstling, den Grauen Wulstling, den Zinnobertäubling, den Frauentäubling, den Gallentäubling und den Buchenheringstäubling. Die häufigsten Milchlinge des Buchenwaldes sind der Langstielige Pfeffermilchling, der Grubige Milchling und der Buchenmilchling. Von den Ritterlingen ist der Tigerritterling, von den Täublingen der Gallentäubling, der Frauentäubling und der Zinnobertäubling an derartigen schattigen Plätzen zu finden. Die Röhrlinge sind vor allem durch den Bronzeröhrling, den Königsröhrling, den Rotfußröhrling und den Satansröhrling (Letzerer vorzugsweise auf kalkigen Böden) vertreten.

Neben jenen Arten, die auf besondere Baumarten spezialisiert sind, gibt es aber auch solche, die keinen speziellen Standort bevorzugen und sozusagen überall wachsen. Dies ist beispielsweise beim Pfifferling der Fall. Andere Arten, die auf keinen bestimmten Standort beschränkt sind und in verschiedenen Laubwäldern, vor allem auf Falllaub, gedeihen, sind einige Vertreter der Gattungen Tintling, Hallimasch, Schirmling, Schüppling und Scheidling.

Bestimmte Pilzarten siedeln sich auf Baumstrünken in Laub-, Nadel- und Mischwäldern an; dazu zählen u. a. der Leberreischling und verschiedene Porlinge, wie z. B. der Klapperschwamm, der Schwefelporling, der Schuppige Porling und der sogenannte Eichhase, welche genießbar sind, solange der Pilzfruchtkörper noch jung ist. Für den Pilzsammler eher weniger interessante Arten sind solche aus den Gattungen Geastrum (Erdstern), Ramaria (korallenartige Pilze) und Clavaria (Keulenpilze) sowie bei den Schlauchpilzen die Gattungen Helvella (Lorcheln) und Peziza (Becherlinge). Überaus interessant für den Pilzsammler sind hingegen die Trüffeln, welche unterirdisch heranwachsen und zu denen einer der beliebtesten Delikatesspilze, die Piemonttrüffel, gehört. Die Trüffel lebt meist in Symbiose mit der Eiche, ist also vor allem in Eichenwäldern des Mittelmeerraumes anzutreffen.

NADELWÄLDER

In Kiefernwäldern gedeihen unzählige Pilzarten, welche entweder an diese Kiefern gebunden sind, oder aber auf Grund anderer Bedingungen, wie Temperatur, Lage, Feuchtigkeit oder Bodenbeschaffenheit, diesen Standort bevorzugen. In dieser Umgebung sind häufig einige Wulstlinge anzutreffen, insbesondere der Perlpilz, der Graue Wulstling, der Pantherpilz, der Gelbe Wulstling und der Graue Scheidenstreifling. Von den Täublingen sind hier der Fleischrote Speisetäubling, der Zitronentäubling und der Buckeltäubling zu nennen. Die häufigsten Milchlinge sind der Brätling und der Edel- oder Kiefernreizker; von den Ritterlingen bevorzugen vor allem der Riesenritterling, der Edelritterling (Grünling), der Erdritterling, der Schwefelritterling sowie der Violette Rötelritterling diesen Standort. Die am häufigsten in Kiefernwäldern zu findenden Röhrlinge sind der Kiefernsteinpilz, der Moorröhrling, der Rotfußröhrling, der Butterpilz und der Körnchenröhrling.
Fichtenwälder gelten als beliebte Standorte für den Fliegenpilz, den Perlpilz, den Pantherpilz und den Porphyrbraunen Wulstling, weiters für den Speitäubling, den Fleischroten Speisetäubling, den Dickblättrigen Täubling, den Braunen Ledertäubling und den Jodoformtäubling. Darüber hinaus trifft man hier auch häufig den Echten Reizker, den Grubigen Milchling, den Rotbraunen Milchling, den Kampfermilchling, den Ziegelgelben Schleimkopf, den Blaustielschleimfuß, den Purpurfleckenden Klumpfuß, den Rotfußröhrling sowie nicht zuletzt auch den Steinpilz und den Pfifferling.

Lärchenwälder beherbergen vor allem Milchlinge und Röhrlinge. Bei Ersteren sind der Lärchenmilchling und bei Letzteren der Hohlfußröhrling und der Gold- oder Lärchenröhrling am häufigsten vertreten.
Praktisch immer in Nadelwäldern anzutreffen ist der Schafporling, der zur Familie der Porlinge (Polyporaceae) gehört.

WIESEN UND WEIDEN
Zu den am häufigsten verbreiteten Mykorrhizapilzen auf mit Gras bewachsenen Flächen gehört der Kräuterseitling, ein Lamellenpilz, der aber eher das milde Klima Südeuropas bevorzugt. Von größerem kulinarischem Interesse sind daher die saprophytisch lebenden Champignons (Agaricus). Es ist bekannt, dass diese Pilze vor allem auf Wiesen und Weiden, aber auch in Getreidefeldern und in Äckern anzutreffen sind. Auf Wiesen und Grasflächen häufig zu finden sind weiters der Frühlingsschüppling und der Feldschwindling.
Auch Weiden mit sandigen Böden sind bekannt für ihre Pilzvielfalt. Am häufigsten trifft man dort auf verschiedene Vertreter der Gattungen Lepista (Rötelritterling und Röteltrichterling), Lepiota (Schirmlinge) und Agaricus (Champignons). Die Schirmlinge sind überaus häufig auf humusreichen Böden anzutreffen, wo im übrigen auch einige Pilze der Gattung Coprinus (Tintling) nicht selten zu finden sind, von denen vor allem der Graue Tintling und der Schopftintling zu nennen wären, die u. a. auf Schuttplätzen, Abfallhalden, Komposthaufen gedeihen. Kalkige Böden hingegen bevorzugt der Mairitterling.
Gras- und Weidelandschaften sind auch für viele kleinwüchsige Pilzarten ein guter Standort, von denen vor allem jene der Gattung Hygrocybe (Saftling) zu nennen wären, insbesondere der Kegelige Saftling, der Scharlachrote Saftling und der Papageigrüne Saftling.
Aber auch die Gattungen Psathyrella (Mürblinge, Faserlinge, Zärtlinge), Stropharia (Träuschlinge), Pluteus (Dachpilze) und Lycoperdon (Igelboviste) sind hier häufig anzutreffen, wobei die verschiedenen Vertreter durchwegs saprophytisch leben. Mit Ausnahme der Igelboviste handelt es sich ausschließlich um Lamellenpilze. Außerdem trifft man auf Wiesen und Weiden auch auf so manchen Rötling.

DAS PHÄNOMEN DER HEXENRINGE

Bei Spaziergängen durch Wiesen und Wälder trifft man immer wieder auf Pilzgruppen, die kleinere oder größere Kreise bilden. Es handelt sich dabei um sogenannte Hexenringe, um die sich seit der Antike zahlreiche Legenden ranken. Im Volksglauben deutete man diese Gebilde bisweilen als jene Orte, an denen die Götter ihre Blitze auf die Erde herabschleuderten oder an denen unterirdisch lebende Dämonen ihre üblen Dünste ausströmen ließen. Die germanische Mythologie betrachtete die geheimnisvolle kreisförmige Anordnung von Pilzen als jenen Ort, wo Hexen bei Vollmond ihre magischen Tänze vollführten und unheilvolle Zaubersprüche und Verwünschungen aussprachen.

Inzwischen hat die Pilzkunde den wahren Grund für dieses Phänomen längst geklärt. Das unterirdische Pilzmyzel, das zunächst auf eine eng begrenzte Stelle im Boden beschränkt ist, breitet sich mit der Zeit nach allen Richtungen mehr oder weniger gleichmäßig aus, wobei jeweils nur an der Außenseite, also dort, wo die Nährstoffe noch nicht verbraucht sind, Pilzfruchtkörper entstehen. Während also das Pilzgeflecht jedes Jahr immer weiter nach außen wächst, stirbt es von der Mitte her auf Grund mangelnder Nährstoffe langsam ab. Ein Hexenring kann sich verständlicherweise aber nur dann entwickeln, wenn es die Gegebenheiten zulassen und sich ihm keine natürlichen Hindernisse wie etwa Maulwurfshügel oder Steine in den Weg stellen.

Linke Seite: Der Riesenschirmling oder Parasol, ein köstlicher Speisepilz, welcher grasbewachsene Waldlichtungen und Waldränder bevorzugt, aber gelegentlich auch in Gärten, seltener auf Wiesen anzutreffen ist. Das Bild unten zeigt einen Hexenring von Feldschwindlingen.

Einteilung der Pilze in Familien

Bis heute sind mehr als 100.000 Pilzarten bekannt. Viele Arten sind allerdings sehr klein und produzieren Fruchtkörper, die nur unter dem Mikroskop sichtbar sind; es handelt sich dabei vorwiegend um Schimmelpilze und Hefepilze, von denen manche für Tiere und Pflanzen Krankheitserreger darstellen, während andere sich als äußerst nützlich erweisen. Dies ist z. B. bei Penicillium, dem Gießkannenschimmel, der Fall, aus dem das Penicillin gewonnen wird, ein Antibiotikum, das bei der Bekämpfung diverser bakterieller Infektionskrankheiten eine äußerst wichtige Rolle spielt. Ein weiteres Beispiel ist der Hefepilz, welcher für die Herstellung von Brot sowie von verschiedenen Gärungsgetränken wie Wein und Bier unentbehrlich ist. Untrennbar mit den Pilzen verbunden ist auch die Gruppe der Flechten, deren Vertreter sich aus je einem Pilz und einer Algenart zusammensetzen, welche in Symbiose miteinander leben und so die Flechten bilden.

Jene Pilze, mit denen sich der Fachmann sowie der Pilzsammler in erster Linie beschäftigen, sind die sogenannten Makromyceten oder Höheren Pilze, also solche, die einen Fruchtkörper hervorbringen, von denen die meisten oberirdisch (epigäisch), manche aber auch unterirdisch (hypogäisch) wachsen. Erstere fallen vor allem durch ihre mitunter beträchtlichen Ausmaße und ihre lebhaften Farben auf. Die Höheren Pilze unterteilt man gemeinhin in Ständerpilze (Basidiomyceten) und Schlauchpilze (Ascomyceten), eine Unterscheidung, die auf Grund der unterschiedlichen Fruchtkörper getroffen wird, mit denen die Pilze ihre Sporen produzieren. Bei den Ständerpilzen entwickeln sich die Sporen auf den sogenannten Basidien oder Sporenständern, das sind Zellen von keulen- oder von walzenförmiger Gestalt, auf deren Fortsätzen je vier Sporen sitzen. Die Schlauchpilze produzieren ihre Sporen im Inneren von sack- bzw. schlauchförmigen Zellen, die man *Asci* (Sporenschläuche) nennt. Die Klasse der Ständerpilze und jene der Schlauchpilze werden ihrerseits wiederum in Unterklassen, Ordnungen, Familien und Gattungen unterteilt, denen die einzelnen Pilzarten angehören. Im vorliegenden Buch, dessen Inhalt vornehmlich auf den Pilzfreund und Sammler zugeschnitten ist, wollen wir uns besonders auf die Besprechung der Makromyceten beschränken, wobei die Schimmel- und Hefepilze dabei nicht berücksichtigt werden.

Grüner Knollenblätterpilz (Amanita phalloides)

STÄNDERPILZE (BASIDIOMYCETES)

Wulstlinge (Amanitaceae)

Diese Familie umfasst eine beträchtliche Zahl von Pilzarten, die meist Mykorrhizapilze sind. Sie entwickeln vielfach große Hüte, die häufig von Velumresten in Form von weißlichen Häutchen bzw. Warzen oder Schüppchen bedeckt sind. Die bei Wulstlingen fast immer weißen Lamellen sind frei, d. h. nicht mit dem Stiel verwachsen. Der Stiel ist zylindrisch, schlank und an der Basis meist knollig verdickt. Oft ist er von einer mehr oder weniger häutigen Scheide (Volva) umgeben, welche den aufgerissenen unteren Teil der Allgemeinhülle (Velum) darstellt. Diese Scheide ist oft vergänglich. Die Sporen dieser Pilze sind meist weiß, glatt und von elliptischer Form. Einige Arten, wie z. B. der Grüne Knollenblätterpilz, der Weiße Knollenblätterpilz und der Kegelhütige Knollenblätterpilz, sind äußerst giftig. Bei manchen von diesen Wulstlingen kann bereits der Genuss einer geringen Menge zum Tod führen.

Schirmlinge (Lepiotaceae)

Zu dieser Familie gehören viele Arten von unterschiedlichster Form. Manche sind von imposanter Größe, wie etwa der Riesenschirmling oder Parasol *(Lepiota procera),* dessen Hutdurchmesser bis zu 30 cm erreichen kann. Andere wieder sind sehr klein, wie etwa der Fleischrötliche Giftschirmling *(Lepiota helveola),* der nur einen wenige Zentimeter messenden Hutdurchmesser aufweist.

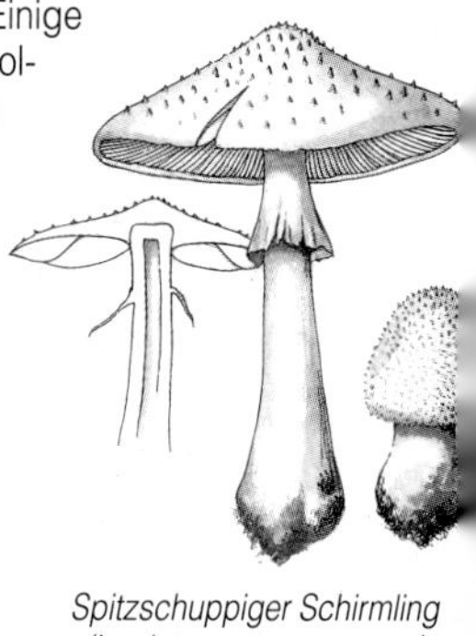

Spitzschuppiger Schirmling (Lepiota acutesquamosa)

Meist ist der Hut der Schirmlinge ausgebreitet und von zahlreichen haftenden Schuppen bedeckt. Der meist kräftige, zähe Stiel ist zylindrisch, schlank und häufig an der Basis verdickt, weist aber niemals eine Scheide auf. Der oft verschiebbare Ring ist häutig. Die Lamellen sind beim jungen Pilz gemeinhin von weißlicher Färbung, mit zunehmendem Alter werden sie aber immer dunkler. Die Sporen der Schirmlinge sind glatt und weißlich. Manche Vertreter dieser Familie sind hervorragende Speisepilze. Die kleineren Arten sind jedoch meist giftig. Fast alle Schirmlinge leben saprophytisch.

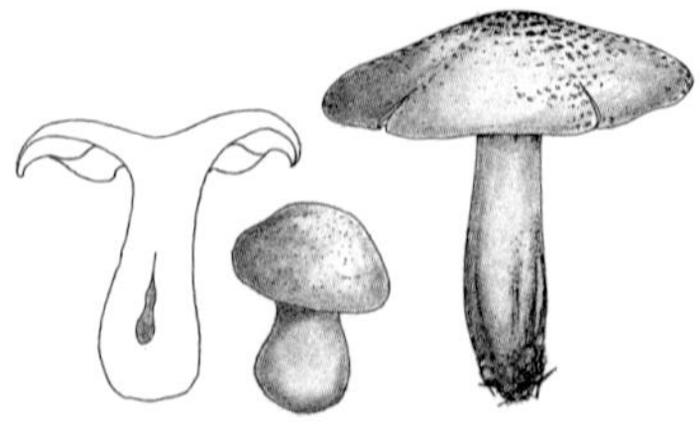

Tigerritterling
(Tricholoma pardinum)

Honiggelber Hallimasch
(Armillariella mellea)

Ritterlingsartige (Tricholomataceae)
In dieser Familie sind Pilze von verschiedenster Größe und Form vereint, wie etwa die Ritterlinge (Tricholoma), von denen fast alle giftig sind, die Trichterlinge (Clitocybe), deren Hut häufig niedergedrückt bzw. trichterförmig ist, weiters der Honiggelbe Hallimasch *(Armillariella mellea),* welcher meist in Büscheln wächst, sowie die Schwindlinge (Marasmius) mit ihren oft sehr dünnen, zähfleischigen Stielen und die Astschwindlinge (Marasmiellus), welche sich auf abgestorbenen Ästen ansiedeln. Die Lamellen sind bei dieser Pilzfamilie fast immer herablaufend und am Stiel typisch ausgebuchtet (»Burggraben«). Die entweder kugelförmigen oder elliptischen Sporen haben eine weiße bis rosa oder lila Färbung. Manche Pilze dieser Familie leben saprophytisch oder parasitisch, andere wiederum sind Mykorrhizapilze.

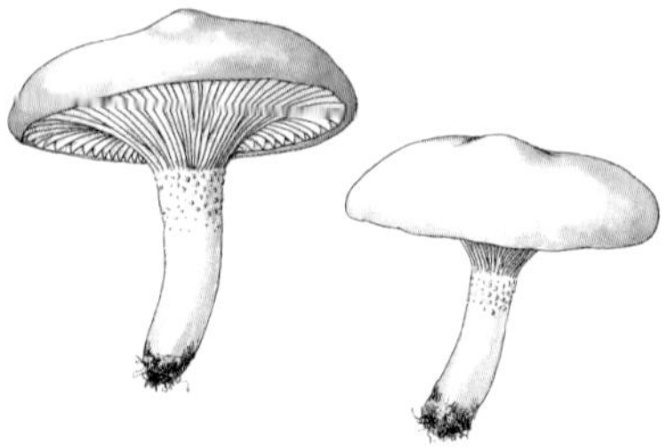

Wohlriechender Schneckling
(Hygrophorus agathosmus)

Wachsblättler (Hygrophoraceae)
Hierbei handelt es sich großteils um mittelgroße Pilze. Der Stiel ist meist von zylindrischer Form und hat weder einen Ring noch eine Scheide. Die Hutoberfläche ist glatt, oft sehr klebrig oder schleimig und meist kahl. Die Lamellen liegen gemeinhin nicht sehr dicht gedrängt beieinander und haben ein wachsartiges Aussehen. Sie sind entweder frei oder am Stiel herablaufend. Die Sporen sind weiß und von elliptischer Form. Die Vertreter dieser Familie leben fast ausschließlich auf Grünflächen, lieben kalkhaltige Böden und sind fast alle essbar, viele von ihnen gelten als sehr schmackhaft. Zu den Wachsblätterpilzen gehören der Schneckling (Hygrophorus), der Saftling (Hygrocybe) und der Ellerling (Camarophyllus).

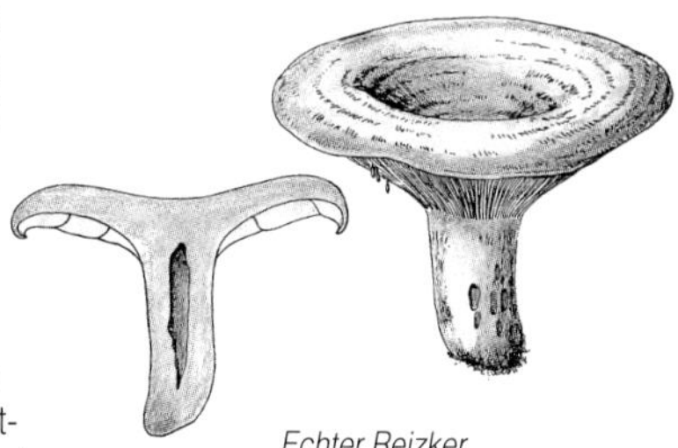

Echter Reizker
(Lactarius deliciosus)

Brauner Ledertäubling
(Russula integra)

Sprödblättler (Russulaceae)
Zu dieser Familie gehören Pilze, deren Hut im ausgewachsenen Stadium oft in der Mitte niedergedrückt, bisweilen sogar trichterförmig ist. Sie haben ein eher sprödes, brüchiges Fleisch. Gewisse Arten sind leicht an ihrer auffällig leuchtend roten oder violetten Färbung zu erkennen. Die Oberfläche des Hutes ist glatt, selten schmierig oder klebrig. Die Lamellen sind angewachsen bzw. lang herablaufend und mehr oder weniger dicht stehend. Das

Fleisch ist fast immer von weißer Farbe. Bei der Gattung der Milchlinge (Lactarius) quillt aus Bruchstellen eine mehr oder weniger dünnflüssige weißliche oder orangefarbene Milch, die einen milden, nach einer gewissen Zeit aber oft scharfen bis bitteren Geschmack hat.
Die elliptischen Sporen sind weißlich oder gelblich getönt. Zu dieser Familie zählen die Milchlinge (Lactarius) und die Täublinge (Russula), welche saprophytisch leben oder Mykorrhizapilze sind. Einige von ihnen sind giftig, andere ganz einfach ungenießbar. Nur wenige Arten sind essbar bzw. schmackhaft.

Austernseitling
(Pleurotus ostreatus)

Knäulinge, Seitlinge (Pleurotaceae)
Diese Familie ist eher schwierig einzugrenzen. Eine einheitliche Struktur weist eigentlich nur die Gattung der Seitlinge (Pleurotus) auf, deren Vertreter sich gerne auf lebenden und toten Laubholzstämmen ansiedeln, oft auch hoch über dem Erdboden. Ihre Fruchtkörper haben eine konsolenartige Form, der Stiel ist kurz und gebogen und sitzt seitlich am Hut. Die Lamellen sind sehr fleischig und wenig dicht stehend. Bei jungen Exemplaren ist der Hut samtig, bei älteren Pilzen wirkt die Hutoberfläche eher glatt und glänzend. Das Fleisch ist relativ fest, manchmal sogar lederig zäh. Neben giftigen Arten weist diese Gruppe auch so manchen schmackhaften Speisepilz, auf wie etwa den Austernseitling *(Pleurotus ostreatus),* der sich ausgezeichnet zur Züchtung eignet.

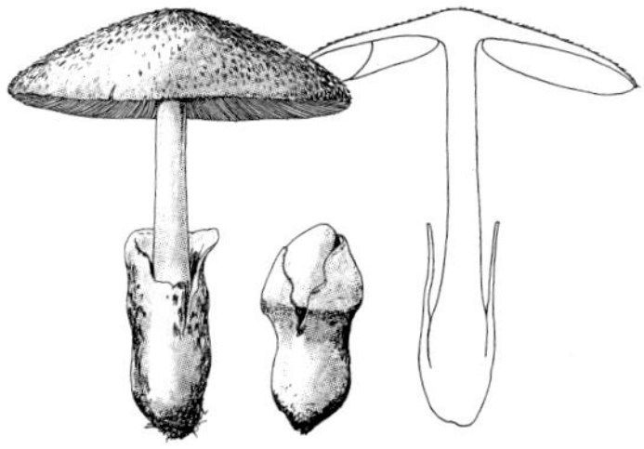

Wolliger Scheidling
(Volvariella bombycina)

Dachpilzartige (Pluteaceae)
Zu dieser Familie gehören die Gattungen der Dachpilze (Pluteus) und der Scheidlinge (Volvariella), welche meist mittelgroß sind, einen schlanken Stiel und einen dachartig abgeflachten Hut bilden, der oft mit einem Höcker versehen ist. Die anfangs weißen Lamellen nehmen mit fortschreitender Reife eine rosa bis rötliche Färbung an. Die Stielbasis kann von einer dünnhäutigen Scheide oder Volva umgeben sein. Die Dachpilze erscheinen meist auf abgestorbenem Holz oder Baumstrünken, die Scheidlinge auch auf Äckern und Wiesen. Nur wenige ihrer Vertreter sind essbar, aber es findet sich kein Giftpilz darunter.

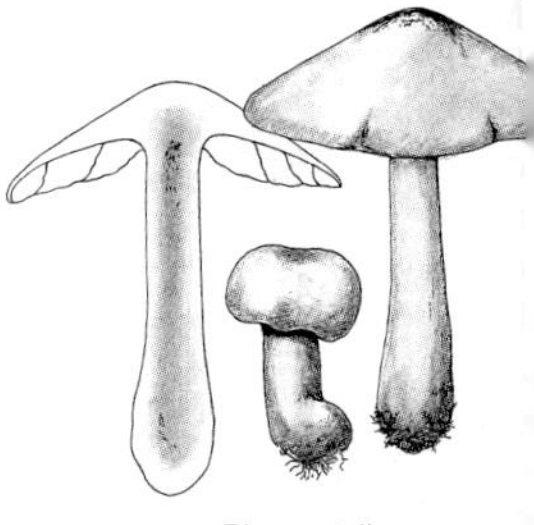

Riesenrötling
(Entoloma sinuatum)

Rötlinge (Entolomataceae)
Die Pilze dieser Familie sind eher kleinwüchsig, nur selten findet man unter ihnen größere Arten. Der Hut hat meist eine gewölbte oder glockige Form, die Oberfläche ist glatt oder gerieft. Die Lamellen dieser Pilze stehen mehr oder weniger dicht gedrängt und sind entweder mit dem Stiel verwachsen oder herablaufend. Der Stiel hat eine zylindrische, bisweilen auch eine leicht knollige Form. Der Sporenquerschnitt ist oft fünf- bis sechseckig und zeigt eine fleischrosa Färbung. Als Gattungen dieser Familie sind die Rötlinge (Entoloma), Zärtlinge (Leptonia) sowie die Tellerlinge (Rhodocybe) zu nennen, welche zusammen mehr als hundert Arten zählen, die aber - mit Ausnahme des Würzigen Tellerlings - durchwegs ungenießbar bzw. sogar giftig sind.

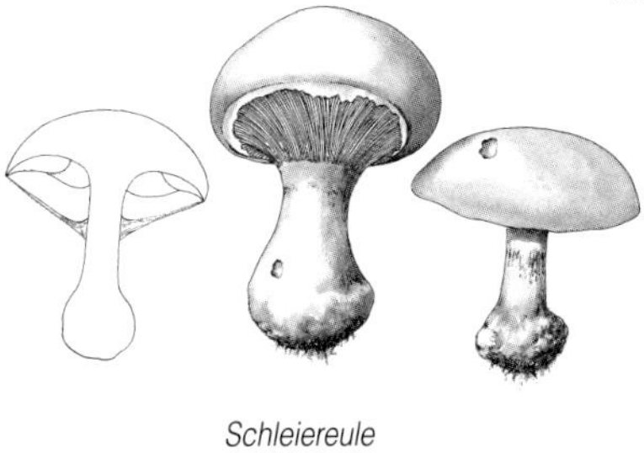

Schleiereule
(Cortinarius praestans)

Haarschleierlinge (Cortinariaceae)

Gefleckter Risspilz (Inocybe maculata)

Bei den Haarschleierlingen handelt es sich um eine äußerst uneinheitliche Familie, zu der Pilze von verschiedenster Form und Größe zählen. Sie haben aber fast alle einen eher schlanken, zylindrischen Stiel, mit Ausnahme der Vertreter der Gattung Stummelfüßchen (Crepidotus), deren muschelförmige Hüte stiellos dem Substrat aufsitzen. Die mehr oder weniger dicht stehenden Lamellen können herablaufend oder frei, d h. nicht am Stiel angewachsen, sein. Die Gattung der Schleierlinge (Cortinarius) ist kaum zu verwechseln, zumindest die jungen Exemplare, da sie zwischen Hutrand und Stiel mit einer stark entwickelten Cortina (Schleier), einem spinnwebartigen Velum, behangen sind. Mit fortschreitender Reife löst sich dieser Schleier allmählich ab und lässt manchmal am Stiel einen leicht klebrigen Pseudoring zurück. Die Sporen dieser Pilzfamilie sind sehr unterschiedlich geformt (u. a. kugelförmig, elliptisch, mandelförmig oder aber auch bohnenförmig) und zeigen meist eine braungelbe oder rostrote Färbung. Die Haarschleierlinge sind meist Mykorrhizapilze, man findet unter ihnen aber auch einige wenige parasitisch oder saprophytisch lebende Arten. Diese Familie ist in 16 Gattungen unterteilt, deren wichtigste die Schleierlinge (Cortinarius) mit mehr als 250 Arten, die Risspilze (Inocybe), die Schnitzlinge (Naucoria), die Fälblinge (Hebeloma) und die Schüpplinge (Pholiota) sind. Ihre Vertreter sind meist ungenießbar oder giftig, manche von ihnen sogar tödlich giftig. Nur ganz wenige Arten eignen sich für die Küche.

Voreilender Ackerling (Agrocybe praecox)

Mistpilzartige (Bolbitiaceae)

Die Vertreter dieser Familie sind mittelgroß und werden in drei Gattungen zusammengefasst: Mistpilze (Bolbitius), Samthäubchen (Conocybe) und Ackerlinge (Agrocybe), welche zusammen mehr als 80 Arten zählen. Ihr Hut ist meist gewölbt bis glockenförmig und hat eine glatte, glänzende bzw. trockene Haut, die meist gerieft und von heller Farbe ist. Der Stiel ist im allgemeinen schlank und zylindrisch und besitzt manchmal einen Ring. Die Lamellen können frei oder angewachsen sein und werden mit der Zeit immer dunkler. Die Sporen zeigen sich meist in bräunlicher Farbe und sind eiförmig. Die meisten dieser Pilze leben saprophytisch im Unterholz oder Gebüsch, und zwar auf moderndem Holz, oft auch auf Kuh- bzw. Pferdemist sowie auf Äckern und Weiden. Einige sind essbar, mache sogar sehr schmackhaft, andere wiederum sind giftig und können Halluzinationen hervorrufen.

Ölbaumpilz (Omphalotus olearius)

Zuchtchampignon (Agaricus bisporus)

Kremplinge (Paxillaceae)

Zu dieser Familie zählen nur wenige Arten, die im übrigen nicht von kulinarischem Interesse sind. In den meisten Fällen haben sie einen normal gestalteten Hut und Stiel, manchmal sind sie aber konsolenförmig, d. h., sie wachsen seitlich aus dem Substrat heraus. Diese Pilze haben häufig ein samtiges oder flaumiges Aussehen. Ihre Sporen sind elliptisch und von rostbrauner Färbung. Die Kremplinge sind durchwegs Mykorrhizapilze; fast alle sind giftig, manche sogar tödlich giftig.

Egerlingsartige, Champignons (Agaricaceae)

Diese Familie besteht aus der einzigen Gattung, dem Agaricus, deren Vertreter sich durch ihre stämmige Form auszeichnen. Der meist glatte oder schuppige Hut ist sehr fleischig, anfangs beinahe kugelig, später erst gewölbt. In den ersten Entwicklungsphasen zeigen sich die Lamellen weiß bis rosa, später können sie eine bräunliche Färbung annehmen. Der Stiel hat meist einen weichhäutigen, herabhängenden Ring, der mitunter sehr breit sein kann und teilweise verschiebbar ist. Die braunen Sporen sind von elliptischer Form. An der Luft färbt sich das Fleisch meist gelblich oder rosa bis rötlich. Oft strömen diese Pilze einen angenehmen Geruch nach Anis oder Mandeln aus. Die meisten Vertreter dieser Familie sind essbar, viele von ihnen sind sogar äußerst schmackhaft, und nur wenige von ihnen sind giftig oder ungenießbar. Der Zuchtchampignon erfreut sich als Speisepilz großer Beliebtheit und gilt als der Kulturpilz schlechthin.

Ziegelroter Schwefelkopf (Hypholoma sublateritium)

Riesenträuschling (Stropharia ferrei)

Träuschlinge (Strophariaceae)

Bei dieser Familie handelt es sich um kleine bis mittelgroße Pilze, die allesamt von schlanker Gestalt sind. Einige von ihnen verströmen einen eher unangenehmen Geruch. Der kegelige bis glockenförmige Hut ist glatt und oft schmierig oder klebrig, der Stiel zumeist schuppig bis filzig. Die Lamellen stehen meist gedrängt und sind angewachsen oder herablaufend. Sie sind im Frühstadium hell und werden mit fortschreitender Reife immer dunkler. Die Sporen sind glatt, braun gefärbt und von elliptischer Form. Die Familie der Träuschlinge besteht aus den Gattungen Schwefelkopf (Hypholoma), Träuschling (Stropharia) und Kahlkopf (Psilocybe), mit insgesamt etwa 40 Arten, von denen nur wenige essbar sind. Viele Vertreter dieser Familie sind giftig, manche enthalten Halluzinogene.

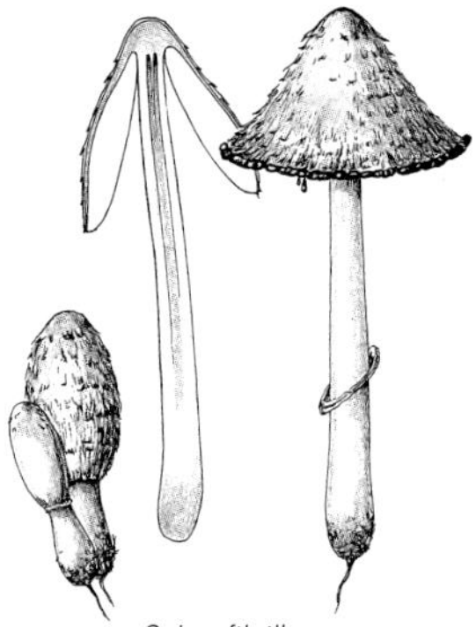

Schopftintling (Coprinus comatus)

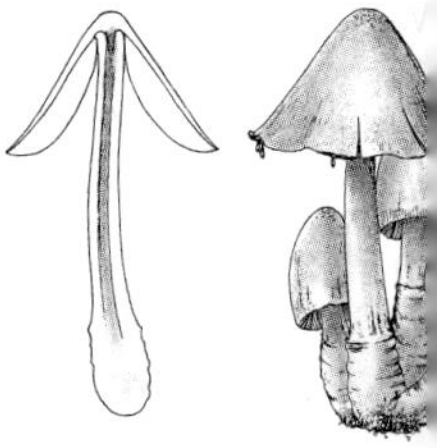

Grauer Faltentintling (Coprinus atramentariu

Tintlingsartige (Coprinaceae)

Zu dieser Familie zählen eher kleine bis mittelgroße Pilze von schlankem Wuchs. Der Hut kann kegelig, glockenförmig, erhaben oder aber flach sein. Die Hutoberfläche erscheint entweder glatt, mit Schuppen bedeckt oder warzig. De Stiel ist glatt, feinfaserig, selten beringt und kaum knollig. Die eher dicht stehenden Lamellen sinc entweder frei oder angewachsen und zerfließen be voller Reife (besonders bei der Gattung Coprinus) d. h., sie verwandeln sich in eine zähe schwarze Flüssigkeit. Die Sporen haben durchwegs eine dunkelbraune bis schwarze Färbung und sind vor unterschiedlicher Form. Zur Familie der Tintlings artigen gehören die Gattungen der Tintlinge (Coprinus) Mürblinge, Faserlinge, Zärtlinge (Psathyrella), Dün gerlinge (Paneolus) und der Tränenden (Lacrymaria). Sie alle leben saprophytisch manchmal koprophil (kotbewohnend). Nur wenige von ihnen sind essbar, manche sinc giftig, aber die meisten sind ganz einfach von geringem Speisewert, vor allem, weil sie nicht fleischig und eher kleinwüchsig sind.

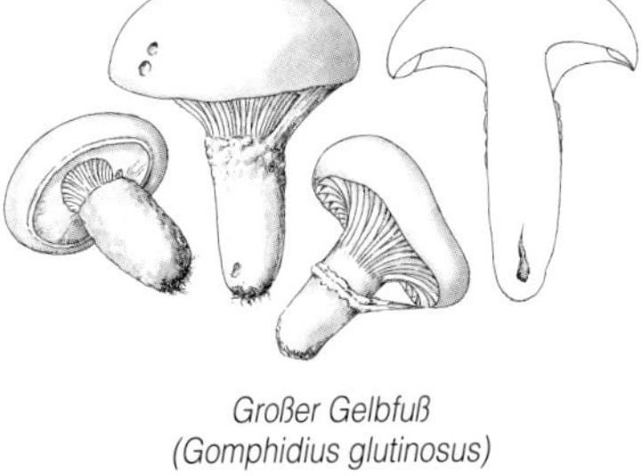

Großer Gelbfuß (Gomphidius glutinosus)

Schmierlinge (Gomphidiaceae)
Diese Familie umfasst nur wenige Vertreter, die, in zwei Gattungen eingeteilt, allesamt Mykorrhizapilze sind, welche als Standort den Nadelwald bevorzugen. Der weit aufgeschirmte Hut weist vielfach eine schleimbedeckte Oberfläche auf. Der zylindrische Stiel kann nach unten verjüngt sein. Die Lamellen treten oft gegabelt auf und zeigen eine weiße, olivbraune oder schwarze Färbung. Die Sporen sind schwarz und spindelförmig. Alle Vertreter dieser Familie sind essbar, wenngleich die meisten nur von geringem Speisewert sind.

Netzstieliger Hexenröhrling
(Boletus luridus)

Röhrlinge (Boletaceae)
Die Vertreter der Familie Röhrenpilze sind alle von recht stattlicher Größe, sehr fleischig und eher gedrungen und stämmig. Der Hut ist anfangs kugelig, später erhaben und schließlich mehr oder weniger flach. Das *Hymenophor* (Fruchtfleischträger) besteht aus sehr dicht stehenden Röhren, die sich nach außen hin mittels runden oder eckigen Poren öffnen. Der Stiel ist oft sehr stämmig bzw. dickbauchig. Die Sporen sind glatt und von elliptischer Form. Ihre Färbung variiert von Gelb bis Schwarzbraun. Zu dieser Familie gehören zehn Gattungen mit etwa 70 Arten, darunter auch der beliebte Steinpilz. Die Röhrlinge sind fast durchwegs Mykorrhizapilze, die hauptsächlich in Laubwäldern zu finden sind. Fast alle sind essbar, wobei die Palette von ausgezeichneten Speisepilzen bis hin zu Vertretern von geringerem Speisewert und ungenießbaren Arten reicht. Einige Vertreter sollten wegen ihres gallebitteren Geschmacks oder wegen ihrer Giftwirkung im Rohzustand gemieden werden.

Aniszähling
(Lentinellus cochleatus)

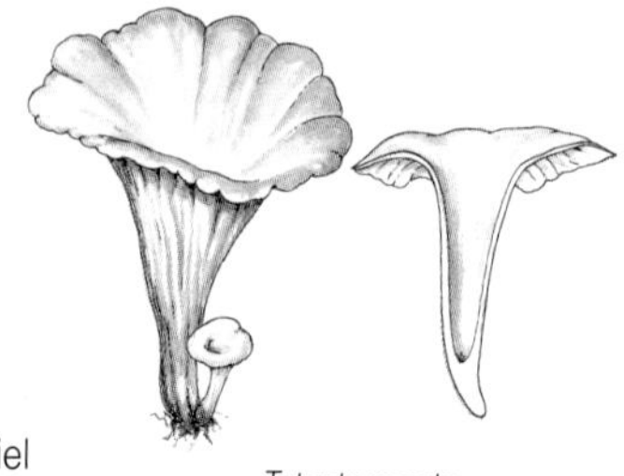

Totentrompete
(Cantharellus cornucopioides)

Ohrlöffelpilze (Auriscalpiaceae)
Nur bei wenigen Vertretern dieser Familie sind Hut und Stiel deutlich ausgeprägt. Das Hymenophor besteht aus Stacheln oder herablaufenden Falten, ähnlich den Lamellen. Der Stiel hat meist einen exzentrischen bzw. seitlichen Anwuchs an den Hut. Die Sporen sind weiß und elliptisch oder fast kugelförmig. Einige Arten sind essbar, jedoch von geringem Wert, andere sind nicht genießbar, hauptsächlich weil ihr Fleisch zu zäh ist. In dieser Familie gibt es keine für den Menschen giftige Arten.

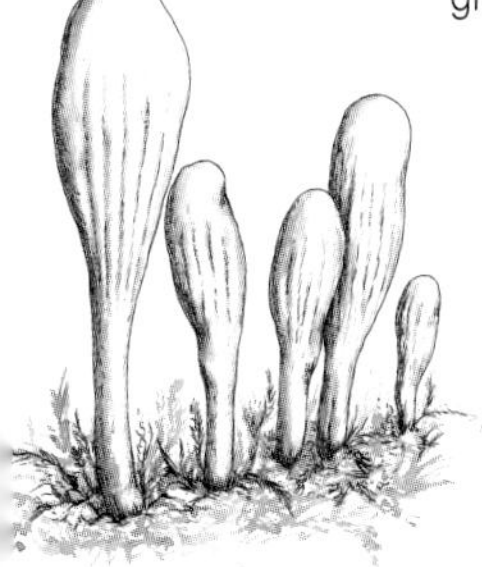

Herkuleskeule
(Clavaria pistillaris)

Leistlinge (Cantarellaceae)
Zu dieser Familie gehören die Saprophyten und Mykorrhizapilze. Auch bei diesen Pilzen besteht oft keine klare Trennung zwischen Hut und Stiel. Der Hut, welcher oft leuchtend gefärbt sein kann, zeigt eine charakteristische Trichterform, wobei die Einbuchtung oft bis hin zur Stielbasis reicht. Die Oberfläche des Hymeniums, *Hymenophor* genannt, besteht aus Pseudolamellen oder Falten, die ein lappiges oder netzförmiges Aussehen haben können und oft sehr lang am Stiel herablaufen. Das Fleisch ist fest und strömt bei einigen Arten einen angenehm obstartigen Geruch aus. Die Sporen sind weiß und elliptisch geformt. Einige Arten sind

ausgezeichnete Speisepilze, wie etwa der Pfifferling *(Cantharellus cibarius)* oder der Gelbstielige Trompetenpfifferling *(Cantharellus tubaeformis* var. *lutescens)*, andere wiederum sind von weniger guter Qualität. Auch diese Familie weist keine giftigen Arten auf.

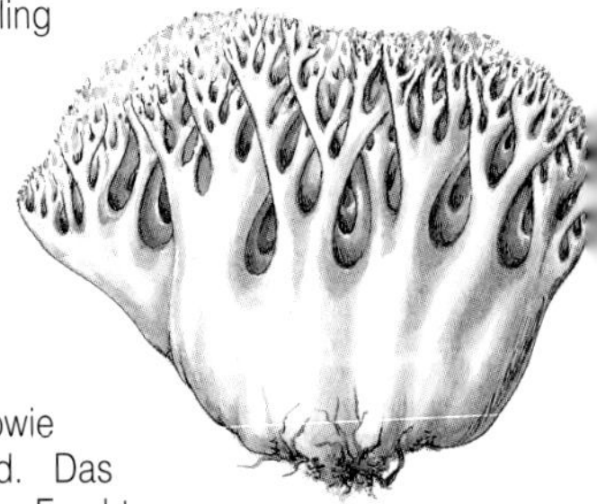

Hahnenkamm, Bärentatze (Ramaria botrytis)

Keulenpilze (Clavariaceae)
Zu dieser Familie gehören Pilze mit eher ungewöhnlichen keulen- oder fingerartigen Formen sowie solche, die dicht korallenartig verzweigt sind. Das Hymenium befindet sich am oberen Ende des Fruchtkörpers. Das Fleisch ist schwammig oder von gallertartiger Konsistenz. Die Sporen sind meist weiß und können unterschiedlich geformt sein. Die Vertreter dieser Familie leben ausschließlich saprophytisch. Manche Arten sind essbar, jedoch von geringem Speisewert, andere giftig, der Großteil jedoch ist ungenießbar.

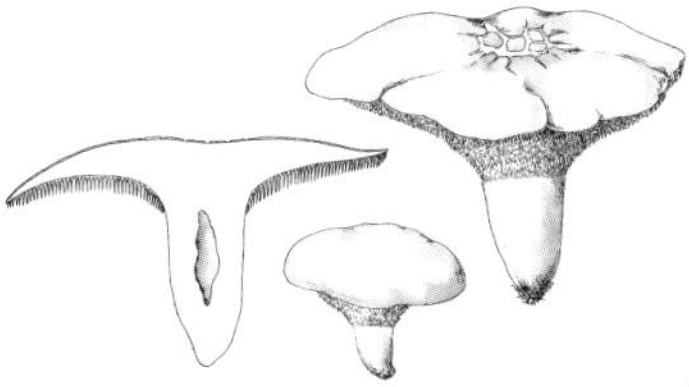

Semmelstoppelpilz (Hydnum repandum)

Korallenpilze (Gomphaceae)
Diese Mykorrhizapilze sind wegen ihres korallenartigen Aussehens manchen Keulenpilzen sehr ähnlich, mit Ausnahme der Gattung Gomphus, deren Vertreter, wie z. B. das Schweinsohr *(Gomphus clavatus)*, in trichterartiger Gestalt auftreten und eine gewisse Ähnlichkeit mit den Pfifferlingen zeigen. Diese Pilze sind im schattigen und feuchten Unterholz häufig anzutreffen und können in Gruppen von beträchtlicher Größe auftreten. Ihr Fleisch ist weich und schwammig und hat mitunter einen angenehm obstartigen Geruch Die Sporen sind gelblich und elliptisch geformt. Innerhalb dieser Familie sind nur wenige giftige Arten zu fi Einige Vertreter sind essbar, jedoch von rel geringem kulinarischem Wert.

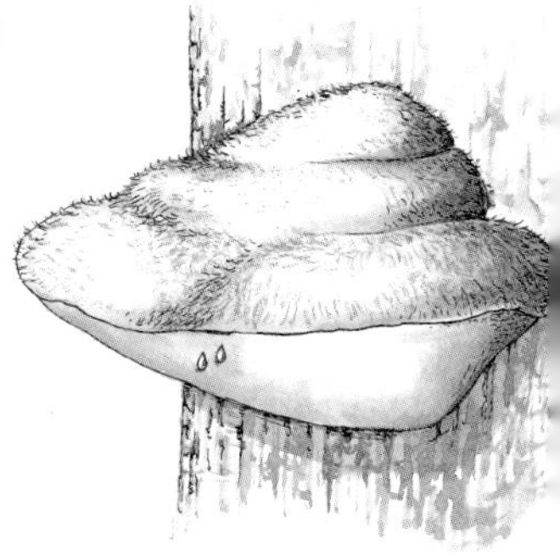

Pelzporling (Inonotus hispidus)

Stachelpilze (Hydnaceae)
Bei den Vertretern dieser Pilzfamilie besteht eine deutliche Trennung zwischen Hut und Stiel. Das Hymenophor (Oberfläche des Fruchtfleisches) besteht aus zumeist leicht zerbrechlichen Stacheln. Das Fleisch ist eher weich und verströmt oft einen angenehmen kräftigen Geruch. Die Sporen sind weiß und von elliptischer oder rundlicher Form. Einige Arten wie etwa der Habichtspilz gewinnen beim Trocknen noch an Aroma, weshalb sie in pulveriger Form gerne als Gewürz für Suppen und Saucen verwendet werden. Der Großteil der Stachelpilze is jedoch ungenießbar bzw. leicht giftig.

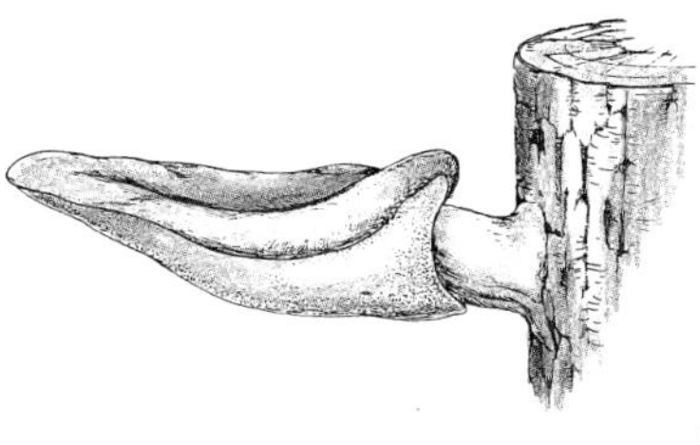

Leberreischling (Fistulina hepatica)

Borstenpilze (Hymenochaetaceae)
In dieser Familie sind Pilzarten vereint, die über ei eher zähes Fleisch verfügen und entweder sa prophytisch auf moderndem Holz oder parasitisc auf Baumstämmen leben und dabei oft große Schaden anrichten, weil sie die sogenannte Weißfäul hervorrufen. Borstenpilze entwicklen meist keinen Stie sondern wachsen konsolenförmig. Die Fruchfleischober fläche (Hymenophor) besteht aus kleinen zylindrische

Röhren, welche über abgerundete oder eckige Poren nach außen münden. Das Fleisch ist feinfaserig und wird mit zunehmendem Alter zäh-elastisch. Die Vertreter dieser Familie sind ungenießbar, aber nicht giftig.

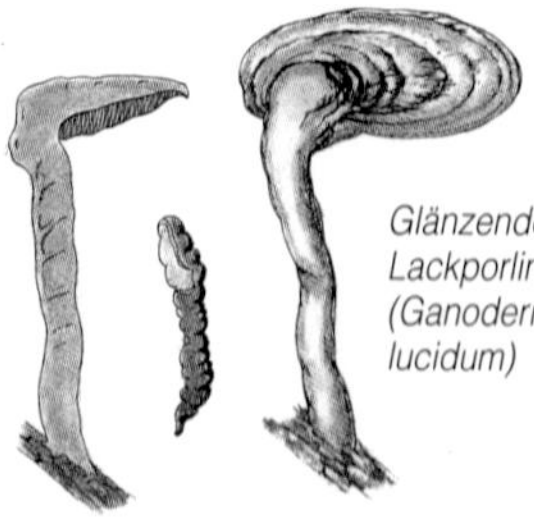

Glänzender Lackporling (Ganoderma lucidum)

Reischlinge (Fistulinaceae)
Diese artenarme Pilzfamilie besteht aus Pilzen, die an ihrer charakteristischen konsolenartigen Form erkennbar sind. Sie haben einen sehr kurzen, stämmigen Stiel. Das Hymenophor (Oberfläche des Fruchtfleisches) besteht aus unzähligen sehr schmalen Röhrchen. Das Fleisch ist weich und faserig und sondert häufig eine rötliche Flüssigkeit ab. Die Sporen sind weißlich oder von hellbrauner Farbe und zeigen eine elliptische oder kugelige Form. Einige Arten sind essbar, ja sogar wohlschmeckend, wie etwa der Leberreischling *(Fistulina hepatica)*, gemeinhin als Leberpilz bekannt. Diese Familie weist keine giftigen Vertreter auf.

Klapperschwamm (Grifola frondosa)

Lackporlinge (Ganodermataceae)
Lackporlinge ähneln den zähen, konsolenförmigen Borstenpilzen sehr; sie sind mehrjährig und können eine beträchtliche Größe erreichen. Das Hymenophor besteht aus unzähligen feinen Röhren bzw. Poren, welche oft in mehreren Schichten übereinander gelagert sind. Die Sporen sind braun und elliptisch geformt. Die Lackporlinge gedeihen fast immer auf lebendem Holz, das sie irreparabel schädigen. Die Vertreter dieser Familie sind weder essbar noch giftig.

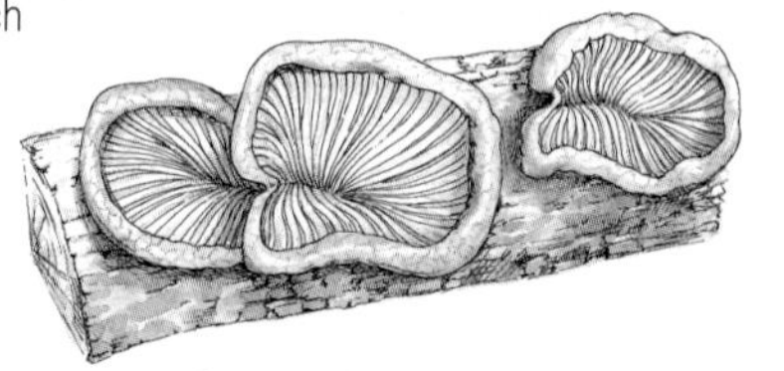

Gemeiner Spaltblättling (Schizophyllum commune)

Porlinge (Polyporaceae)
Es handelt sich hierbei um eine recht uneinheitliche Gruppe von Pilzen, zu der einjährige und mehrjährige Vertreter gehören. Einige zeigen die klassische Pilzgestalt mit Hut und Stiel, andere wieder sind von konsolenartiger Form oder weisen büschelartig verwachsene Einzelhüte auf. Ihr Hymenophor besteht aus feinen Röhren, Falten oder Stacheln. Das Fleisch kann weich oder zäh sein. Die Sporen erscheinen meist weiß oder ockergelb und haben eine elliptische oder zylindrische Form. Die Porlinge leben häufig saprophytisch auf abgestorbenem Holz, können sich aber auch parasitisch ernähren. Nur wenige Arten sind essbar, giftige Arten sind bei Porlingen nicht bekannt.

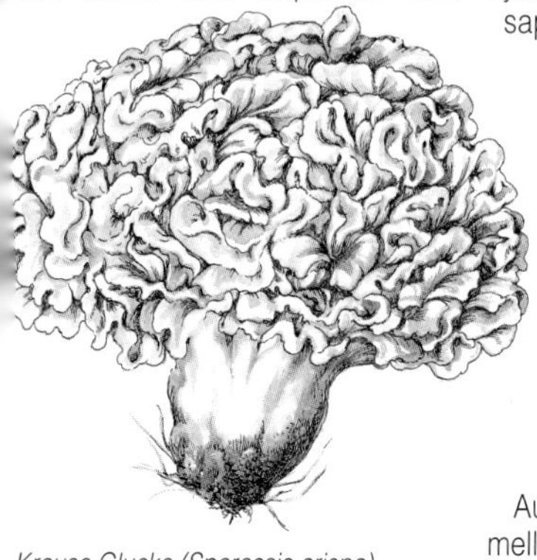

Krause Glucke (Sparassis crispa)

Spaltblättlinge (Schizophyllaceae)
Diese eher artenarme Familie ist durch Pilze vertreten, die entweder muschel- bzw. konsolenförmig aus dem Substrat herauswachsen oder nur einen Stielansatz besitzen. Sie wachsen vorwiegend auf abgestorbenem Holz. Ihr Fleisch ist weich und elastisch. Um die Sporen vor dem Austrocknen zu schützen, rollen sich die Lamellen bei Trockenheit häufig ein. Die Spaltblätterpilze sind ungenießbar, aber nicht giftig.

Gluckenpilze (Sparassidaceae)

Diese Familie besteht aus nur einer Gattung, Sparassis (Glucke) genannt. Der bisweilen sehr große ockergelbe Fruchtkörper setzt sich - etwa in der Art eines Badeschwamms - aus einer Unzahl welliger bzw. krauser Falten zusammen und hat insgesamt eine kugelartige Form. Das Fruchtfleisch ist glatt und produziert gelbliche Sporen von elliptischer Form. Es handelt sich um parasitische oder saprophytische Pilze, welche gerne am Fuße von Laub- oder Nadelholzstämmen wachsen. Das Fleisch dieser Pilze ist weich und elastisch und verströmt einen angenehmen Geruch. Die meisten Vertreter haben kulinarisch gesehen nur geringen Wert.

Schichtpilze (Stereaceae)

Die Vertreter der Schichtpilze sind von krustenartiger, selten konsolenförmiger Gestalt, wobei die glatte Fruchtschicht sich an der Außen- bzw. Hutunterseite befindet. Das Fleisch ist hell und lederig bis zäh-elastisch; eine Ausnahme bilden die kleineren Arten, welche eine schwammige bis gelatinöse Konsistenz haben können. Die Sporen können verschiedene Formen und Musterungen aufweisen und sind meist hellgelb. Bisher sind weder essbare noch giftige Arten bekannt.

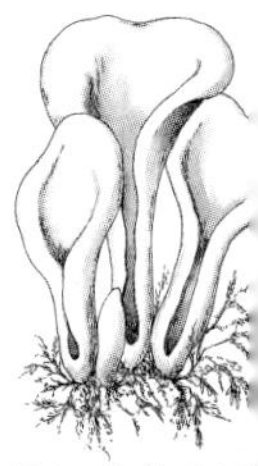

Roter Gallerttrich
(Guepinia ru

Warzenpilze (Thelephoraceae)

Zu dieser Familie zählen eine größere Anzahl von Saprophyten bzw. Mykorrhizapilzen, die in verschiedenen Formen auftreten. Manche sind rosettenförmig, andere wieder ähneln den Korallenpilzen. Auch der Fruchtschichtträger (Hymenophor) kann sehr unterschiedlich gestaltet sein, d. h., er kann die Form von Lamellen, Röhren, Stacheln oder Falten haben. Auch von dieser Familie kennt man weder essbare noch giftige Arten.

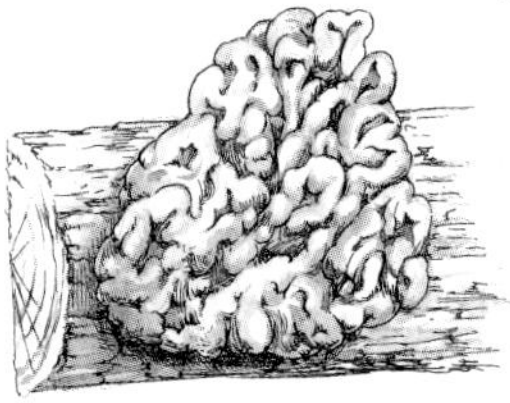

Goldgelber Zitterling
(Tremella mesenterica)

Gallertartige (Dacryomycetaceae)

Diese eher kleine Familie umfasst sehr kleinwüchsige Arten der unterschiedlichsten Formen. Sie können ein keulenförmiges, korallenartiges, kugeliges oder becherförmiges Aussehen haben. Gemeinsam ist ihnen jedoch die leuchtende Farbgebung. Meist wachsen sie auf totem oder absterbendem Holz in Laubwäldern, seltener in Nadelwäldern. Ihr Fleisch ist fest bzw. gallertartig. Alle Vertreter dieser Familie sind ungenießbar.

Zitterlinge (Tremellaceae)

Die Familie der Zitterlinge umfasst nur wenige Arten, deren Fruchtkörper immer von gallertartiger Konsistenz ist. Oftmals zeigen sie eine unregelmäßig gewundene Form, die lappig bzw. gekröseartig wirkt; bisweilen kann der Fruchtkörper in eingetrockneter Form hornartig zäh sein. Das Fleisch frischer Pilze ist fest, zäh und gallertartig. Die Zitterlinge sind durchwegs Saprophyten, die auf abgestorbenem Holz leben. Sie sind größtenteils ungenießbar, aber nicht giftig.

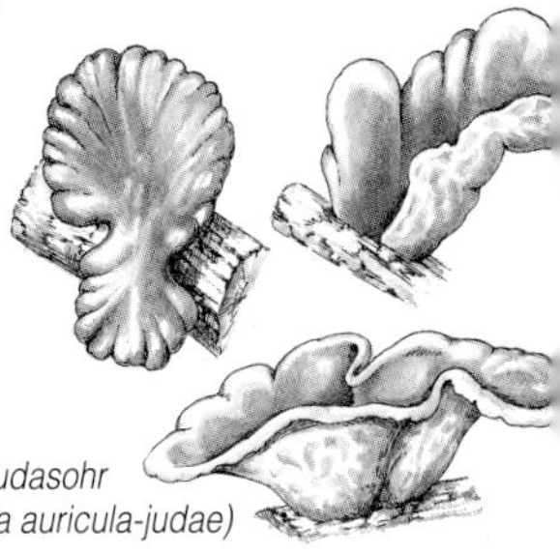

Judasohr
(Auricularia auricula-judae)

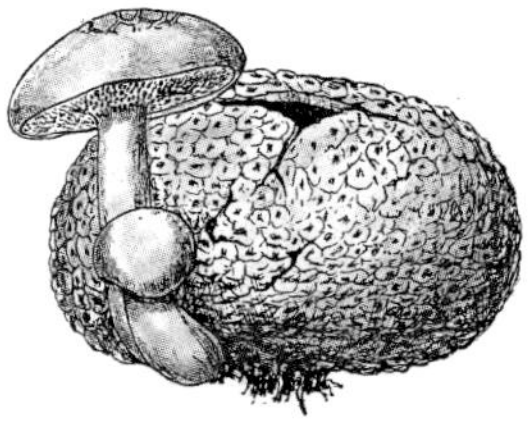

Dünnschaliger Kartoffelbovist mit Schmarotzerröhrling (Scleroderma verrucosum mit Boletus parasiticus)

Ohrlappenpilze (Auriculariaceae)

Ohrlappenpilze sind relativ kleinwüchsig, mit häutigem oder gallertartigem Fruchtkörper, der oft lappig bzw. ohrmuschelförmig ausgebildet ist. Selten sind Hut und Stiel klar erkennbar. Das Fleisch ist zäh-elastisch, beim älteren Pilz oft hornartig zäh. Praktisch alle Arten der Auriculariaceae sind ungenießbar.

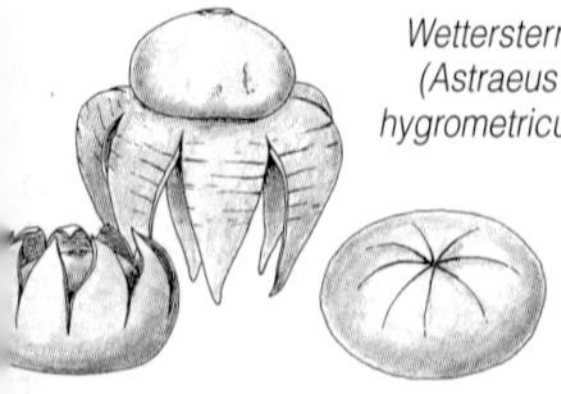

Wetterstern (*Astraeus hygrometricus*)

Die Ohrlappenpilze leben meist saprophytisch, einige wenige auch als Parasiten, wobei diese Pilze auf vielen Baumarten zu finden sind.

Kartoffelboviste (Sclerodermataceae)
Diese Pilze haben ein kugel- bis sackförmiges oder knolliges Aussehen. Ihre Basidien sind in der Gleba (Teil der Innenmasse, die sich später in Sporenpulver verwandelt) unregelmäßig angeordnet. Zur Reifezeit bricht der Bovist am Scheitel auf und lässt das bräunlich schwarze Sporenpulver in Wolken entweichen. Die Sporen der Kartoffelboviste haben eine warzige oder stachelige Form. Die Vertreter dieser Familie sind ungenießbar bis giftig.

Kugelwerfer (Sphaerobolus stellatus)

Sternartige (Astraeaceae)
Diese Familie ist den Erdsternen äußerlich sehr ähnlich, trotzdem aber mit den Kartoffelbovisten näher verwandt. Ihre äußere Hülle *(Exoperidie)* öffnet sich zur Reifezeit sternförmig in sieben bis 15 Lappen. Sie leben an trockenen, sandigen Standorten bzw. lichten Wäldern und sind nicht essbar.

Gewimperter Erdstern (Geastrum fimbriatum)

Kugelwerfer (Sphaerobolaceae)
Kugelwerfer sind kleine Pilze von anfangs rundlicher, später sternartiger Form. Im Zentrum liegt die *Endoperidie* (Innenhülle), in der die Sporen heranreifen und zur Reifezeit hinausgeschleudert werden. Alle Vertreter dieser Familie kommen als Speisepilze nicht in Frage.

Erdsterne (Geastraceae)
Diese Pilze haben anfangs eine kugelige Form; ihre Außenschicht (Exoperidie) teilt sich später sternförmig und gibt einen kugelförmigen Körper frei, in dessen Innerem die Sporenmasse enthalten ist. Die Sporen selbst sind von warzig stacheliger oder runder Form. Erdsterne sind nicht essbar.

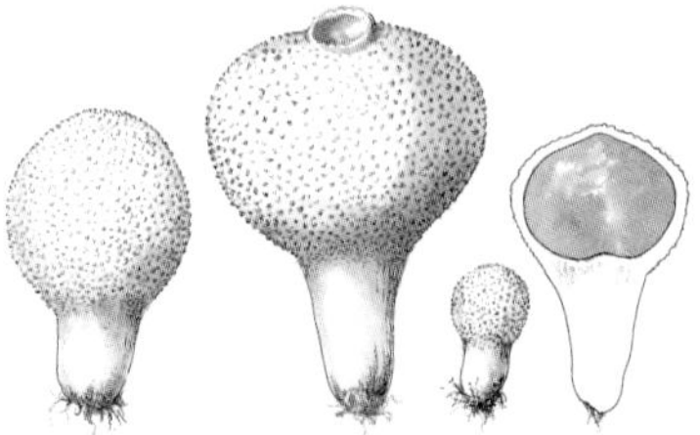

Flaschenstäubling (Lycoperdon perlatum)

Stäublinge (Lycoperdaceae)
Zu dieser Familie zählen Pilze, die eine birnen- bis sackartige Form haben, die außerdem gestielt sind und eine dicke Außenschicht mit Stacheln aufweisen, welche leicht abfallen und dann ein Netzmuster hinterlassen. Oft zeigen sich an der Stielbasis feine Myzelienfäden, die wurzelartig im Boden verankert sind. Der Großteil der Stäublinge ist essbar, manche sogar von hervorragender Qualität, solange sie noch jung und die *Gleba* (Sporenmasse) weiß ist. Andere wieder verströmen einen unangenehmen Geruch, wenige Arten sind giftig.

Tiegelteuerling (Crucibulum laeve)

Nestlinge (Nidulariaceae)
Diese sehr kleinwüchsigen Pilze nehmen zur Reifezeit eine becher- bzw. nestartige Form an. Die runden Sporenbehälter (Peridiolen) sind auf dem Grund des Bechers in die Gallertmasse eingebettet. Diese werden zur Reifezeit - meist durch Regentropfen - herausgeschleudert. Die Nestlinge leben saprophytisch auf totem Laub- oder Nadelholz bzw. auf anderen Pflanzenresten. Wegen ihrer geringen Größe - sie erreichen kaum mehr als 1 cm Höhe - sind sie als Speisepilze ungeeignet.

Stinkmorcheln (Phallaceae)
Stinkmorcheln haben eine zylindrisch kegelige Form, die oft typisch phallusartig ausgeprägt sein kann. Diese Pilze verströmen einen sehr unangenehmen, aasartigen Geruch. Ihr Hut ist oftmals spitzkegelig und zur Reifezeit von einer olivgrünen, schmierigen gallertartigen Sporenmasse umgeben. Im Jungstadium haben sie ein eiförmiges Aussehen (Teufelsei). Das Myzelium ist wurzelartig im Boden ausgebreitet. Beim reifen Pilz ist die Stielbasis oft von einer häutigen Membrane umschlossen. Die Stinkmorcheln leben meist saprophytisch auf Pflanzen- und Holzresten. Sie sind ungenießbar.

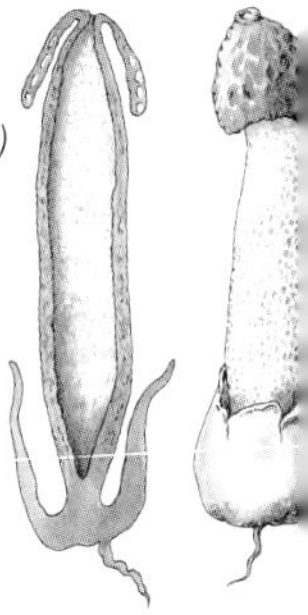
Gemeine Stinkmorchel (Phallus impudicus)

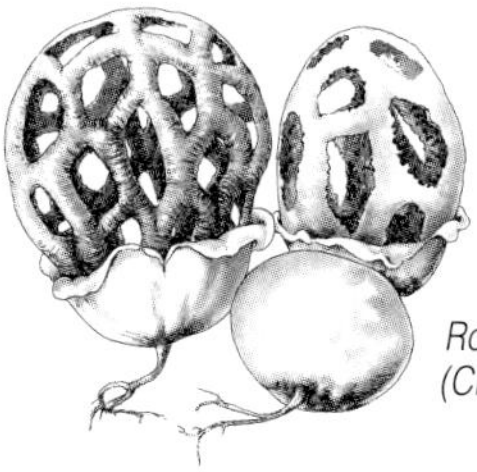
Roter Gitterling (Clathrus ruber)

Gitterlinge (Clathraceae)
Zu den Gitterlingen gehören nur wenige Arten, welche aber auf Grund ihrer außergewöhnlichen Form und ihrer leuchtenden Farben sehr auffällig sind. Der Fruchtkörper tritt aus einer eiförmigen Gallerthülle, dem sogen. »Hexenei«, hervor. Im reifen Stadium sieht der Fruchtkörper wie eine weitmaschige Gitterkugel aus und ist von einer häutigen, grob netzartig gemusterten Scheide umgeben. Die Gitterpilze leben saprophytisch und bevorzugen humusreichen Boden. Wie die Stinkmorcheln (Phallaceae) verströmen auch sie einen unangenehmen, penetrant aasartigen Geruch.

SCHLAUCHPILZE (ASCOMYCETES)

Kernkeulenpilze (Clavicipitaceae)
Diese Pilze sind eher kleinwüchsig, manche sogar winzig, und haben eine keulenartige oder verzweigte Form. Die Kernkeulenpilze zeigen oft leuchtende Farben und leben saprophytisch, und zwar von toten Insekten. Einige Arten leben parasitisch auf anderen unterirdischen Pilzen. Sie sind aus kulinarischer Sicht von keinerlei Bedeutung.

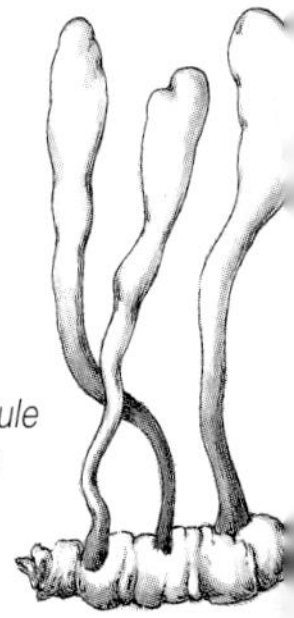
Puppenkernkeule (Cordyceps militaris)

Kugelpilze (Nectriaceae)
Zu dieser Familie zählt die Gattung Nectria, deren Vertreter sich parasitisch von verschiedenen Pflanzen und sogar von einigen Pilzen, wie etwa Milchlingen und Röhrlingen, ernähren. Es handelt sich um sehr kleinwüchsige Pilze, die keinen Ernährungswert besitzen.

Kohliger Kugelpilz (Daldinia concentrica)

Holzkeulenpilze (Xylariaceae)
Der Großteil der Vertreter der Holzkeulenpilze lebt saprophytisch, vorzugsweise auf abgestorbenem Holz. Einige wenige leben allerdings parasitisch und können bei den befallenen Bäumen, insbesondere bei Pappeln, sehr großen Schaden anrichten. Auch sie haben keinen kulinarischen Wert.

Morcheln (Morchellaceae)
Im Gegensatz zu den meisten Schlauchpilzen besteht bei den Morcheln eine klare Trennung zwischen Stiel und Hut. Letzterer besitzt meist eine stumpfkegelige Form und ist von Rippen und wabenartigen Vertiefungen durchzogen. Fast alle Arten der Gattung Morchella sind genießbar, manche sogar äußerst wohlschmeckend; Vorsicht ist jedoch bei einem Doppelgänger, der giftigen Frühjahrslorchel *(Gyromitra esculenta),* geboten, welche

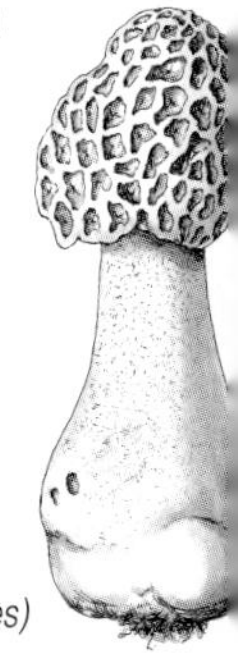
Dickfußmorchel (Morchella crassipes)

schwere Vergiftungserscheinungen hervorrufen kann, die mitunter sogar zum Tod führen können.

Herbstlorchel (Helvella crispa)

Lorcheln (Helvellaceae)
Zu dieser Familie zählen Pilze mit sehr ausgefallenen Formen. Ihr Stiel ist meist rinnig gefurcht, der Hut kraus bzw. lappig oder aber hirnartig gewunden. Bis auf wenige Ausnahmen sind die Lorcheln nicht essbar bzw. auf Grund des in ihrem Fleisch enthaltenen Giftstoffs Gyromitrin sogar äußerst giftig.

Eselsohr (Otidea onotica)

Becherlinge (Pezizaceae)
In dieser Familie findet man fast ausschließlich saprophytisch lebende Vertreter, von denen sich manche nur auf halb verkohltem Holz entwickeln, also typische Brandstellenbewohner sind. Diese mittelgroßen Pilze zeigen eine charakteristische abgeflachte Becherform und eine oft dunkle Färbung. Die meisten entwickeln keinen Stiel, nur wenige weisen einen kurzen Stielansatz auf. Praktisch alle Vertreter der Becherlinge sind ungenießbar.

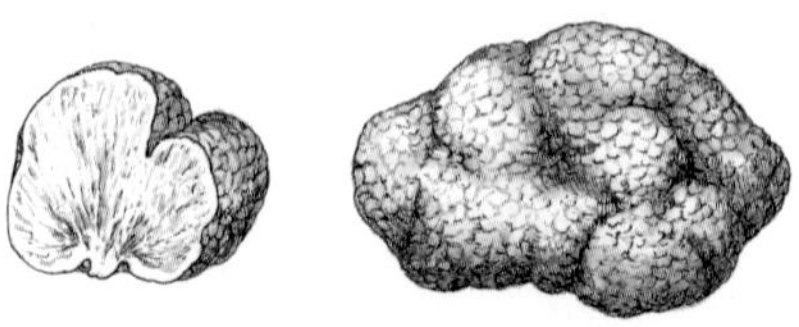
Perigordtrüffel (Tuber melanosporum)

Trüffeln (Tuberaceae)
Zu dieser Familie zählen äußerst geschätzte Delikatesspilze. Die Trüffeln besitzen eine unregelmäßige knollige Form und entwickeln sich teilweise oder gänzlich unter der Erde. Ihr Fleisch ist sehr fest und überaus aromatisch; es ist auf charakteristische Weise marmoriert, häufig mit labyrinthartiger Musterung.

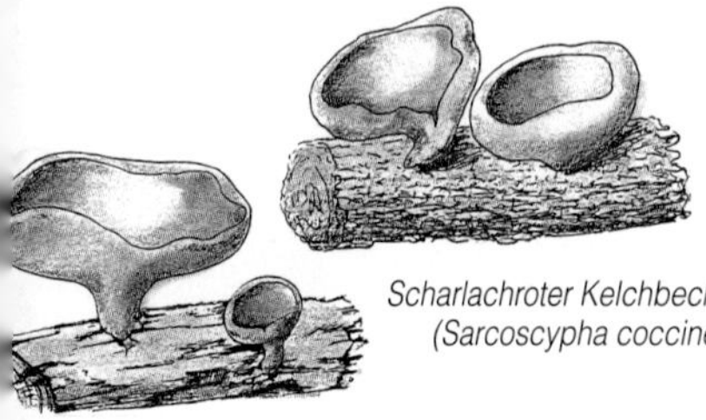
Scharlachroter Kelchbecherling (Sarcoscypha coccinea)

Kelchbecherlinge (Sarcoscyphaceae)
Zu dieser eher artenarmen Familie zählen Pilze, die sich durch ihre lebhaften Farben und ihre becherartige Form auszeichnen. Ihre Außenseite ist samtig filzig, die Innenseite glatt. Sie wachsen häufig auf abgestorbenem Holz. Im rohen Zustand sind sie giftig, weshalb sie nur nach ausreichender Kochzeit verzehrt werden sollten.

Schüsselborstlinge (Humariaceae)
Diese eher kleinwüchsigen Pilze sind meist stiellos, flach schüssel- oder schalenförmig oder haben einen kelchartig hochgezogenen Rand. Sie sind meist leuchtend rot oder orange gefärbt. Die Außenseite ist mit borstenartigen rostbraunen Haaren besetzt. Nur wenige Arten sind essbar, und auch diese sind von eher geringem Speisewert.

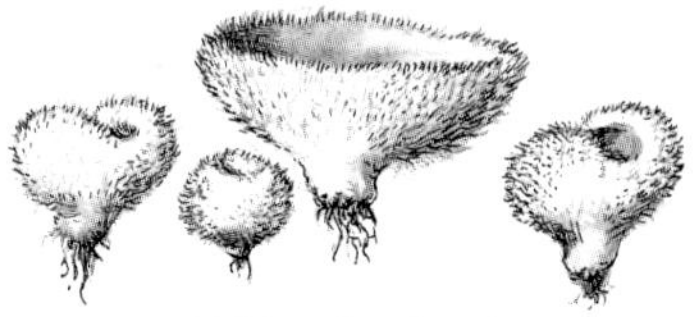
Halbkugeliger Borstling (Humaria hemisphaerica)

Gemeiner Schildborstling (Scutellinia scutellata)

Die Pilzarten

Anleitung zur Handhabung des Buches im allgemeinen Teil: Pilzarten

Bei der nun folgenden Behandlung der einzelnen Pilzarten, der wir in unserem Buch natü lich besonders breiten Raum widmen, geht es uns im Wesentlichen um zwei Punkte: zum e nen wollen wir dem Leser ein Werkzeug in die Hand geben, mit dessen Hilfe er all jene Pi ze, die er in der Natur vorfindet, möglichst rasch und zweifelsfrei bestimmen kann; zur anderen aber - und das ist wohl noch wichtiger - sollen unsere Beschreibungen der einze nen Arten dazu dienen, dass der Pilzliebhaber unter keinen Umständen Pilze in die Küch bringt, die ungenießbar oder giftig sind bzw. deren Genuss sogar lebensbedrohend sei kann.
Die Reihenfolge, in der wir die verschiedenen Pilze behandeln, richtet sich nach ihrer Fam lienzugehörigkeit. Jede Art wird sowohl mit ihrem deutschen Namen als auch mit der wis senschaftlichen Bezeichnung angegeben.

Visitenkarte

Die Darstellung jeder einzelnen Pilzart wird mit einer Kurzbeschreibung abgerundet, die i Form eines Kästchens beigefügt ist, in dem man kurz zusammengefasst die wichtigsten E genschaften vorfindet - u. a. Größe und Farbe der verschiedenen Teile des Pilzes, Geruc und Geschmack sowie Hinweise zum typischen Standort und der Jahreszeit, in der ma den betreffenden Pilz finden kann. Auch Informationen zur Genießbarkeit bzw. Giftigkeit e ner Art dürfen hier nicht fehlen. Da gerade dieser Punkt von besonderer Bedeutung ist, ha ben wir die »Visitenkarte« jeweils in einer bestimmten Grundfarbe dargestellt, die von vorr herein darauf hinweisen soll, wie der betreffende Pilz bezüglich seiner Genießbarke einzustufen ist. Wir haben die Pilze in folgende Kategorien eingeteilt:

Ausgezeichnete Speisepilze

In diese Kategorie fallen Pilze, die als Speisepilze von höchster Qualität gelten und die zum Teil auch roh genossen werden können.

Sehr gute bis gute Speisepilze

Dieses Urteil erhalten Pilze, die zwar ebenfalls häufig und gerne in der Küche verwendet werden, die aber, was Geruch und Geschmack betrifft, den höchsten Ansprüchen nicht ganz genügen.

Mittelmäßige Speisepilze

Auch in diese Kategorie fallen Pilze, die bei entsprechender Zubereitung durchaus mit gutem Ergebnis in der Küche verwendet werden können, die aber von sich aus wenig Eigengeschmack mitbringen.

Ungenießbare Pilze

Zu dieser Gruppe gehören all jene Pilze, die zwar nicht direkt giftig oder gar lebensbedrohend sind, die aber dennoch nicht essbar sind - sei es, weil sie eher abstoßend schmecken oder auch weil sie zu zäh oder hartfaserig sind.

Giftige Pilze

Die von giftigen Pilzen ausgehenden Gefahren können sehr unterschiedlich sein; die jeweiligen Giftstoffe können bisweilen zu leichten gesundheitlichen Störungen, nicht selten aber auch zu schwerwiegenden Schädigungen bestimmter Organe führen.

Tödlich giftige Pilze

Hierbei handelt es sich um Pilze, deren Gifte - bisweilen schon in sehr kleinen Mengen - tödlich sein können.

Die eingehendere Beschreibung der Pilzarten beschäftigt sich mit den wichtigsten äußeren Merkmalen, d. h. zunächst einmal mit dem Hut sowie dem Stiel; bei jenen Pilzen, die nicht über eine derartige Unterscheidung verfügen, sprechen wir einfach vom Fruchtkörper. Weitere wichtige Kriterien des Pilzes sind die Huthaut, die Lamellen bzw. die Röhren oder Poren, der Ring (sofern vorhanden) sowie das Fleisch des Pilzes. In manchen Fällen werden spezielle Merkmale angeführt, die nur bei bestimmten Pilzfamilien zu beobachten sind.

Farb- und Formveränderung - Unter dieser Bezeichnung werden die Variationsmöglichkeiten angeführt, die bei der Farbe bzw. beim Bau eines bestimmten Pilzes auftreten können und die vom Alter sowie vom jeweiligen Standort des Pilzes abhängig sind. Das Wissen um solche Abweichungen von den charakteristischen Merkmalen ist für eine zweifelsfreie Bestimmung eines Pilzes oft unerlässlich.

Standort - Hier findet der Leser Hinweise, in welcher Umgebung der betreffende Pilz am ehesten zu finden ist.

Erscheinungszeit - Unter dieser Bezeichnung findet man die Monate oder Jahreszeiten, in denen der Pilz am häufigsten auftritt.

Ähnliche Arten - Besonders für den noch unerfahrenen Pilzliebhaber ist es oft nicht einfach, einen Pilz zweifelsfrei zu bestimmen. Aus diesem Grund soll durch die Angabe von ähnlichen Arten auf eine eventuelle Verwechslungsmöglichkeit hingewiesen werden.

Synonyme - Oft sind für eine Pilzart verschiedene wissenschaftliche Bezeichnungen in Gebrauch, was nicht zuletzt auch damit zusammenhängt, dass auch auf dem Gebiet der Mykologie, also der Pilzkunde, ständig neue Entdeckungen gemacht werden, sodass beispielsweise eine Art in mehrere neue Arten unterteilt wird. Es sind bei vielen Pilzen aber auch unterschiedliche deutsche Namen in Verwendung, deren häufigste ebenfalls in dieser Rubrik angegeben sind.

Speisewert - In diesem Abschnitt findet der Leser Hinweise darauf, worauf beim Verzehr bzw. bei der Zubereitung des betreffenden Pilzes zu achten ist.

Vorsicht - Hierbei handelt es sich um eine Warnung bzw. einen Hinweis, dass der betreffende Pilz vor dem Verzehr auf bestimmte Weise vorbehandelt werden muss.

Vergiftungsgefahr - Dieser Zusatz ist jeweils bei giftigen Pilzen zu finden; es wird darin auf die schädlichen Folgen hingewiesen, die der Verzehr des Pilzes auf den Organismus haben kann.

KULINARISCHE HINWEISE

Jenen Pilzen, die kulinarisch gesehen von herausragender Bedeutung sind, wollen wir natürlich besonders breiten Raum widmen. Bei den Pilzen, die mit nebenstehendem Symbol versehen sind, findet der Leser oft auch Hinweise, wie der betreffende Pilz am besten zubereitet werden kann.

VERGIFTUNGSGEFAHR

Nur von wenigen Pilzen geht eine tödliche Gefahr aus; diese wenigen Arten gilt es jedoch genau zu erkennen, wozu nicht zuletzt auch dieses Buch verhelfen will. Das Symbol nebenan soll den Leser sofort auf das Ausmaß der Gefahr aufmerksam machen, die mit dem Verzehr des betreffenden Pilzes verbunden ist.

Kaiserling • Amanita caesarea

Visitenkarte

Hut
Ø 8-20 cm; orange

Stiel
8-15 cm; goldgelb

Lamellen
gelb

Fleisch
weiß

Geruch
unauffällig

Geschmack
unauffällig

Sporen
weiß

Standort
Laubwald

Genießbarkeit
ausgezeichnet

Da der Kaiserling im Jugendstadium vollständig von einer eiförmigen elastischen Hülle umgeben ist, ähnelt er im Anfangsstadium dem stumpfen Ende eines Eis. Diese Hülle zerreißt später am oberen Ende, und der Pilz schiebt sich daraus hervor. Der Hut ist anfangs kugelig geschlossen, wird später konvex und schließlich ganz flach, manchmal in der Mitte leicht niedergedrückt. Der Hut des Kaiserlings präsentiert sich in leuchtend roter oder orangegelber Farbe, während der Stiel goldgelb ist. Die Haut des Hutes *(Kutikula)* ist oberseits glatt, glänzend, schwach klebrig und lässt sich leicht vom Hut abziehen. Der Stiel ist zylindrisch, an der Basis knollig verdickt und von einer zähen, fleischigen und am Rand gelappten Scheide *(Volva)* umgeben. Die verschieden langen Lamellen sind frei, dicht stehend und am Rand flockig. Zahlreiche Zwischenlamellen sind sichtbar. Am oberen Drittel des Stiels befindet sich eine auffällige, fein gestreifte gelbe Manschette, die sich relativ rasch auflöst. Das Fleisch des Kaiserlings ist zart, mit wenig charakteristischem Geruch und Geschmack.

Farb- und Formveränderung: Die Färbung des Hutes kann von Gelb über Orange bis Orangerot gehen. In seltenen Fällen sind auf der Huthaut Reste der Volva in Form von großen, glatten Schuppen sichtbar. Abgesehen vom Fleisch unter der Huthaut, das eine deutlich gelbe Färbung hat, ist das Fleisch des Kaiserlings weiß. Der reife Pilz verströmt mitunter einen unangenehmen Geruch nach faulen Eiern.

Wenngleich der Kaiserling als ausgewachsener Pilz schwer zu verwechseln ist, kann er im Anfangsstadium leicht mit anderen Wulstlingen verwechselt werden, da er wie diese noch völlig vom Velum eingehüllt ist. Kaiserlinge zählen zu den beliebtesten Speisepilzen.

Standort: Der Kaiserling bevorzugt trockenen, sandigen Boden. Man findet ihn vor allem in Laubwäldern. Er ist hauptsächlich in südlichen Gegenden beheimatet und dort sowohl im Flachland als auch in höheren Lagen anzutreffen.
Erscheinungszeit: Juli bis Oktober
Ähnliche Arten: Der Kaiserling kann leicht mit dem **Fliegenpilz** verwechselt werden, der jedoch einen weißen Stiel und weiße Lamellen hat.
Synonyme: *Agaricus caesareus, Agaricus aurantium.*

KULINARISCHE HINWEISE

Der Kaiserling trägt seinen Namen zu Recht, wird er doch seit der Antike als einer der besten und schmackhaftesten Pilze angesehen. Im Jungstadium, wenn er noch völlig von der Gesamthülle umgeben ist und einem Ei ähnelt, kann man ihn bevorzugt roh, z. B. als Salat, essen. Die Marinade könnte aus etwas Olivenöl, Zitronensaft, Salz und frischem Pfeffer bestehen, wobei man zum Schluss reichlich geriebenen Käse (z. B. Parmesan) darüber streut. Ist der Kaiserling ausgewachsen und der Schirm voll entfaltet, so ist er gegrillt oder gebraten ein Leckerbissen.

Gelber Knollenblätterpilz • Amanita citrina

Visitenkarte

Hut
Ø 5-10 cm; gelb

Stiel
5-12 cm; gelb

Lamellen
weiß

Fleisch
weiß

Geruch
nach rohen Kartoffeln

Geschmack
unangenehm

Sporen
weiß

Standort
Laub-, Nadelwald

Genießbarkeit
mittelmäßig (leicht giftig)

Das Bild oben zeigt zwei ausgewachsene Exemplare des Gelben Knollenblätterpilzes. Auf der Hutoberfläche sind die Reste der Gesamthülle in Form von rauen Flocken erkennbar.

Die Form des Hutes ist anfangs halbkugelig, später dann ausgebreitet und schließlich fast flach, er ist für gewöhnlich von gelblicher Farbe und mit seidig glänzenden Flocken bedeckt. Die Huthaut ist klebrig und glänzend. Der Stiel ist zylindrisch, an der Basis knollig verdickt, glatt und hohl, im oberen Drittel von einer deutlich gestreiften, dickfleischigen Manschette von blassgelber Farbe umgeben. Die breiten Lamellen sind dicht stehend, frei und von weißlicher bis blassgelber Farbe. Das Fleisch ist weiß, hat einen charakteristischen Kartoffelgeruch und einen eher unangenehmen Geschmack.

Farbveränderung: Die Färbung des Hutes kann zwischen Zitronengelb und einem blassen grünlich gelben Farbton variieren. In manchen Fällen kann der Hut sogar weiß sein. Der Stiel kann weiß bis zitronengelb gefärbt sein. Die Färbung der Lamellen kann von Weißlich bis Blassgelb bzw. Zitronengelb reichen.

Standort: Der Gelbe Knollenblätterpilz kommt häufig in Laub- und Nadelwäldern vor; er liebt vor allem saure Böden und ist sowohl im Flachland als auch in höheren Lagen nicht selten anzutreffen.

Erscheinungszeit: August bis November

Ähnliche Arten: Der Gelbe Knollenblätterpilz kann mit dem tödlich giftigen **Grünen Knollenblätterpilz** verwechselt werden, der aber völlig geruchlos ist. Weiters besteht eine Verwechslungsmöglichkeit mit dem **Porphyrbraunen Wulstling**, der jedoch bedingt essbar ist.

Synonyme: Gelbgrüner Wulstling, *Agaricus citrinus*, *Amanita mappa*.

Vorsicht! Dieser Pilz ist leicht giftig, wenngleich er manchmal als essbar eingestuft wird (das Gift wird durch Erhitzen unwirksam). *Amanita citrina* sollte jedoch schon allein deshalb nicht gesammelt werden, weil er sehr leicht mit anderen tödlich giftigen Amanita-Arten verwechselt werden kann.

Amanita ovoidea • Eierwulstling

Der sehr zähfleischige Hut ist anfangs eiförmig, später konvex und schließlich fast völlig flach, mit einem glatten, mitunter aber rissigen Rand. Die Huthaut ist kahl, glänzend, manchmal leicht klebrig. Der stämmige Stiel wirkt außen flockig und hat eine leicht knollige Basis, die von einer häutigen, gelappten Volva umgeben ist. Am oberen Ende des Stiels sitzt eine sehr breite brüchige Manschette. Die breiten Lamellen stehen dicht gedrängt. Das Fleisch ist fest und hat einen kaum feststellbaren, milden Geruch und Geschmack.

Farbveränderung: Die Farbe der Oberseite des Hutes kann zwischen Reinweiß und Hellgrau variieren. Die Scheide kann weiß, gelblich und sogar hellorange sein.

Standort: Der Eierwulstling wächst in Laubwäldern und Nadelwäldern - und zwar vorwiegend in wärmeren südlichen Regionen; in Mitteleuropa ist er nur in klimatisch begünstigten Gegenden anzutreffen.

Erscheinungszeit: Juli bis September.

Ähnliche Arten: Verwechslungsgefahr besteht u. a. mit dem tödlich giftigen **Weißen Knollenblätterpilz** und dem nicht minder gefährlichen **Grünen Knollenblätterpilz.**

Vorsicht! Obwohl der Eierwulstling ein hervorragender Speisepilz ist, sollte er wegen der großen Ähnlichkeit zu verschiedenen tödlich giftigen Arten mit äußerster Vorsicht gesammelt werden.

Visitenkarte

Hut
Ø 10-15 cm; weißlich

Stiel
10-15 cm; weiß

Lamellen
weiß

Fleisch
weiß

Geruch
mild

Geschmack
mild

Sporen
weiß

Standort
Laub- und Nadelwald

Genießbarkeit
sehr gut

Der Eierwulstling, der nach seiner beim Jungpilz vorhandenen Eiform benannt ist, bevorzugt sehr mildes Klima.

Fliegenpilz • Amanita muscaria

Visitenkarte

Hut
Ø 8-20 cm; rot

Stiel
10-25 cm; weiß

Lamellen
weiß

Fleisch
weiß

Geruch
keiner

Geschmack
keiner

Sporen
weiß

Standort
Laub- und Nadelwälder

Giftigkeit
GIFTIG

Im Jugendstadium weist der Hut eine halbkugelige Form auf, später wird er konvex (gewölbt) und schließlich deutlich in der Mitte niedergedrückt bzw. trichterförmig. Die Haut des Hutes ist von leuchtend roter Farbe, schmierig glänzend und mit vielen oder wenigen weißen Flöckchen übersät, die die Überreste der Gesamthülle darstellen und die auch vom Regen abgewaschen werden können. Der Stiel ist weiß, an der Basis knollenartig verdickt, am Grund zottig und mit zerrissenen Scheidenresten bedeckt. Die Manschette ist stark ausgeprägt, von weißlicher Farbe und schlaff hängend. Die weißen Lamellen sind dicht stehend mit zahlreichen Zwischenlamellen.

Farb- und Formveränderung: In seltenen Fällen ist der sonst scharlachrote Hut von grelloranger Farbe. Die Lamellen

können manchmal auch zitronengelb gefärbt sein. Der Stiel ist anfangs voll, später jedoch hohl.

Standort: Der Fliegenpilz ist ein Mykorrhizapilz und wächst sowohl in Laub- als auch in Nadelwäldern, vom Flachland bis zur Baumgrenze.

Erscheinungszeit: Juli bis November.

Ähnliche Arten: Der Fliegenpilz kann mit dem **Kaiserling** verwechselt werden, der ein hervorragender Speisepilz ist, dessen Hut, Stiel und Ring jedoch von gelber Farbe sind.

Synonyme: Roter Fliegenpilz, *Agaricus muscarius*, *Agaricus aurantiacus*.

Dieser wahrscheinlich bekannteste Pilz überhaupt ist sehr giftig, jedoch nur in äußerst seltenen Fällen lebensbedrohend. Auf den verschiedenen Abbildungen sind sowohl junge als auch ausgewachsene Exemplare zu sehen.

VERGIFTUNGSGEFAHR

Beim Fliegenpilz handelt es sich um einen Giftpilz, der zwei Alkaloide enthält: einerseits das Muscarin, welches auf das Nervensystem Einfluss nimmt und starke Erregungszustände hervorruft, und andererseits das Muscaridin, welches schwere Magen-Darm-Störungen bewirkt. Weiters ist das sogenannte Bufotenin enthalten, das Halluzinationen hervorrufen kann. Die Erregungszustände äußern sich in Krämpfen, Wahnvorstellungen sowie in mehr oder weniger starken Rauschzuständen. Durch die Magen-Darm-Störung kommt es zu Unterleibsschmerzen, Erbrechen, Durchfall, Schweißausbruch usw. Die Vergiftung macht sich frühzeitig bemerkbar (zwischen einer und vier Stunden nach Verzehr des Pilzes). Ärztliche Hilfe sollte in Anspruch genommen werden.

Pantherpilz • Amanita pantherina

Visitenkarte

Hut
Ø 5-10 cm; braun

Stiel
6-12 cm; weiß

Lamellen
weiß

Fleisch
weiß

Geruch
keiner

Geschmack
süßlich

Sporen
weiß

Standort
Laub- und Nadelwälder

Giftigkeit
TÖDLICH GIFTIG

Der Hut ist zunächst von kugeliger Form, später gewölbt und im voll aufgeschirmten Zustand flach bis trichterförmig. Der Hutrand ist gerieft und weist eine glatte, glänzende Oberfläche auf, die mit fein verteilten Flöckchen, den Resten der Gesamthülle, bedeckt ist; diese Flöckchen können jedoch vom Regen leicht abgewaschen werden. Der Stiel ist aufwärts etwas verjüngt, mit deutlich abgesetzter Knolle, welche zwei bis drei Gürtelzonen aufweist. Die manchmal sehr tief liegende Manschette ist mitunter schwach ausgeprägt, ungerieft und verschwindet meist recht bald. Die Lamellen sind dicht stehend, breit und frei, also nicht mit dem Stiel verwachsen. Das Fleisch ist unveränderlich weiß und eher weich und wässrig, dazu ist es geruchlos mit einem leicht süßlichen Geschmack.
Farbveränderung: Die Färbung des Hutes kann von Hellbraun über Ockerfarben bis Olivbraun reichen; manchmal kann der Hut sogar eine weißgraue Färbung annehmen.
Standort: Der Pantherpilz tritt sowohl in Laub- als auch Nadelwäldern auf, und zwar vom Flachland bis in höhere Lagen.
Erscheinungszeit: Juli bis Oktober.
Ähnliche Arten: Der Pantherpilz kann leicht mit dem **Grauen Wulstling** *(Amanita spissa)* und dem **Perlpilz** *(Amanita rubescens)* verwechselt werden, die beide gute Speisepilze sind, aber im Rohzustand nicht verzehrt werden sollten.
Synonyme: Brauner Knollenblätterpilz, *Agaricus pantherinus, Agaricus maculatus.*
Vergiftungsgefahr: Durch seinen hohen Gehalt an Muscarin ist der Pantherpilz äußerst giftig und übertrifft in seiner Wirkung den Fliegenpilz, d. h., er ist mitunter tödlich.

Auf dieser Abbildung sieht man deutlich, dass die weißen Flocken auf dem Hut des Pantherpilzes stark dezimiert sein können - besonders nach einem Regenguss.

Amanita rubescens • Perlpilz

Der Hut des Perlpilzes ist anfangs halbkugelförmig, später flach und bisweilen in der Mitte eingedrückt. Die Huthaut ist rotbraun glänzend und leicht klebrig. Die Reste der Gesamthülle verbleiben als weißgraue, seidig glänzende Flocken auf der Hutoberfläche. Der rötlich gefärbte Stiel ist zur Spitze hin verjüngt, zuerst voll und später hohl. Die knollige Basis ist von ein bis zwei blassbraunen, manchmal warzigen Ringzonen umgeben. Die große herabhängende Manschette ist weiß bis rosa gefärbt. Die dicht stehenden, freien Lamellen sind weiß, nach Berührung verfärben sie sich aber rötlich. Das Fleisch ist weiß und zart, Fraßstellen von Schnecken und Maden sind meist braunrot verfärbt.

Farbveränderung: Die Färbung des Hutes kann von Weiß (bei den jungen Exemplaren) bis Weinrot (bei den reifen Pilzen) variieren. Der mehr oder weniger mehlig bereifte Stiel kann eine weißrötliche bis violette Farbe annehmen. Die Lamellen sind weiß, bei Berührung oder Anschnitt verfärben sie sich rötlich.

Standort: Der Perlpilz wächst sowohl in Laub- als auch in Nadelwäldern, vom Flachland bis in höhere Lagen.

Erscheinungszeit: Dieser sehr häufige Pilz tritt zwischen Juni und Oktober auf verschiedenen Bodentypen auf.

Ähnliche Arten: Der Perlpilz kann mit dem tödlich giftigen Pantherpilz verwechselt werden, der jedoch bei Verletzungen keinerlei rötliche Verfärbung zeigt.

Synonyme: Rötlicher Wulstling, *Agaricus rubens*, *Amanita rubens*.

Speisewert: Grundsätzlich essbar, wenngleich er nicht von allen Menschen vertragen wird. Eine längere Kochzeit wird empfohlen, um die thermolabilen Giftstoffe unwirksam zu machen.

Visitenkarte

Hut
Ø 5-15 cm; rötlich braun bis weinrot

Stiel
8-20 cm; rötlich

Lamellen
weiß bis rötlich

Fleisch
weiß

Geruch
wenig ausgeprägt

Geschmack
leicht kratzend

Sporen
weiß

Standort
Laub- und Nadelwald

Genießbarkeit
mit Vorsicht genießbar

Die Stielbasis des Perlpilzes ist - wie auf diesem Foto klar erkennbar - knollig verdickt.

Grüner Knollenblätterpilz • Amanita phalloides

Visitenkarte

Hut
Ø 5-15 cm; olivgrün

Stiel
6-12 cm; grünlich weiß

Lamellen
weiß

Fleisch
weiß

Geruch
schwach

Geschmack
schwach

Sporen
weiß

Standort
Laub- und Nadelwald

Giftigkeit
TÖDLICH GIFTIG

Der Hut des Grünen Knollenblätterpilzes ist anfangs gewölbt, später leicht niedergedrückt und von olivgrüner bis gelbgrüner Farbe. Die Huthaut ist beim jungen Pilz etwas schmierig und am Rand gerieft. Der Stiel ist zylindrisch, an der Basis deutlich knollig und von einer sackartigen, abstehenden Membrane (Scheide) umhüllt. Der Stiel trägt eine weiße häutige Manschette, die meist sehr locker sitzt. Die Lamellen sind dicht stehend und weiß, manchmal mit grünlichem Schimmer. Das weiße Fleisch ist zart, faserig und hat einen süßlichen Geruch und einen nussartigen Geschmack (nicht kosten!).

Farbveränderung: Die Huthaut kann sich in verschiedenen Grüntönen zeigen, kann aber auch braun oder weiß sein.

Standort: Der Grüne Knollenblätterpilz ist ein typischer Waldpilz, der sich gerne unter Eichen und Buchen ansiedelt. In höheren Lagen ist er kaum zu finden.

Erscheinungszeit: Juli bis Oktober.

Ähnliche Arten: Der Grüne Knollenblätterpilz kann leicht mit dem **Dünnfleischigen Anischampignon** sowie mit dem **Eierwulstling**, die beide essbar sind, verwechselt werden. Da es sich beim Grünen Knollenblätterpilz um einen tödlich giftigen Pilz handelt (siehe

unten), soll hier noch auf einige weitere Arten hingewiesen werden, die - vor allem von einem noch unerfahrenen Sammler - eventuell mit diesem verwechselt werden könnten. Hier sind vor allem einige Ritterlinge zu nennen: der **Echte** oder **Grüne Ritterling**, der **Graue** oder **Schwarzfaserige Ritterling** und der Braungelbe Ritterling, die alle eine mehr oder weniger grünliche Hutfarbe haben. Der Braungelbe Ritterling ist wegen seiner Giftigkeit in jedem Fall zu vermeiden, der Grüne Ritterling wiederum ist zwar essbar, aber von geringer Qualität, während der Graue Ritterling ein schmackhafter Speisepilz ist. Ein anderer Pilz, der wegen seiner Färbung mit dem Grünen Knollenblätterpilz verwechselt werden könnte, ist der **Gefelderte Grüntäubling**, auch Grünfelderiger Täubling genannt, der ebenfalls als hervorragender Speisepilz gilt.

Auf den Abbildungen auf der linken Seite und oben sieht man den Grünen Knollenblätterpilz in seinen verschiedenen Entwicklungsstadien. Dieser Pilz ist in Laub- und auch Nadelwäldern weit verbreitet.

VERGIFTUNGSGEFAHR

Was die extreme Gefährlichkeit dieses Pilzes betrifft, so schätzt man, dass ein Gramm des frischen Pilzes pro Kilo Körpergewicht bei einem gesunden Erwachsenen bereits zum Tod führt. Bei Kindern und älteren Menschen würde bereits deutlich weniger genügen. Daher ist allergrößte Vorsicht geboten und ein Pilzkundiger zu Rate zu ziehen, wenn man ähnlich aussehende Pilze sammeln und verspeisen möchte. Da bereits wenige Gramm in einem Pilzgericht zu einer ernsten Vergiftung führen können, ist schon beim Sammeln äußerste Vorsicht geboten - einige Bruchstücke des Grünen Knollenblätterpilzes könnten nämlich beim Transport auf andere, essbare Pilze gelangen und so eine Vergiftung auslösen. Die Vergiftung selbst macht sich erst spät bemerkbar, nämlich etwa acht bis 40 Stunden nach dem Verzehr des Pilzes. Die Heilungschancen sind umso größer, je früher man die ersten Anzeichen einer Knollenblätterpilzvergiftung feststellt, wobei jedoch einige Symptome erst auftreten, wenn die Leber bereits irreparabel geschädigt ist. Bis heute ist kein Medikament gegen eine Vergiftung mit dem Grünen Knollenblätterpilz bekannt.

Fransiger Wulstling • Amanita solitaria

Visitenkarte

Hut
Ø 8-20 cm; weiß

Stiel
10-25 cm; weiß

Lamellen
weiß

Fleisch
weiß

Geruch
sehr mild

Geschmack
angenehm

Sporen
weiß

Standort
Laubwald

Genießbarkeit
sehr gut

Der schneeweiße Hut des Fransigen Wulstlings ist sehr robust und fleischig. Anfangs ist er kugelig, später gewölbt und schließlich flach, gelegentlich auch leicht niedergedrückt. Der Hutrand ist mit fransigen Anhängen versehen, die durch die Trennung des Hutes von der Manschette entstanden sind. Die Huthaut ist mit unzähligen graubraunen Warzen übersät. Der Stiel ist zylindrisch, an der Basis knollig verdickt und - zumindest im Frühstadium - mit mehligen Flocken bedeckt. Die weiße Manschette ist ausgefranst und fällt schon früh ab. Die Lamellen sind weiß, sehr dicht stehend und nicht mit dem Stiel verwachsen. Das weiße Fleisch des Fransigen Wulstlings ist kompakt, hat einen milden Geruch und einen angenehmen Geschmack.

Farbveränderung: Der normalerweise schneeweiße Hut kann manchmal in der Mitte auch hellgrau getönt sein.

Standort: Der Fransige Wulstling wächst vorwiegend in Laubwäldern, vor allem unter Eichen und Buchen, seltener unter Kiefern und bevorzugt kalkhaltige Böden. In Mitteleuropa ist dieser wärmeliebende Pilz eher selten anzutreffen.

Erscheinungszeit: Juni bis September.

Ähnliche Arten: Der Fransige Wulstling kann mit dem **Eierwulstling** und dem **Mittelmeerperlpilz** verwechselt werden. Letzterer ist aber bedeutend kleiner.

Synonyme: *Amanita strobiliformis*, *Agaricus solitarius*, *Hypophyllum pellitum*.

Speisewert: Der Fransige Wulstling ist ein guter Speisepilz. Vor der Zubereitung sollte man jedoch die Huthaut entfernen, da sie einen stark erdigen Geschmack aufweist.

Amanita spissa • Grauer Wulsting

Der Hut des Grauen Wulstling ist zuerst halbkugelförmig, dann fast flach und von bräunlicher Farbe. Der Hutrand ist ungerieft. Die glänzende Hutoberfläche ist mit grauweißen Schüppchen, den Resten der Gesamthülle, bedeckt. Der stämmige weißliche Stiel ist nach unten verdickt und endet an der Basis mit einer mehr oder weniger großen Knolle. Er ist unterhalb der Manschette mit feinen grauen Flocken bedeckt. Die breite, hängende, stets kammartig geriefte Manschette ist ebenfalls von weißer Farbe. Die breiten weißen Lamellen sind äußerst dicht stehend. Das Fleisch ist ebenfalls weiß und hat einen leicht rübenartigen Geruch sowie einen sehr milden Geschmack.

Farbveränderung: Die Färbung des Hutes variiert von Grau bis Dunkelbraun. Der Stiel kann mehr oder weniger braun oder grau getigert sein.

Standort: Der Graue Wulstling ist sehr häufig anzutreffen und ist sowohl in Laub- als auch in Nadelwäldern, vor allem unter Fichten und Buchen, zu finden.

Erscheinungszeit: Juni bis Oktober.

Ähnliche Arten: Der Graue Wulstling wird oft mit dem giftigen **Pantherpilz** verwechselt, von dem er tatsächlich schwer zu unterscheiden ist.

Synonyme: Gedrungener Wulstling, Grauer Knollenblätterpilz, *Agaricus spissus*, *Amanita cinerea*, *Amanita ampla*, *Amanita excelsa*.

Achtung! Dieser Pilz sollte nur mit größter Vorsicht gesammelt werden, da er giftigen Arten sehr ähnlich ist.

Visitenkarte

Hut
Ø 5-15 cm; bräunlich

Stiel
6-12 cm; weiß

Lamellen
weiß

Fleisch
weiß

Geruch
rübenartig

Geschmack
mild

Sporen
weiß

Standort
lichte Wälder

Genießbarkeit
Vorsicht! Verwechslung!

Grauer Scheidenstreifling • Amanita vaginata

Visitenkarte

Hut
Ø 4-12 cm; verschiedene Färbungen

Stiel
6-18 cm; weiß

Lamellen
weiß

Fleisch
weiß

Geruch
sehr mild

Geschmack
süßlich

Sporen
weiß

Standort
Laub- und Nadelwälder

Genießbarkeit
gut, mittelmäßig

Der Hut des Grauen Scheidenstreiflings ist zuerst glockenförmig, allmählich flach ausgebreitet und später in der Mitte bucklig. Der Hutrand ist kräftig gerieft, die Huthaut erscheint glatt und stark glänzend. Der Stiel ist schlank, an der Basis knollig, wobei Letztere von einer hohen häutigen Scheide umgeben ist. Eine Manschette ist sehr selten ausgebildet. Die Lamellen sind weiß, ziemlich gedrängt und nicht mit dem Stiel verwachsen. Das Fleisch ist weiß, zart und faserig. Es hat einen ganz leicht süßlichen Geruch und Geschmack.

Farbveränderung: Der Hut kann manchmal auch andere Färbungen annehmen, und zwar von Grau bis Orange und sogar Rot. Das Fleisch kann auch hellbraun bis gelblich gefärbt sein. Die Lamellen zeigen manchmal eine gelbliche Tönung.

Standort: Dieser stellenweise recht häufige Pilz ist in Laub- und Nadelwäldern, oft an grasigen oder moosigen Stellen anzutreffen. Der Graue Scheidenstreifling wächst sowohl im Flachland als auch in höheren Lagen.

Erscheinungszeit: August bis Oktober.

Ähnliche Arten: Die Färbung des Grauen Scheidenstreiflings ist der des **Grünen Knollenblätterpilzes** mitunter sehr ähnlich. Man kann ihn aber dennoch sehr gut an der auffälligen Riefung am Hutrand erkennen. Eine weitere Verwechslungsmöglichkeit besteht mit dem **Verfärbenden** sowie dem **Grauhäutigen Scheidenstreifling.** Ersterer zeichnet sich durch seine gelbgrüne bis olivbraune Hutfarbe aus, während Letzterer braun bis grau getönt ist. Am deutlich gerieften Hutrand des Grauhäutigen Scheidenstreiflings sind häufig Überreste der Volva zu erkennen. Der eher schlanke Stiel ist nach oben verjüngt; er hat eine weißgraue Färbung und ist an der Basis von einer abstehenden Scheide derselben Farbe umgeben. Das weiße Fleisch ist geruch- und geschmacklos. Der Grauhäutige Scheidenstreifling ist zwar essbar, zeigt aber kaum Aroma.

Synonym: *Amanitopsis vaginata.*

Speisewert: Der Graue Scheidenstreifling kann zwar als Speisepilz verwendet werden, muss jedoch in jedem Fall ausreichend gegart werden. Roh ist der Pilz giftig.

Oben sind zwei Exemplare des Grauen Scheidenstreiflings im Jungstadium zu sehen. Der Hut ist noch kegelförmig. Rechts: Grauhäutiger Scheidenstreifling, der dem Grauen Scheidenstreifling sehr ähnlich ist.

Amanita verna • Weißer Knollenblätterpilz

Der Hut des Weißen Knollenblätterpilzes zeigt zuerst eine halbkugelige, später eine erhabene und schließlich eine fast flache Form. Er ist glatt, weiß, in der Mitte cremefarben und am Rand manchmal gewellt. Der Stiel ist weiß und an der Basis ein wenig verdickt, wobei diese Verdickung von einer häutigen Scheide umgeben ist. Die Manschette ist meist schwach ausgebildet und vergänglich. Die Lamellen sind sehr dicht stehend, weiß und mit zahlreichen Zwischenlamellen durchsetzt. Das zarte weiße Fleisch ist geruchlos und hat einen eher unangenehmen Geschmack.

Farb- und Formveränderungen: nicht bekannt.

Standort: Dieser Pilz wächst vorwiegend in Laubwäldern, besonders unter Eichen, oft auch in Parkanlagen.

Erscheinungszeit: Der Weiße Knollenblätterpilz tritt von Juni bis September in Erscheinung. Bisweilen wird diese Art als eine etwas früher erscheinende Abart des Grünen Knollenblätterpilzes betrachtet.

Ähnliche Arten: Wie beim Grünen Knollenblätterpilz.

Synonyme: Frühlingsknollenblätterpilz, *Agaricus bulbosus vernus.*

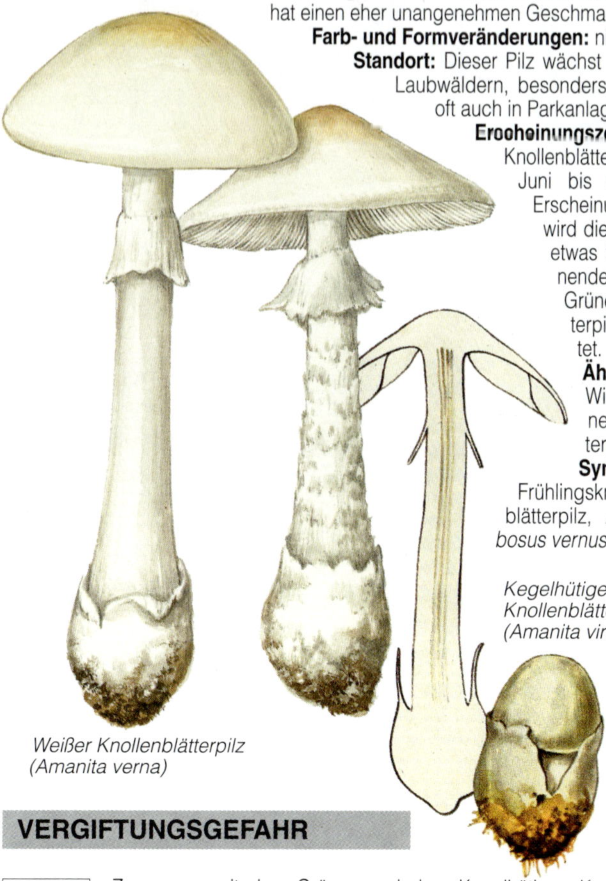

Weißer Knollenblätterpilz (Amanita verna)

Kegelhütiger Knollenblätterpilz (Amanita virosa)

Visitenkarte

Hut
Ø 5-15 cm; weiß

Stiel
5-12 cm; weiß

Lamellen
weiß

Fleisch
weiß

Geruch
sehr mild

Geschmack
unangenehm

Sporen
weiß

Standort
Laubwälder

Giftigkeit
TÖDLICH GIFTIG

Oben sind deutlich die verschiedenen Entwicklungsstadien des Hutes zu erkennen. Zuerst ist er kugelig, dann fast flach. Der weiße Knollenblätterpilz ist - so wie der Grüne und der Kegelhütige Knollenblätterpilz - tödlich giftig.

VERGIFTUNGSGEFAHR

Zusammen mit dem Grünen und dem Kegelhütigen Knollenblätterpilz (siehe folgende Seite) gehört der Weiße Knollenblätterpilz zur Gruppe der tödlich giftigen Knollenblätterpilze, in denen die Amanita-Giftstoffe enthalten sind. Die fatalen Folgen, mit denen man beim Verzehr eines dieser Pilze rechnen muss, sind eingehend beim Grünen Knollenblätterpilz und im Kapitel Pilzgifte beschrieben.

Rauer Wulstling *(Amanita aspera)*
Der Hut (4-8 cm) des Rauen Wulstlings ist von hell- bis dunkelbrauner Farbe und mit weißlichen Schüppchen bedeckt. Der gelbliche Stiel ist zylindrisch und hat eine flockige Oberfläche sowie eine breite, schlaffe Manschette. Die Lamellen sind weiß und sehr dicht stehend. Das Fleisch erscheint ebenfalls weiß, es läuft aber an Fraßstellen rosa an. Der Raue Wulstling tritt bevorzugt in Laubwäldern auf, und zwar zwischen Spätsommer und Herbst. Dieser seltene Pilz ist ungenießbar und kann leicht mit dem giftigen Pantherpilz verwechselt werden.

Kammrandiger Wulstling *(Amanita eliae)*
Der Hut (7-9 cm) von *Amanita eliae* ist anfangs rundlich, später flach und kann blassgelb bis hellbraun sein. Der Hutrand ist fein gerieft, die Hutoberfläche erscheint glatt und glänzend und ist mit vereinzelten weißen Schuppen bedeckt. Der Stiel kann von weißlicher bis bräunlicher Färbung sein. Die Lamellen sind wenig dicht stehend. Das weiße Fleisch des Pilzes ist eher brüchig. Der Kammrandige Wulstling kommt selten vor und ist hauptsächlich unter Eichen zu finden. Als Speisepilz ist er von geringem Wert.

Porphyrbrauner Wulstling
(Amanita porphyria)
Die Farbe des Hutes (5-8 cm) von *Amanita porphyria* kann zwischen Porphyrbraun und Grau variieren, wobei die Hutmitte meist dunkler erscheint. Die Huthaut ist glatt und etwas klebrig. Im oberen Drittel ist der Stiel von einer hängenden Manschette bedeckt. Die weißen Lamellen sind dicht stehend und frei. Das Fleisch ist weißlich und fest. Dieser recht häufig auftretende Pilz wächst vor allem in Nadelwäldern, insbesondere unter Fichten und Kiefern. Er ist ungenießbar bis leicht giftig.

Kegelhütiger Knollenblätterpilz
(Amanita virosa)
Der Hut (4-8 cm) von *Amanita virosa* ist rein weiß bis beige, manchmal mit rosa Stich, anfangs ist er kegelig, später gewölbt und schließlich flach mit einem Höcker in der Mitte. Die Huthaut ist weiß und leicht schmierig. Der Stiel ist zylindrisch, schuppig faserig und an der Basis knollig verdickt. Die Lamellen sind dicht stehend und weiß. Das weiße Fleisch ist faserig und hat einen unangenehmen Geruch. Er erscheint von Juli bis Oktober. TÖDLICH GIFTIG! (S.55)

Amiantkörnchenschirmling
Cystoderma amianthinum

Der Hut ist wenig fleischig, anfangs glockenförmig, später konvex und schließlich flach mit hervortretender Hutmitte. Der Hutrand ist manchmal eingerollt. Die Hutoberfläche ist körnig und gerunzelt. Der stämmige Stiel ist zylindrisch, mit leicht knolliger Basis. Oberhalb des Rings ist seine Oberfläche seidig, unterhalb körnig schuppig. Der Ring ist eher klein, flüchtig und sitzt ziemlich locker. Die Lamellen stehen dicht. Der Pilz entwickelt kaum Fleisch, das im übrigen einen erdigen Geruch aufweist.
Farbveränderung: Der Hut ist gelegentlich ockergelb, in der Mitte eher ins Rötliche spielend, die Lamellen zuerst weiß, später gelblich. Das Fleisch ist von gelblicher Farbe, außer an der Stielbasis, wo es eine eher orangebraune Tönung zeigt.

Standort: Dieser Pilz ist recht häufig in Nadelwäldern anzutreffen.
Erscheinungszeit: August bis November.
Ähnliche Arten: Der Amiantkörnchenschirmling ist dem **Rostroten Körnchenschirmling** sehr ähnlich, seine Färbung aber etwas heller.

Visitenkarte

Hut
Ø 2-6 cm; ockergelb
Stiel
3-5 cm; ockergelb
Lamellen
weißlich
Fleisch
gelblich
Geruch
erdig
Geschmack
wenig ausgeprägt
Sporen
weiß
Standort
Nadelwälder
Genießbarkeit
ungenießbar

Starkriechender Körnchenschirmling
Cystoderma carcharias

Der Hut ist dünnfleischig, anfangs kugelig, später glockenförmig und schließlich weit glockig, mit einem niedrigen Höcker in der Mitte und mit gefranstem Rand. Die Huthaut ist körnig. Der Stiel ist zylindrisch, an der Basis leicht verdickt; an der Spitze weiß und glattfaserig, unterhalb des Rings körnig schuppig und zu zwei Dritteln von einer abziehbaren Hülle bedeckt. Die Lamellen stehen dicht und sind am Stiel mit Zähnchen angewachsen. Das dünne Fleisch hat einen charakteristischen Geruch nach Moder und einen wenig ausgeprägten Geschmack.
Farbveränderung: Die Färbung des Hutes kann von Gelblich Rosa bis Hellrot reichen. Die Lamellen sind zuerst weiß, später gelblich.

Standort: *Cystoderma carcharias* tritt vor allem in Nadelwäldern auf.
Erscheinungszeit: September bis November.
Ähnliche Arten: Wegen seines körnigen Hutes kann er mit dem **Rostroten Körnchenschirmling** (*Cystoderma granulosum*) verwechselt werden, der aber eine ziegelrote bis rostrote Färbung aufweist.

Visitenkarte

Hut
Ø 2-6 cm; hellrosa
Stiel
3-6 cm; hellrosa
Lamellen
weißlich
Fleisch
weiß
Geruch
nach Moder
Geschmack
wenig ausgeprägt
Sporen
weiß
Standort
Nadelwälder
Genießbarkeit
ungenießbar

Rauer Schirmling • Lepiota acutesquamosa

Visitenkarte

Hut
Ø 5-12 cm; bräunlich

Stiel
5-8 cm; fleischbräunlich

Lamellen
weiß

Fleisch
weiß

Geruch
stechend

Geschmack
stechend

Sporen
weiß

Standort
Laub-, Nadelwälder

Giftigkeit
GIFTIG

Der sehr fleischige Hut ist anfangs gewölbt und wird später immer flacher. Die Huthaut hat eine bräunliche Tönung, die am Rand etwas heller erscheint. Der Hut ist gänzlich mit kegelförmig aufgerichteten Schuppen bedeckt. Der Stiel ist schlank, mit wolliger Oberfläche und hat eine knollige Basis. Er ist von fleischbräunlicher Farbe. Die Manschette ist häutig, hängend und unterseits wollig. Die schneeweißen Lamellen erscheinen sehr dünn und gedrängt. Das Fleisch ist weiß, faserig und hat einen sehr unangenehmen, stechenden Geruch.

Farb- und Formveränderung: Der voll entwickelte Hut weist mitunter einen rissigen Rand auf. Die Schuppen sind ziemlich vergänglich, sodass der Hut älterer Pilze oft kahl erscheint.

Standort: Der Raue Schirmling ist in Laub- und Nadelwäldern sowie in Parkanlagen zu finden; besonders gut gedeiht er auf humsreichen Böden.

Erscheinungszeit: August bis Oktober.

Ähnliche Arten: Er kann mit dem **Riesenschirmling,** aber auch mit dem **Igelschirmling** und dem **Borstigen Schirmling** verwechselt werden.

Vergiftungsgefahr: Dieser Pilz ist schon allein wegen seines sehr unangenehmen Geruchs ungenießbar. Er wird von manchen Experten als giftig eingestuft, da er bisweilen Verdauungsstörungen hervorruft.

Der Raue Schirmling ist häufig in Gruppen anzutreffen, meist von August bis Oktober.

Rauer Schirmling (Lepiota acutesquamosa)

Rosablättriger Schirmling (Lepiota naucina)

Lepiota cristata • Stinkschirmling

Der Hut ist zuerst kugelig, später völlig flach mit einem deutlichen stumpfen Höcker in der Mitte. Die Huthaut ist rostrot gefärbt und mit unregelmäßigen rotbraunen Schuppen bedeckt. Der dünne, hohle Stiel ist zylindrisch geformt und an der braunroten Basis leicht verdickt. Nur während des Jugendstadiums ist ein zerbrechlicher häutiger Ring anzutreffen. Die Oberfläche des Stiel ist seidig glatt. Die Lamellen sind dicht stehend, breit und bauchig. Das faserige weiße Fleisch hat einen unangenehm stechenden metallischen Geruch.

Farbveränderung: Die Färbung des Hutes variiert von Ockergelb bis Rötlich Braun. Die Lamellen sind weiß oder ockergelb mit einem leichten Stich ins Rosafarbene.

Standort: Der Stinkschirmling ist auf grasbewachsenen Lichtungen und in Gärten auch in größeren Gruppen anzutreffen und ist in Laub- und Nadelwäldern gleichermaßen vertreten.

Erscheinungszeit: August bis Oktober.

Ähnliche Arten: Der Stinkschirmling kann leicht mit anderen kleinwüchsigen Schirmlingen verwechselt werden.

Synonym: Kammschirmling.

Vergiftungsgefahr: Es empfiehlt sich, diesen Pilz zu meiden, da er im Verdacht steht, Vergiftungen zu verursachen.

Visitenkarte

Hut
Ø 2-5 cm;
rostrot

Stiel
5-6 cm;
weiß

Lamellen
weiß

Fleisch
weiß

Geruch
unangenehm

Geschmack
unangenehm

Sporen
weiß

Standort
Lichtungen,
Waldwege

Giftigkeit
VERDÄCHTIG

Dieser kleingewachsene Schirmling ist recht häufig anzutreffen, insbesondere an grasbewachsenen Waldwegen.

Riesenschirmling (Parasol) • Lepiota procera

Visitenkarte

Hut
Ø 10-30 cm; bräunlich

Stiel
10-40 cm; braun genattert

Lamellen
weißlich

Fleisch
weiß

Geruch
nussartig

Geschmack
nussartig

Sporen
cremefarben

Standort
lichter Laubwald

Genießbarkeit
ausgezeichnet

Der Hut ist anfangs kugelig, später breitglockig und schließlich flach mit einem stumpfen Höcker in der Hutmitte. Er trägt zahlreiche, am Rand vergängliche Schuppen, die nur auf dem Höcker intakt bleiben. Der Rand ist fransig. Der Stiel des Parasols ist zylindrisch, hohl, sehr lang und schlank. An der Basis weist er eine große, abgeflachte Knolle auf. Die Stieloberfläche ist mit unzähligen kleinen, sehr festen Schuppen bedeckt, sodass er braun gestreift bzw. genattert erscheint. Der breite Ring ist dickhäutig und leicht verschiebbar. Die nicht am Stiel angewachsenen Lamellen sind dicht stehend, bauchig und breit. Das Fleisch im Hut ist weich und elastisch, während der Stiel ein zähes Fleisch aufweist.

Farb- und Formveränderung: Die Färbung des Hutes kann zwischen Grau und Nussbraun variieren. Die Schuppen sind mehr oder weniger zahlreich. Der Ring ist im oberen Teil weißlich, weiter unten bräunlich gefärbt. Die Lamellen sind im Jugendstadium weiß, später können sie rötlich braun getönt sein.

Standort: Der Parasol ist vor allem an lichten Stellen des Laubwaldes, an Waldrändern und auf Wiesen anzutreffen, wo er zumeist in Gruppen auftritt.

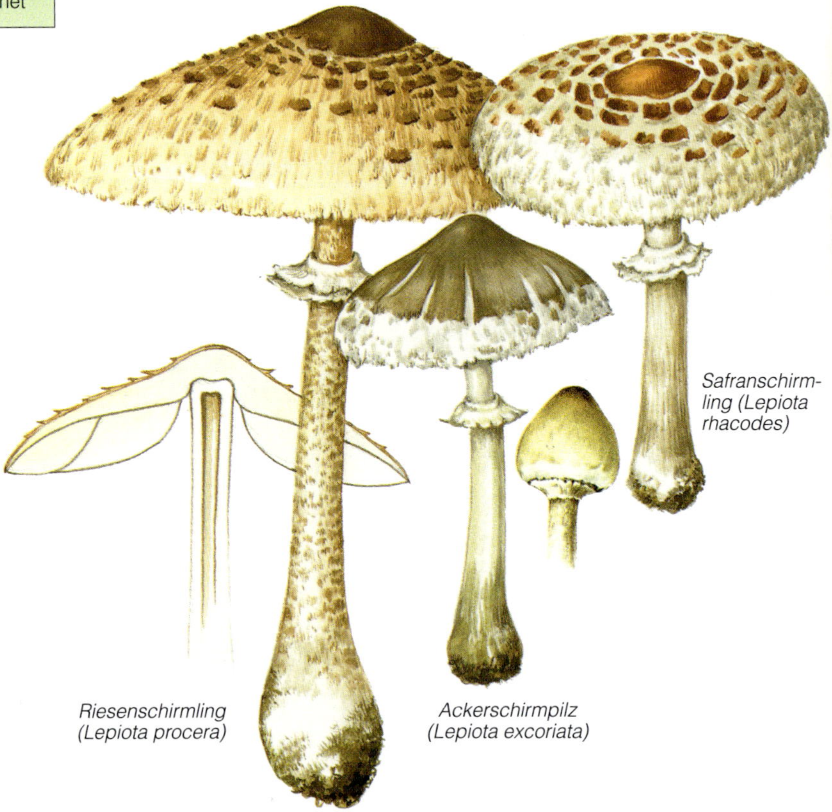

Safranschirmling (Lepiota rhacodes)

Riesenschirmling (Lepiota procera)

Ackerschirmpilz (Lepiota excoriata)

Der Parasol gilt als einer der schmackhaftesten Speisepilze und ist schon allein auf Grund seiner Größe nicht zu übersehen und kaum zu verwechseln.

Erscheinungszeit: Juli bis Oktober.
Ähnliche Arten: Der Parasol ist dem **Safranschirmling**, auch **Rötender Riesenschirmling** genannt, sehr ähnlich, der aber von eher gedrungener Gestalt ist und eine ausgeprägte Knolle an der Basis aufweist.
Synonyme: Riesenschirmpilz, *Macrolepiota procera, Agaricus procerus, Leucocoprinus procerus.*

KULINARISCHE HINWEISE

Bei der Zubereitung dieses sehr beliebten Pilzes ist zu beachten, dass nur der Hut verwendet werden kann, weil der Stiel äußerst grobfaserig und zäh ist. Zu allererst müssen die Schuppen entfernt werden. Wenn es sich um ein noch junges Exemplar handelt, kann man den Pilz nach Belieben entweder als Salat zubereiten oder in der Pfanne mit etwas Olivenöl, Knoblauch und Petersilie auf kleiner Flamme braten. Die Hüte voll entwickelter Exemplare eignen sich hervorragend zum Grillen oder aber paniert zum Herausbacken. Achtung! Ältere Exemplare im Rohzustand genossen können Vergiftungserscheinungen hervorrufen!

Safranschirmling • Lepiota rhacodes

Visitenkarte

Hut
Ø 8-20 cm;
braun

Stiel
10-15 cm;
gelb, hellbraun

Lamellen
weiß

Fleisch
weiß

Geruch
angenehm

Geschmack
angenehm

Sporen
weiß

Standort
trockene Wälder, Parkanlagen

Genießbarkeit
gut

Der Hut ist anfangs kegelig, später paukenschlegelförmig und schließlich flach; die Huthaut ist bräunlich mit groben wolligen Schuppen von dunkelbrauner Farbe. In der Mitte erhebt sich ein stumpfer Höcker, welcher dunkler ist als der Rest des Hutes. Der hohle Stiel ist zylindrisch, relativ breit, glatt und besitzt eine gut ausgeprägte Knolle an der Basis. Der weißgraue Ring ist häutig und lässt sich wie beim Parasol verschieben. Die weiß gefärbten Lamellen sind nicht am Stiel angewachsen und verfärben sich bei Berührung intensiv orangerötlich. Das weiße Fleisch des Hutes ist sehr zart, im Stiel eher lederig und zäh, an Verletzungen läuft es rasch weinrot an. Geruch und Geschmack sind angenehm.

Farb- und Formveränderung: Die Färbung des Hutes variiert zwischen Hellbraun und Dunkelbraun. Der ursprünglich weißliche Stiel kann später braun verfärbt sein. In seltenen Fällen ist er mit kleinen Flöckchen bedeckt. Die Farbe der Lamellen kann von Weiß bis Hellbraun reichen.

Standort: Der Safranschirmling ist häufig in trockenen Wäldern, Parkanlagen und Gärten anzutreffen.

Erscheinungszeit: Juli bis Oktober.

Ähnliche Arten: Dieser Pilz ähnelt sehr stark dem **Gartenschirmpilz** *(Macrolepiota rhacodes* var. *hortensis)*, welcher allerdings giftig ist und Halluzinationen hervorrufen kann. Dieser weist jedoch einen viel kräftigeren Stiel auf und besitzt eine gerandet-knollige Stielbasis.

Synonyme: Rötender Riesenschirmling, *Macrolepiota rhacodes.*

Vorsicht! Dieser essbare Pilz sollte mit besonderer Vorsicht gesammelt werden, weil er leicht mit dem giftigen Gartenschirmling verwechselt werden kann.

Anlaufender Schirmpilz *(Lepiota badhami)*
Dieser Schirmpilz, der übrigens dem **Parasol** sehr ähnlich ist, hat einen großen fleischigen Hut (7-16 cm) von weißlicher, zur Mitte hin bräunlicher Farbe, wobei in der Mitte ein stumpfer Höcker ausgebildet ist. Der Hut ist mit rostbraunen Schuppen bedeckt, die in konzentrischen Kreisen angeordnet sind. Schon bei geringfügiger Beschädigung färbt sich die Huthaut intensiv gelb. Der Stiel ist weiß, zylindrisch und an der Basis verdickt. Der Ring lässt sich verschieben. Die Lamellen sind dicht, sehr breit und manchmal auch gegabelt; sie können eine weiße, blassgelbe oder gelb bis violett gesprenkelte Färbung haben. Das Fleisch ist weiß, an Druck- und Bruchstellen läuft es rasch gelb an, nach einigen Minuten verfärbt es sich dann braunviolett. Der Anlaufende Schirmpilz hat einen angenehmen Geruch und einen säuerlichen Geschmack. Der Pilz ist selten anzutreffen und wächst vorzugsweise auf abgestorbenem Holz, manchmal auch in größeren Gruppen. Er tritt von Sommer bis Frühherbst in Erscheinung. Sein Speisewert kann als mittelmäßig bewertet werden.

Warzenschirmling *(Lepiota mastoidea)*
Der Hut dieses mittelgroßen Pilzes erreicht im ausgewachsenen Zustand höchstens 12 cm im Durchmesser. Die Hutoberfläche ist mit unzähligen körnigen Schuppen von ockergelber Farbe bedeckt, welche zum Rand hin schütterer werden. In der Hutmitte erhebt sich ein hoher warzenförmiger Höcker. Mit fortschreitendem Alter ist der Hut in der Mitte häufig niedergedrückt. Der an der Basis wenig knollige, zylindrische Stiel ist weiß mit gelblichen Schuppen. Der häutige Ring lässt sich leicht verschieben. Die Lamellen sind eher dicht gedrängt und können weiß bis blassgelb gefärbt sein. Das Fleisch ist fest und strömt einen angenehmen Geruch aus. Der Geschmack ist nussartig. Dieser Pilz erscheint häufig in den Herbstmonaten auf Waldlichtungen und am Wegrand und ist essbar.

Jungfernschirmling *(Lepiota puellaris)*
Der Jungfernschirmling wird im allgemeinen als eine Varietät des **Safranschirmlings** angesehen. Er unterscheidet sich aber von diesem grundlegend durch seinen viel helleren Hut, der mitunter fast weiß sein kann und mit großen nussbraunen Schuppen bedeckt ist. Der knollige Stiel ist manchmal gekrümmt. Ein weiterer Unterschied zum Safranschirmling besteht darin, dass das Fleisch sich beim Anschnitt blassrosa und nicht weinrot verfärbt. Der Jungfernschirmling gilt als köstlicher Speisepilz.

Strohblasser Ritterling • Tricholoma album

Visitenkarte

Hut
Ø 5-10 cm; weiß
Stiel
6-9 cm; weiß
Lamellen
weiß
Fleisch
weiß
Geruch
unangenehm
Geschmack
bitter
Sporen
weiß
Standort
Laubwälder
Giftigkeit
GIFTIG

Der Hut ist ganz glatt und trocken und von weißer Farbe, anfangs gewölbt (konvex), später flach und oft rundlich gebuckelt. Der Hutrand ist eingerollt. Der Stiel ist relativ schlank, zylindrisch, glatt oder leicht faserig und unten gebogen. Die weißen Lamellen sind ziemlich dicht stehend und abgerundet angeheftet. Das feste weiße Fleisch hat einen unangenehmen Geruch nach verdorbenem Mehl und einen eher bitteren Geschmack.

Strohblasser Ritterling (Tricholoma album) *Riesenritterling (Tricholoma colossum)*

Farbveränderung: Der Hut kann bei älteren Exemplaren eine graue bis ockergelbe Tönung annehmen.
Standort: Dieser Pilz erscheint manchmal in Gruppen, öfter aber einzeln stehend in Laubwäldern, vor allem unter Birken.
Erscheinungszeit: September bis Oktober.
Ähnliche Arten: Er kann mit anderen weißen Ritterlingen verwechselt werden, wie etwa dem ungenießbaren **Lästigen Ritterling** *(Tricholoma inamoenum)*, dem essbaren **Seidigen Ritterling** *(Tricholoma columbetta)* sowie dem leicht giftigen **Seifenritterling** *(Tricholoma saponaceum)*.
Vergiftungsgefahr: Giftig, außerdem durch den abstoßenden Geruch und Geschmack ungenießbar.

Krokodilritterling • Tricholoma caligatum

Visitenkarte

Hut
Ø 6-15 cm; weißlich
Stiel
10-15 cm; weißlich
Lamellen
weiß
Fleisch
weiß
Geruch
nach Birnen
Geschmack
leicht bitter
Sporen
weiß
Standort
Nadelwälder
Genießbarkeit
mäßig bis gut

Der Hut ist sehr fleischig, manchmal ledern; zuerst tritt er halbkugelig auf, später gewölbt bis ausgebreitet. Die Huthaut ist in der Mitte glatt, darüber hinaus mit groben faserigen Schuppen bedeckt, die von kastanienbrauner Farbe sind. Der Stiel ist kräftig, zylindrisch geformt und besonders unterhalb des Rings durch die Reste der Gesamthülle schuppig gegürtet, während er oberhalb des Rings samtig weiß ist. Die Lamellen sind dicht stehend und von weißer Farbe, wobei sich bei Verletzung dunkle Flecken bilden. Das Fleisch ist weiß und fest und verströmt einen süßlichen Geruch nach Birnen oder Weißdornblüten.
Farbveränderung: Die Färbung der Schuppen am Hut kann von Gelblich bis Rostrot oder Bräunlich variieren.
Standort: In Nadelwäldern, vor allem unter Kiefern.
Erscheinungszeit: Herbstmonate.
Ähnliche Arten: Der Krokodilritterling gilt in Japan als einer der beliebtesten Speisepilze: »Matsu-take« - auf Deutsch »Kiefernpilz«. Verwechslungsgefahr besteht mit dem **Halsbandritterling** *(Tricholoma focale)*.
Synonyme: Braungefleckter Ritterling, Gestiefelter Ritterling, *Armillaria caligata*.
Speisewert: Der Krokodilritterling ist zwar essbar, sein Speisewert wird allerdings durch den leicht bitteren Geschmack etwas gemindert.

Tricholoma colossum • Riesenritterling

Der rötlich braune Hut des Riesenritterlings ist anfangs kugelig, später flach oder leicht gewölbt, wobei der rostbraune Rand immer ein wenig eingerollt ist. Die Huthaut ist glatt, glänzend und etwas schmierig, außerdem leicht ablösbar und zum Rand hin eher flaumig filzig. Der volle, harte Stiel ist sehr stämmig und wird nach oben hin dunkler und kleiig flockig. Die Lamellen sind ziemlich gedrängt, abgerundet angewachsen und von grauockergelber Farbe mit deutlicher rötlicher Maserung. Das Fleisch ist ziemlich fest, von weißer Farbe und geruchlos und weist meist einen leicht nussartigen Geschmack auf.
Farbveränderung: Die Färbung des Hutes kann von Rötlich Braun bis Dunkelbraun reichen. Die Lamellen können einen grauen oder hellbraunen Farbton aufweisen. Das weiße Fleisch läuft beim Anschnitt nach kurzer Zeit hellrosa an.
Standort: Dieser seltene Pilz ist vor allem in Nadelwäldern, insbesondere unter Kiefern anzutreffen, wobei er Kalk- oder Sandböden bevorzugt.
Erscheinungszeit: September bis November.
Ähnliche Arten: Dieser Pilz ist schwer mit anderen Arten zu verwechseln, und zwar nicht zuletzt auf Grund des sehr stämmigen Stiels und des fleischigen Hutes.
Speisewert: Der Riesenritterling ist zwar essbar, auf Grund der Bitterstoffe, die er entwickelt, aber nicht allzu schmackhaft. Das harte, schwer verdauliche Fleisch sollte in jedem Fall ausreichend gekocht werden.

Visitenkarte

Hut
Ø 8-25 cm; bräunlich
Stiel
8-14 cm; bräunlich
Lamellen
gelb bis grau
Fleisch
weiß
Geruch
keiner
Geschmack
nussartig
Sporen
weiß
Standort
Nadelwälder
Genießbarkeit
mäßig bis gut

Schwefelritterling • Tricholoma sulphureum

Visitenkarte

Hut
Ø 3-8 cm;
gelb

Stiel
5-10 cm;
gelb

Lamellen
gelb

Fleisch
gelb

Geruch
schwefelartig

Geschmack
mild

Sporen
weiß

Standort
Laubwald

Genießbarkeit
ungenießbar

Der Hut ist anfangs gewölbt, später flach oder leicht niedergedrückt, gelegentlich mit einem kleinen Höcker. Der Rand ist häufig eingerollt. Die Huthaut ist glatt, hat einen seidigen Glanz und ist gelb, zur Mitte hin braun getönt. Der Stiel ist zur Basis hin keulenförmig, etwas gekrümmt und fein gestreift. Er ist anfangs voll, später hohl und hat die gleiche Farbe wie der Hut. Die Lamellen stehen entfernt und sind breit und bauchig. Auch sie zeigen dieselbe Farbe wie der Hut. Das Fleisch ist faserig, gelb getönt und verströmt einen charakteristischen Schwefel- oder Acetylengeruch.

Farb- und Formveränderung: kaum zu beobachten.

Standort: Der Schwefelritterling kann in bestimmten Gegenden sehr häufig auftreten, und zwar vorzugsweise in Laubwäldern, er ist aber auch unter Nadelbäumen - vor allem im Hügel- und Bergland - anzutreffen.

Erscheinungszeit: Juli bis Oktober.

Ähnliche Arten: Der Pilz ist dem wohlschmeckenden **Echten Ritterling** sehr ähnlich, unterscheidet sich aber von diesem durch seinen abstoßenden Geruch und die weit auseinander stehenden Lamellen.

Synonym: *Agaricus sulphureus.*

Dieser auf Grund seines Geruchs und seiner Färbung unverwechselbare Pilz kann in der Küche nicht verwendet werden, ja er steht sogar im Verdacht, giftig zu sein.

Mairitterling *(Tricholoma gambosum)*
Die Farbe des sehr fleischigen Hutes variiert zwischen Cremefarben und Hellbraun. Anfangs ist der Hut kugelig, später gewölbt und schließlich ausgebreitet. Die Hutoberfläche ist meist glatt und trocken, oft auch unregelmäßig gewellt. Der Hutrand ist fast immer eingerollt und etwas eingerissen. Die Lamellen sind sehr dicht stehend, nicht besonders breit und von cremefarbener Tönung. Das Fleisch ist kompakt und hat einen mehligen Geruch sowie einen angenehmen Geschmack. Der Mairitterling liebt grasbewachsene Lichtungen und Waldränder und ist in Laubwäldern beheimatet. Er gilt als guter Speisepilz, der besonders deshalb geschätzt wird, weil er schon früh im Jahr, meist bereits im Mai, erscheint. Von manchen Menschen wird dieser Pilz jedoch nicht gut vertragen.

Mairitterling (Tricholoma gambosum) *Schwefelritterling (Tricholoma sulphureum)* *Echter Ritterling (Tricholoma equestre)* *Seifenritterling (Tricholoma saponaceum)*

Echter Ritterling *(Tricholoma equestre)*
Der Echte Ritterling ist auch unter dem Namen **Grünling** und **Edelritterling** bekannt. Sein Hut (5-10 cm Durchmesser) ist anfangs halbkugelig, später flach bzw. unregelmäßig gewellt. Die leicht ablösbare Huthaut ist - zumindest in der Mitte - dicht mit kleinen rötlichen Flöckchen bedeckt. Die Hutfärbung kann zwischen Gelb und Rötlich variieren, je nachdem, wie dicht die Flöckchen sitzen. Der gelbe Stiel ist zylindrisch, an der Basis verdickt und eher stämmig. Manchmal weist er olivbraune Längsstreifen auf. Die gelben Lamellen sind sehr dicht stehend und nicht am Stiel angewachsen. Das feste Fleisch ist weiß im Stiel und gelblich unter der Huthaut. Es hat einen mehligen Geruch und schmeckt mild. Dieser eher seltene Pilz ist im Herbst in Laub- und Nadelwäldern zu finden und gilt als guter Speisepilz.

Seifenritterling *(Tricholoma saponaceum)*
Der sehr fleischige Hut (5-10 cm Durchmesser) ist anfangs gewölbt und später ausgebreitet, gewellt und weist einen abgeflachten Höcker auf, der mit rötlichen Schüppchen bedeckt ist. Der Rand ist häufig eingerissen. Die Färbung des Hutes reicht von Grau bis Grünlich, manchmal auch Hellbraun. Die Huthaut ist glatt, glänzend und zur Mitte hin dunkler werdend. Der Stiel erscheint stämmig und zylindrisch und hat an der Basis eine knollige Verdickung. Die Lamellen sind weiß oder grünlich, oft auch mit rötlichem Farbton; sie sind wenig dicht stehend. Das Fleisch ist weiß, fest und hat einen unverwechselbaren Geschmack nach Seife, es verfärbt sich an Bruchstellen rötlich.
Während der Sommermonate ist dieser sehr gesellige Pilz mitunter auch in größeren Gruppen stehend vorwiegend in Laubwäldern, aber auch in Nadelwäldern anzutreffen. Der Seifenritterling gilt wegen seines starken Geruchs und seines abstoßenden Geschmacks als nicht essbar.

Tigerritterling • Tricholoma pardinum

Visitenkarte

Hut
Ø 6-20 cm; weißlich
Stiel
4-9 cm; weiß
Lamellen
gelblich
Fleisch
weiß
Geruch
mehlartig
Geschmack
mild
Sporen
weiß
Standort
Laub-, Nadelwald
Giftigkeit
GIFTIG

Der Hut ist anfangs kugelig, später glockenförmig und schließlich flach ausgebreitet, oft mit eingerolltem Rand. Die weißgraue Huthaut ist dicht besetzt mit graubraunen flockigen Schuppen. Der stämmige Stiel ist von weißer Farbe, bisweilen mit bräunlicher Tönung, und zeigt eine feinfaserige Oberfläche. Die Basis ist knollig ausgebildet. Die breiten fleischigen Lamellen stehen eher entfernt; sie sind von weißlicher bis grünlich gelber Farbe und scheiden oft Tröpfchen aus. Das zarte, aber feste Fleisch ist im Hut grau und an der Basis gelblich; es lässt einen charakteristischen Mehlgeruch erkennen und schmeckt recht mild.

Farbveränderung: Die Färbung des Hutes ist stets Weißlich Grau, bisweilen mit leichter violetter Tönung. Der Stiel ist weiß bis ockerfarben. Die Lamellen sind gelblich bis grünlich getönt.

Standort: Dieser recht häufige Pilz ist in Laub- und Nadelwäldern beheimatet, wo er meist in Gruppen auftritt.

Erscheinungszeit: August bis Oktober.

Ähnliche Arten: Der Tigerritterling kann unter Umständen mit dem **Mäusegrauen Erdritterling** *(Tricholoma terreum)* verwechselt werden, der aber bedeutend kleiner ist und dessen Hut außerdem dichter mit Schuppen bedeckt ist.

Synonyme: *Tricholoma pardalotum, Tricholoma tigrinum.*

Vergiftungsgefahr: Dieser sehr giftige Pilz ruft bereits kurz nach dem Verzehr schwere Magen-Darm-Beschwerden hervor, die oft tagelang andauern können.

Der Tigerritterling ist mit seinem dicht von Schuppen bedeckten Hut kaum mit anderen Pilzen zu verwechseln.

Tricholoma terreum • Erdritterling

Der anfangs glockenförmige Hut ist später gewölbt, dann ausgebreitet, mit einem deutlich ausgeprägten Höcker in der Mitte, am Rand bisweilen eingerissen. Die Huthaut, die zum Rand hin eine hellere Färbung zeigt, ist vollständig von dunkelgrauen Schuppen bedeckt, die ihr einen seidigen Glanz verleihen. Der eher gedrungene Stiel ist zylindrisch, faserig und bricht leicht. Die Lamellen sind eng stehend, tief ausgebuchtet und oft zahnartig herablaufend. Das weißliche Fleisch ist sehr zart und zeigt keinen bestimmten Geruch oder Geschmack.

Farbveränderung: Die Farbe des Hutes, die meist in der Mitte dunkler ist als am Rand, kann verschiedene Graustufen aufweisen. Der Stiel und die Lamellen sind weißlich bis hellgrau.

Standort: Der Erdritterling ist oft in kleinen Gruppen in Nadelwäldern, besonders unter Kiefern, zu finden.

Erscheinungszeit: August bis November.

Ähnliche Arten: Der Erdritterling kann mit dem **Tigerritterling** und anderen leicht giftigen grauhütigen **Ritterlingen** verwechselt werden.

Speisewert: Dieser gute Speisepilz eignet sich vor allem zum Würzen von Risotto oder Fleischspeisen sowie als Beilage zu Fleischgerichten.

Visitenkarte

Hut
Ø 4-8 cm;
grau

Stiel
5-8 cm;
weiß

Lamellen
weiß

Fleisch
weiß

Geruch
keiner

Geschmack
keiner

Sporen
weiß

Standort
Nadelwald

Genießbarkeit
gut

Sowohl der lateinische Name (Tricholoma terreum) *als auch die deutsche Bezeichnung (Erdritterling) gehen auf die erdfarbene Tönung des Hutes zurück.*

Rötlicher Holzritterling

Tricholomopsis rutilans

Visitenkarte

Hut
Ø 6-18 cm; gelb bis rötlich

Stiel
5-12 cm; gelblich

Lamellen
gelb

Fleisch
gelb

Geruch
keiner

Geschmack
keiner

Sporen
weiß

Standort
Nadelwald

Genießbarkeit
mittelmäßig

Der Hut ist sehr fleischig, anfangs meist gewölbt, später verflacht, mit einem stumpfen Höcker in der Mitte und mit eingerolltem Rand. Die Huthaut ist mit winzigen purpurnen bis weinroten Schüppchen bedeckt, deren Verlust durch Regen die gelbe Grundfarbe zu Tage treten lässt. Der Stiel ist von gelblicher Färbung, zylindrisch und voll, später zur Basis hin hohl und im oberen Drittel oft mit kleinen rötlichen Schuppen bedeckt. Die dicht stehenden gelben Lamellen sind abgerundet angewachsen. Das Fleisch zeigt eine blassgelbe Farbe; ist eher saftig und faserig und hat weder Geruch noch Geschmack.

Farbveränderung: Die Färbung des Pilzes weist in der Regel keine Abweichungen auf.

Standort: Der Holzritterling wächst gerne in Gruppen auf Nadelholzstrünken und ist auch in trockenen Perioden häufig anzutreffen.

Erscheinungszeit: Juli bis November.

Ähnliche Arten: Nur der giftige **Fliegenpilz**, dessen Stiel und Lamellen jedoch immer weiß sind.

Synonyme: Purpurfilziger Holzritterling, *Tricholoma rutilans*.

Der in unserer Küche wenig geschätzte Holzritterling findet in manchen Ländern gelegentlich als Speisepilz Verwendung.

Clitopilus prunulus • Mehlräsling

Der Hut des Mehlräsling ist anfangs halbkugelig, später breit aufgeschirmt und etwas vertieft, die Huthaut weiß bis grau. Der stämmige Stiel ist faserig, gerieft, eher zäh und oft exzentrisch mit dem Hut verwachsen. Oben ist der Stiel bereift, unten weißfilzig. Die dünnen Lamellen sind sehr dicht stehend und laufen weit am Stiel herab. Sie sind leicht vom Hut ablösbar. Das zarte, brüchige Fleisch hat einen starken Geruch und Geschmack nach Mehl.

Farbveränderung: Die Färbung des Hutes kann zwischen Weiß und Hellgrau variieren. Die anfangs weißlichen Lamellen können sich allmählich rosa oder rostrot verfärben.

Standort: Der Mehlräsling ist recht häufig in Laub- und Nadelwäldern anzutreffen, insbesondere in der Nähe von Fichten und auf Waldwiesen.

Erscheinungszeit: Juni bis November.

Ähnliche Arten: Der Mehlräsling kann leicht mit dem **Feldtrichterling** *(Clitocybe dealbata)* oder dem **Rinnig bereiften Trichterling** *(Clitocybe rivulosa)* verwechselt werden, die beide wegen ihres hohen Muscaringehalts sehr giftig sind.

Synonyme: Mehlpilz, Pflaumenpilz, *Rhodosporus prunulus*.

Speisewert: Der Mehlräsling ist ein mittelmäßiger bis guter Speisepilz und er sollte vorsichtshalber vor der Zubereitung gekostet werden, da es auch bitter schmeckende Varietäten gibt.

Visitenkarte

Hut
Ø 3-7 cm; weiß

Stiel
4-6 cm; weiß

Lamellen
weiß

Fleisch
weiß

Geruch
mehlartig

Geschmack
mehlartig

Sporen
rosa

Standort
Laub- und Nadelwald

Genießbarkeit
gut

Clitocybe cerussata • Bleiweißer Trichterling

Der Hut ist anfangs gewölbt, später ausgebreitet, manchmal sogar in der Mitte ein wenig niedergedrückt. Der Hutrand ist oft gewellt. Die Huthaut ist weiß und im Jungstadium mehlig weiß bereift. Der Stiel ist schlank, zylindrisch, glatt und an der Basis etwas verdickt, wobei Letztere mitunter samtig filzig erscheinen kann. Die Lamellen sind weiß, gedrängt stehend, nicht sehr breit und am Stiel herablaufend. Das weiße Fleisch hat einen an altes Mehl erinnernden Geruch und Geschmack.

Farb- und Formveränderung: Die Färbung des Hutes variiert von Weiß bis Gelblich. Die Lamellen können ebenfalls weiß oder gelblich sein. Der Stiel ist mitunter an der Basis abgeflacht und samtig.

Standort: Der Bleiweiße Trichterling erscheint vorwiegend in kleinen Gruppen in Laub- und Nadelwäldern.

Erscheinungszeit: August bis Oktober.

Ähnliche Arten: Der Bleiweiße Trichterling kann mit dem **Feldtrichterling** *(Clitocybe dealbata)* verwechselt werden, der vollkommen weiß ist und als gefährlicher Giftpilz gilt. Ähnlichkeit besteht auch mit dem **Weißen Rasling** *(Lyophyllum connatum)*, der zwar essbar ist, dessen Auswirkungen beim Verzehr aber nicht völlig geklärt sind.

Synonyme: Laubfreundtrichterling, Blättertrichterling, Bleiweißer Firnistrichterling, *Clitocybe phyllophila*.

Vergiftungsgefahr: Wegen seines hohen Muscaringehalts ist dieser Pilz sehr giftig.

Visitenkarte

Hut
Ø 4-8 cm; weiß

Stiel
4-8 cm; weiß

Lamellen
weiß

Fleisch
weiß

Geruch
ranzig

Geschmack
ranzig

Sporen
weiß

Standort
Laub- und Nadelwald

Giftigkeit
GIFTIG

Feldtrichterling • Clitocybe dealbata

Visitenkarte

Hut
Ø 2-4 cm;
weißlich

Stiel
2-5 cm;
weiß

Lamellen
weiß

Fleisch
weiß

Geruch
mehlartig

Geschmack
mild

Sporen
weiß

Standort
Wiesen,
Weiden

Giftigkeit
GIFTIG

Die Gefährlichkeit dieses Pilzes, der häufig in kleinen Gruppen auftritt, ist auf seinen hohen Muscaringehalt zurückzuführen.

Der Hut des Feldtrichterlings ist anfangs gewölbt, später ausgebreitet und schließlich trichterförmig eingedrückt, der wellige Rand ist sehr dünn. Die weiße Huthaut zeigt einen firnisartigen Glanz, wobei der alte Pilz sich oft schmutzig ledergrau verfärbt. Der sehr zähe Stiel ist von weißlicher Farbe, schlank und zylindrisch bzw. abwärts verjüngt. Die Lamellen sind sehr dicht stehend und am Stiel herablaufend. Das weißliche Fleisch hat eine feinfaserige Konsistenz und einen mehligen Geruch sowie einen nicht sehr ausgeprägten Geschmack.

Farb- und Formveränderung: Die Färbung des Hutes kann von bereiftem Weiß im Jungendstadium bis Ockergelb im reiferen Stadium reichen. Der Stiel ist meist weißlich, kann aber auch nussfarben gesprenkelt sein. Er ist anfangs voll, später eher hohl. Die Lamellen sind im Jugendstadium weißlich, dann hellgelb gefärbt.

Standort: Der Feldtrichterling kommt meist in Gruppen vor und bevorzugt Wiesen, Weiden, grasbestandene Waldränder und Parks.

Erscheinungszeit: Juli bis November.

Ähnliche Arten: Der Feldrichterling ist dem wohlschmeckenden **Mehlräsling** *(Clitopilus prunulus)* sehr ähnlich, zeichnet sich jedoch durch die größere Brüchigkeit des Fleisches und den stärkeren Geruch nach Mehl aus.

Synonyme: Rinnig bereifter Trichterling, Weißer Gifttrichterling.

VERGIFTUNGSGEFAHR

Das Muscarin, welches im Feldtrichterling (wie übrigens auch im Laubfreundtrichterling) enthalten ist, kann schwere Vergiftungen hervorrufen. Die ersten Symptome zeigen sich ein bis zwei Stunden nach Verzehr der Pilze - u. a. Schweißausbruch, Tränenfluss und übermäßige Speichelabsonderung, oft gefolgt von Blutdruckabfall, Atembeschwerden, Erbrechen und Durchfall. Meist verschwinden die Beschwerden nach einigen Tagen. Das beste Gegenmittel gegen Muscarin ist Atropin.

Ledergelber Riesentrichterling

Clitocybe geotropa

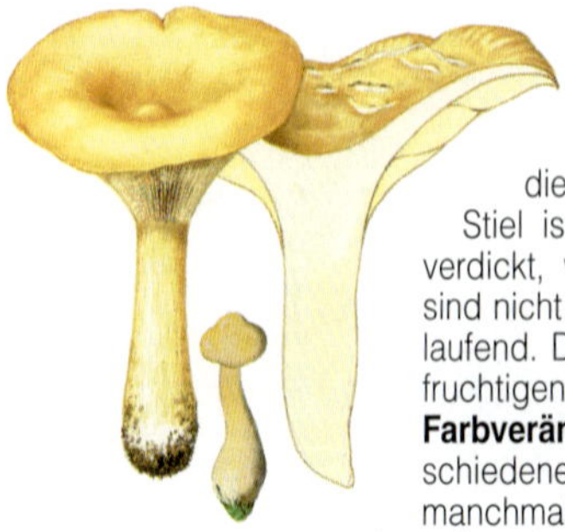

Der sehr fleischige Hut ist anfangs kegelig glockig, später flach und schließlich trichterförmig eingedrückt mit einem deutlichen Höcker in der Mitte. Der Rand ist eingerollt, die Huthaut erscheint glatt und glänzend. Der Stiel ist robust, biegsam und an der Basis keulig verdickt, wobei diese stark filzig wirkt. Die Lamellen sind nicht sehr dicht stehend und etwas am Stiel herablaufend. Das feste Fleisch hat einen charakteristischen fruchtigen Geruch und einen milden Geschmack.

Farbveränderung: Die Färbung des Hutes kann verschiedene nussbraune Tönungen aufweisen und manchmal sogar einen rosafarbenen Stich zeigen. Die Lamellen sind anfangs weiß, können später aber cremefarben bis gelb werden.

Standort: Dieser Pilz ist in großen Gruppen auf Waldwiesen und Weiden sowie in lichten Wäldern anzutreffen.

Erscheinungszeit: September bis November.

Ähnliche Arten: Der Ledergelbe Riesentrichterling ist dem **Riesen-Krempentrichterling** *(Leucopaxillus giganteus)* (oben im Längsschnitt dargestellt) sehr ähnlich, wobei dieser jedoch im ausgewachsenen Stadium viel größer ist.

Synonyme: Mönchskopf, *Agaricus geotropus.*

Speisewert: Der Ledergelbe Riesentrichterling gilt als guter Speisepilz.

Visitenkarte

Hut
Ø 5-20 cm; ledergelb bis nussbraun

Stiel
5-15 cm; gelblich

Lamellen
weißlich

Fleisch
weiß

Geruch
fruchtig

Geschmack
mild

Sporen
weiß

Standort
Waldwiesen

Genießbarkeit
gut

Clitocybe odora • Grüner Anistrichterling

Der fleischige Hut des Anistrichterlings ist von blaugrüner Farbe, anfangs gewölbt, später verflachend, selten auch niedergedrückt. Der Hutrand ist oft unregelmäßig gewellt, die Huthaut zeigt stets einen seidigen Glanz. Der blassgrüne Stiel ist zylindrisch, stämmig und wird manchmal nach unten hin breiter, wobei die Basis oft weißfilzig erscheint. Die Lamellen sind weiß, breit, wenig gedrängt und kurz herablaufend. Das Fleisch wirkt blassgrünlich, ist sehr fest und verströmt einen charakteristischen Duft nach Anis.

Farbveränderung: Die Färbung des Hutes kann verschiedene blaugrüne Farbtöne aufweisen. Die Lamellen sind meist weiß, können aber auch einen Stich ins Grüne oder Gelbbraune zeigen.

Standort: Dieser sehr häufige Pilz wächst in Laub- und Nadelwäldern, wo er oft in Gruppen beisammensteht oder Hexenringe bildet.

Erscheinungszeit: August bis November.

Ähnliche Arten: Auf Grund seines starken Anisgeruchs kaum mit anderen Arten verwechselbar.

Synonym: *Viridis odora.*

Speisewert: Wegen des starken Anisgeruchs, der auch nach dem Kochen anhält, empfiehlt es sich, diesen Pilz nur in Verbindung mit anderen, geruchsneutralen Pilzen zuzubereiten.

Visitenkarte

Hut
Ø 4-10 cm; blaugrün

Stiel
4-8 cm; weiß

Lamellen
weiß/grünlich

Fleisch
weiß/grünlich

Geruch
nach Anis

Geschmack
nach Anis

Sporen
weiß

Standort
Laub- und Nadelwald

Genießbarkeit
mäßig bis gut

Ockerbrauner Trichterling

Clitocybe infundibuliformis

Visitenkarte

Hut
Ø 3-8 cm; ocker, braun

Stiel
4-8 cm; weißlich, ocker

Lamellen
weiß

Fleisch
weiß

Geruch
nach Mandeln

Geschmack
wenig ausgeprägt

Sporen
weiß

Standort
Waldwiesen

Genießbarkeit
gut

Der braune Hut ist anfangs flach, später trichterförmig eingedrückt, mit einem kleinen Spitzbuckel in der Mitte. Der Hutrand ist meist etwas gewellt. Die Huthaut ist glatt und zeigt einen seidigen Glanz. Der gleichfarbige Stiel ist schlank, biegsam und zur Basis hin leicht verdickt, wobei diese bisweilen mit weißem Filz überzogen ist. Die Lamellen sind weiß, sehr dicht stehend und am Stiel herablaufend. Auch Zwischenlamellen sind vorhanden. Das Fleisch ist eher zäh und von weißlicher bis rosagelber Farbe. Es verströmt einen charakteristischen Geruch nach Mandeln.

Farbveränderung: Die Färbung des Hutes kann zwischen Hellbraun und Ockerbraun bis hin zu Schmutzig Weiß variieren. Die Lamellen sind weißlich, der Stiel kann mitunter leicht gestreift sein.

Standort: Der Ockerbraune Trichterling tritt meist in Gruppen oder Hexenringen in Erscheinung - und zwar in lichten Laub- oder Nadelwäldern, hauptsächlich auf Waldwiesen oder auf mit Moos bedecktem Boden.

Erscheinungszeit: Juni bis September.

Ähnliche Arten: Der Ockerbraune Trichterling ähnelt stark dem **Feinschuppigen Trichterling** *(Clitocybe squamulosa)*, welcher essbar, aber von relativ geringer Qualität ist.

Speisewert: Dieser an sich essbare Speisepilz benötigt auf Grund der Zähigkeit seines Fleisches eine relativ lange Kochzeit. Er eignet sich auch zum Trocknen.

Die ungewöhnliche trichterartige Form dieses Pilzes kommt sowohl in der Abbildung oben als auch auf dem Foto nebenan sehr gut zum Ausdruck.

Clytocybe nebularis • Nebelgrauer Trichterling

Der besonders fleischige Hut des Nebelgrauen Trichterlings ist anfangs kugelig, später verflachend und schließlich in der Mitte dann richterförmig eingedrückt. Der Hutrand ist häufig zum Stiel hin eingerollt. Die Huthaut ist zumindest bei jungen Exemplaren oft fein bereift. Der eher kräftige Stiel ist biegsam und an der Basis deutlich knollig verdickt, seine Oberfläche zeigt eine feine Faserung. Die Lamellen sind sehr dicht stehend, dünn und kurz herablaufend. Sie können leicht vom Hut abgelöst werden. Auch kürzere Zwischenlamellen sind vorhanden. Das Fleisch ist weißlich, fest, später weich bis schwammig und strömt einen fruchtig süßen Geruch aus, der für viele etwas aufdringlich wirkt.

Farb- und Formveränderung: Die Färbung des Hutes kann zwischen Hellgrau und Graubraun variieren, wobei der Rand stets etwas heller getönt ist. Die anfangs bereifte Huthaut bekommt später ein glattes, glänzendes Aussehen. Bei jungen Exemplaren ist der Stiel häufig mit einer schwammigen Masse gefüllt; er wird aber mit zunehmender Reife hohl. Die anfangs cremefarbenen Lamellen verfärben sich mit der Zeit gelblich. Das anfangs sehr feste Fleisch wird im Alter zunehmend schwammiger.

Standort: Der Nebelgraue Trichterling ist häufig in Laub- und Nadelwäldern anzutreffen, wo er oft in größeren Gruppen oder Hexenrigen wächst.

Erscheinungszeit: August bis November.

Ähnliche Arten: Der Nebelgraue Trichterling kann leicht mit dem sehr giftigen **Riesenrötling** *(Entoloma sinuatum)* verwechselt werden, lässt sich aber durch die beim Riesenrötling gelben Lamellen, die nicht am Stiel herablaufen, leicht unterscheiden.

Synonyme: Nebelkappe, Herbstblatt, Graukopf.

Vorsicht! Bei diesem an sich essbaren Speisepilz ist Vorsicht geboten, da er bei manchen Menschen Verdauungsstörungen hervorrufen kann. Es empfiehlt sich daher eine lange Kochzeit, um die eventuell vorhandenen thermolabilen Giftstoffe zu zerstören. Der Pilz eignet sich auch zum Trocknen.

Visitenkarte

Hut
Ø 5-20 cm; graubraun

Stiel
6-12 cm; weißlich

Lamellen
gelblich

Fleisch
weiß

Geruch
fruchtig

Geschmack
mild

Sporen
gelblich

Standort
Laub- und Nadelwald

Genießbarkeit
mit Vorsicht

Der Nebelgraue Trichterling hat seinen Namen von seiner Haupterscheinungszeit im November. Er ist ein typischer Spätherbstpilz, der gerne in Gruppen auftritt.

Honiggelber Hallimasch • Armillaria mellea

Visitenkarte

Hut
Ø 4-15 cm; honiggelb

Stiel
5-20 cm; bräunlich

Lamellen
weißlich

Fleisch
weiß

Geruch
pilzartig

Geschmack
seifig

Sporen
weiß

Standort
Laub-, Nadelwald

Genießbarkeit
mit Vorsicht

Der Hut entwickelt sich anfangs kugelig, wird späterhin zunehmend flacher und schließlich mitunter auch niedergedrückt. Die Huthaut ist glatt, bei feuchtem Wetter glänzend, bei trockenem eher matt, und mit zahlreichen bräunlichen Faserschüppchen bedeckt, die zum Rand hin spärlicher werden. Bei reiferen Exemplaren können die Schuppen ganz fehlen. Der Hutrand zeigt sich manchmal leicht gerieft. Der zähfaserige Stiel ist zylindrisch, langgestreckt-keulig und oft gebogen. Die Stielbasis ist deutlich knollig verdickt und zeigt eine glattfaserig gerillte bzw. flockige Oberfläche. Der Ring ist weichhäutig, meist gut entwickelt und bei jungen Exemplaren noch mit dem Hut verwachsen, wobei er die sogenannte *Kortina* (Schleier) bildet. Auch im reifen Stadium fällt der Ring nicht ab, er scheint im oberen Teil gelblich gestreift und unten flockig. Die Lamellen sind dicht stehend und am Stiel herablaufend. Das Fleisch ist weißlich, im Hut zart, im Stiel zäh-faserig, mit einem leichten Pilzgeruch und etwas bitterem Geschmack.

Farb- und Formveränderung: Der Hut kann in verschiedenen Farbtönen auftreten, wobe die Farbe vom Substrat abhängig ist, auf dem sich der Pilz entwickelt. Honiggelb ist er au Pappeln, Robinien und Maulbeerbäumen, bräunlich auf Eichen, grauschwarz auf dem Holunder und rostbraun auf Nadelbäumen. Sind die Schüppchen besonders haftend erscheint die Hutfärbung dunkler. Der Stiel von einzeln wachsenden Exemplaren hat eine deutlich knollige Basis. Der Teil oberhalb des Rings ist gelblich oder rosa getönt und meh oder weniger gestreift, während der Teil unterhalb des Rings flockig und von hellbraune Farbe ist. An der Basis kann der Hallimasch mitunter schwarz sein. Die Lamellen sinc zuerst weißlich, später dann gelblich und schließlich fleischfarben mit deutlich rötlicher

Sprenkeln. Der zunächst sehr milde Geschmack wird nach längerem Kauen unangenehm herb.

Standort: Der Hallimasch ist ein häufiger Pilz, der entweder einzeln oder büschelig, manchmal sogar in beträchtlicher Zahl auf Baumstämmen, Wurzeln und vermodernden Strünken bzw. Zweigen in Laub- und Nadelwäldern gedeiht. Das Myzelium dieses parasitisch lebenden Pilzes bildet ein weißfilziges Geflecht unten der Rinde und entzieht der Wirtspflanze damit so viel Nahrung, dass sie bald abstirbt. Danach ernährt sich der Hallimasch saprophytisch vom toten Holz oft viele Jahre weiter, bis alle Nährstoffe des Substrates aufgebraucht sind.

Erscheinungszeit: September bis November.

Ähnliche Arten: Der Honiggelbe Hallimasch kann mit dem **Sparrigen Schüppling** (*Pholiota squarrosa*) und dem **Gemeinen Hallimasch** (*Armillaria ostoyae*) verwechselt werden, die beide als essbar gelten, sofern sie gut erhitzt werden. Der Pilz hat aber auch große Ähnlichkeit mit dem giftigen **Grünblättrigen Schwefelkopf** (*Hypholoma fasciculare*), dessen Giftstoffe Durchfall und Erbrechen hervorrufen.

Synonyme: Hallimasch, *Armillariella mellea*, *Clitocybe mellea*.

Beim Hallimasch ist die Hutfärbung oft sehr unterschiedlich; sie hängt direkt mit der Art des Baumes zusammen, auf dem er gedeiht.

SPEISEWERT

Der Honiggelbe Hallimasch sollte auf jeden Fall gut abgekocht werden, wobei das Kochwasser stets weggeschüttet werden muss. Es empfiehlt sich, nur junge Exemplare zu sammeln und die etwas zähen Stiele zu entfernen. Bei ungenügender Kochzeit kann dieser Pilz Magen-Darm-Beschwerden hervorrufen. Die im Hallimasch enthaltenen Giftstoffe sind wasserlöslich und werden durch Hitzebehandlung unwirksam. Der Hallimasch eignet sich vor allem für Schmorgerichte, aber auch als Würze zu verschiedenen Speisen. Früher wurde dieser Pilz gerne in Salz eingelegt, um ihn auf diese Weise auch in den Wintermonaten in der Küche verwenden zu können. Es empfiehlt sich, den Hallimasch nach dem ersten Frost nicht mehr zu sammeln, da seine Giftigkeit dann zunimmt.

Rotbraunstieliger Büschelrübling

Collybia acervata

Visitenkarte

Hut
Ø 3-8 cm; braun

Stiel
4-10 cm; rotbraun

Lamellen
weiß

Fleisch
weiß

Geruch
pilzartig

Geschmack
schwach ausgeprägt

Sporen
weiß

Standort
Nadelwald

Genießbarkeit
mittelmäßig

Der Hut erscheint zunächst halbkugelig, dann gewölbt und schließlich flach ausgebreitet mit leichtem Höcker in der Mitte. Der Hutrand ist oft nach außen gebogen und schwach gerieft. Der röhrenartige Stiel des Büschelrüblings ist zylindrisch und schlank; er wirkt glatt und glänzend, an der Basis eher filzig. Die Lamellen sind dicht stehend und nicht sehr breit. Das Fleisch dieses Pilzes ist zart im Hut und eher faserig im Stiel.

Farb- und Formveränderung: Die Huthaut ist anfangs glatt, später etwas rauer. Die Lamellen sind weißlich bis cremefarben, sie können bisweilen aber auch rötliche Tönungen annehmen.

Standort: Der Büschelrübling ist meist in Büscheln auf Baumstümpfen, aber auch an der Basis lebender Nadelholzstämme zu finden, wobei der Pilz vor allem in höheren Lagen gedeiht.

Erscheinungszeit: Juni bis Oktober.

Ähnliche Arten: Der Büschelrübling ist dem **Waldfreundrübling** *(Collybia dryophila)* sehr ähnlich, der ebenfalls als Speisepilz kaum von Bedeutung ist.

Speisewert: Genießbar ist lediglich der Hut des Pilzes.

Dass es sich bei diesen Exemplaren des Büschelrüblings um reife Pilze handelt, ist an den flach ausgebreiteten Hüten zu erkennen.

Collybia butyracea • Butterrübling

Der dünnfleischige Hut des Pilzes ist zunächst halbkugelig, später gewölbt bis ausgebreitet, mit stumpfem Höcker in der Mitte, wobei der Rand etwas ausgebogen sein kann. Die Huthaut ist glatt und zeigt einen fettigen Glanz. Der Stiel, der bei älteren Exemplaren stets hohl ist, wirkt unten bauchig verdickt und weist eine weißfilzige Basis auf. Die breiten dicht stehenden Lamellen sind von weißer Farbe. Das Fleisch des Pilzes ist weiß und wässrig und von elastisch zäher Konsistenz, wobei der Geschmack eher mild ist und der Geruch leicht an Butter erinnert.

Farbveränderung: Die Färbung des Hutes bewegt sich zwischen Rötlich Braun, Dunkelbraun und Dunkelgrau.

Standort: Der Butterrübling ist recht häufig in Laub- und Nadelwäldern anzutreffen, wo er bisweilen in größeren Scharen auftritt.

Erscheinungszeit: Juli bis Oktober.

Speisewert: Der Butterrübling ist zwar essbar, seine Qualität als Speisepilz ist aber nicht allzu hoch.

Visitenkarte

Hut
Ø 4-7 cm; braun

Stiel
4-5 cm; rotbraun

Lamellen
weiß

Fleisch
weiß

Geruch
nach Butter

Geschmack
mild

Sporen
weiß

Standort
Laub- und Nadelwald

Genießbarkeit
mittelmäßig

Der ausgewachsene Butterrübling zeichnet sich durch einen ausgebreiteten, bisweilen sogar niedergedrückten Hut aus.

Spindeliger Rübling • Collybia fusipes

Visitenkarte

Hut
Ø 3-8 cm;
rötlich braun

Stiel
4-9 cm;
dunkelrotbraun

Lamellen
fleischfarben

Fleisch
weiß

Geruch
keiner

Geschmack
keiner

Sporen
weiß

Standort
Laubwald

Genießbarkeit
ungenießbar

Der fleischige Hut des Pilzes ist anfangs gewölbt, wird mit fortlaufender Entwicklung aber zunehmend flacher, wobei er oft einen stumpfen Höcker aufweist. Charakteristisch ist die unregelmäßige Form des Hutes sowie die schmutzige rötlich braune Färbung. Der harte, anfangs volle und später hohle Stiel ist häufig gekrümmt, längsfurchig, spindelig und am unteren Ende wurzelartig verlängert. Die breiten, aber nicht sehr dicht stehenden Lamellen sind unterschiedlich lang und aderig miteinander verbunden. Das zähe weiße Fleisch des Pilzes weist keinen nennenswerten Geruch oder Geschmack auf.

Farb- und Formveränderung: Die weißlichen bis fleischfarbenen Lamellen bekommen mit zunehmender Reife rostbraune Flecken. Der Stiel, zunächst voll und schwammig, wird in der Folge hohl; er ist mehr oder weniger grob gefurcht und gekrümmt.

Standort: Der Spindelige Rübling ist meist in Büscheln an der Basis von Eichenstämmen sowie an Baumstümpfen zu finden.

Erscheinungszeit: Juni bis Oktober.

Ähnliche Arten: Der Spindelige Rübling wird bisweilen mit dem **Samtfußrübling** *(Flammulina velutipes)*, einem sehr guten Speisepilz, verwechselt, von dem er sich jedoch durch den gefurchten Stiel unterscheidet.

Synonym: *Agaricus fusipes.*

Der Spindelige Rübling, der für gewöhnlich in größeren Büscheln an Eichenwurzeln zu finden ist, zeichnet sich durch seinen grob gefurchten, spindelartigen Stiel aus.

Flammulina velutipes • Samtfußrübling

Der Hut ist beim jungen Pilz konvex, später flach ausgebreitet und von honiggelber bis orangegelber Farbe, wobei der Rand eine etwas hellere Tönung zeigt. Die Huthaut ist glatt und schleimig. Der zylindrische, bisweilen gekrümmte Stiel ist an der fest wurzelnden Basis leicht verjüngt; an der Spitze ist er glatt und von rötlich gelber Farbe, während er nach unten eher rot- bis schwarzbraun und fein samtig ist. Die breiten, verschieden langen Lamellen stehen etwas entfernt und zeigen eine leicht gebauchte Form. Sie sind am Stiel angewachsen. Das Fleisch des Pilzes ist im Hut recht zart, im Stiel aber eher faserig und zäh. Es ist von weißer bis blassgelblicher Farbe und weist einen angenehmen Geruch sowie einen milden Geschmack auf.

Visitenkarte

Hut
Ø 3-8 cm; gelblich

Stiel
4-8 cm; schwarzbraun

Lamellen
weiß

Fleisch
weiß, blassgelb

Geruch
angenehm

Geschmack
mild

Sporen
weiß

Standort
Laubbäume

Genießbarkeit
mit Vorsicht

Dieser recht weit verbreitete Pilz ist auch während der Wintermonate anzutreffen.

Farb- und Formveränderung: Die Farbe der Lamellen bewegt sich zwischen Weiß und Ockergelb. Der Stiel ist anfangs voll und zähfaserig, später aber hohl.

Standort: Der Samtfußrübling ist in Form von dichten Büscheln an Laubholz zu finden, wobei er vor allem Buchen, Ulmen, Weiden und Pappeln bevorzugt.

Erscheinungszeit: September bis April.

Ähnliche Arten: Verwechslungsgefahr besteht mit dem giftigen **Grünblättrigen Schwefelkopf** *(Hypholoma fasciculare)*, der sich durch seinen bitteren Geschmack vom Samtfußrübling unterscheidet. Weitere ähnliche Pilze sind das **Stockschwämmchen** *(Kuehneromyces mutabilis)*, ein essbarer Pilz mit braunen Lamellen, sowie der **Hallimasch** *(Armillariella mellea)*, dessen Hut sich jedoch durch seine haarig zottigen Schüppchen auszeichnet und dessen Stiel außerdem einen Ring aufweist.

Synonyme: Winterrübling, *Collybia velutipes, Agaricus nigripes.*

Vorsicht! Der Samtfußrübling gilt als guter Speisepilz, wobei jedoch nur der Hut verwendet werden kann, da der Stiel zähfaserig ist. Vor dem Verzehr sollte dieser Pilz stets ausreichend gekocht werden, um so die thermolabilen Giftstoffe zu eliminieren, welche in geringen Mengen im Fleisch enthalten sind.

Fuchsiger Röteltrichterling • Lepista inversa

Visitenkarte

Hut
Ø 4-8 cm; organgegelb

Stiel
4-8 cm; weißlich

Lamellen
weißlich

Fleisch
weiß

Geruch
mild

Geschmack
leicht säuerlich

Sporen
weiß

Standort
Laub- und Nadelwald

Genießbarkeit
gut bis mäßig

Der eher dünnfleischige Hut ist anfangs gewölbt, später etwas niedergedrückt und schließlich trichterförmig vertieft und weist einen eingerollten Rand auf. Die Huthaut ist glatt und bei feuchtem Wetter glänzend, während sie bei trockenem Wetter ein wenig schuppig erscheint. Der zylindrische Stiel ist anfangs voll, später hohl und an der Basis etwas verdickt. Die Lamellen sind weiß bis cremerötlich, sehr gedrängt stehend und deutlich herablaufend. Das Fleisch ist feinfaserig und hat einen milden Geruch sowie einen säuerlichen Geschmack.

Farbveränderung: Die Färbung des Hutes kann von Blassgelb bis Orangerot reichen. Die Lamellen sind zuerst weiß, später können sie eine rötliche Tönung annehmen. Das ursprünglich weiße Fleisch kann ebenfalls mit dem Alter rötlich braun werden.

Standort: Dieser Pilz wächst im Laub- und Nadelwald, oft in kleinen Gruppen bzw. in Hexenringen.

Erscheinungszeit: September bis November.

Ähnliche Arten: Der Fuchsige Röteltrichterling ist dem **Wasserfleckigen Röteltrichterling** *(Lepista gilva)* sehr ähnlich.

Synonyme: *Lepista flaccida, Clitocybe flaccida, Clitocybe inversa.*

Speisewert: Dieser Pilz ist essbar und eignet sich vor allem zum Braten recht gut. Exemplare, die aus Nadelwäldern stammen, gelten als besonders schmackhaft.

Veilchen-Rötelritterling • Lepista irina

Visitenkarte

Hut
Ø 5-10 cm; fleischbräunlich

Stiel
6-10 cm; weißlich

Lamellen
cremefarben

Fleisch
weiß

Geruch
stark süßlich

Geschmack
süßlich

Sporen
rosa

Standort
Mischwald

Genießbarkeit
mäßig bis gut

Der fleischige Hut ist anfangs halbkugelig, später glockenförmig und schließlich flach und besitzt einen glatten bis kurz gerippten Rand. Die Hutoberfläche ist kahl und trocken. Der eher stämmige Stiel ist weißlich, in der Längsrichtung oder netzartig überfasert und an der Basis verdickt. Die Lamellen sind dicht stehend und meist ausgebuchtet. Das Fleisch ist eher zäh und hat einen starken süßlich aromatischen Geruch nach Veilchenwurzel.

Farbveränderung: Die Hutfärbung kann zwischen Ockerfarben und Rostbraun variieren. Die Lamellen sind anfangs weiß, können aber später eine rosa oder sogar rötliche Tönung aufweisen. Der weiße Stiel kann sich bisweilen bräunlich verfärben.

Standort: Der Veilchen-Rötelritterling ist eher selten und gedeiht in Laub- und Nadelwäldern, wobei er oft in Form von Hexenringen auftritt.

Ähnliche Arten: Der Veilchen-Rötelritterling ist dem ebenfalls essbaren **Würzigen Tellerling** *(Rhodocybe truncata)*, aber auch dem **Bleiweißen Trichterling** *(Clitocybe cerussata)* sehr ähnlich. Letzterer ist allerdings giftig.

Synonyme: *Rhodopaxillus irinum, Tricholoma irinus.*

Speisewert: Der Veilchen-Rötelritterling ist ein guter Speisepilz, der auf verschiedenste Weise zubereitet werden kann und der sich auch gut zum Einfrieren eignet.

Lepista nuda • Violetter Rötelritterling

Der Hut des Violetten Rötelritterlings ist anfangs gewölbt, später verflachend und schließlich völlig flach und gewellt. Der Hutrand ist bisweilen eingerissen. Die Huthaut ist ganz glatt und glänzend. Der zylindrische Stiel ist ziemlich stämmig, etwas flockig überfasert und an der Basis ein wenig verdickt. Die Lamellen sind dicht stehend, ausgebuchtet und schmal. Das Fleisch ist im Hut zart und feinfaserig und im Stiel eher zäh.

Farbveränderung: Die Färbung des Hutes kann von Violett bei jungen Exemplaren bis Bräunlich bei älteren Pilzen variieren. Die anfangs lilafarbenen Lamellen nehmen mit der Zeit einen braunvioletten Farbton an.

Standort: Der Violette Rötelritterling tritt gerne in Gruppen auf, und zwar in Laub- und Nadelwäldern gleichermaßen; darüber hinaus ist er aber auch in Parkanlagen, Gärten und in der Nähe von Kompostplätzen zu finden.

Erscheinungszeit: Juli bis November.

Ähnliche Arten: Er kann mit dem **Lilastieligen Rötelritterling**, dem **Blassen Rötelritterling**, aber auch mit dem **Violetten Schleierling** verwechselt werden. Letzterer zeichnet sich durch seine filzig schuppige Huthaut aus, die dunkelviolett bis schwarzbraun gefärbt ist.

Synonyme: *Tricholoma nudum*, *Rhodopaxillus nudus*, *Agaricus nudus*.

Vorsicht! Dieser gute und vielseitig verwendbare Speisepilz sollte stets ausreichend gekocht werden. Roh genossen kann er leichte Magenbeschwerden hervorrufen.

Visitenkarte

Hut
Ø 4-15 cm; violett

Stiel
4-10 cm; violett

Lamellen
violett

Fleisch
lilafarben

Geruch
würzig

Geschmack
angenehm

Sporen
rosa

Standort
Laub- und Nadelwald

Genießbarkeit
sehr gut

Langstieliger Knoblauchschwindling

Marasmius alliaceus

Visitenkarte

Hut
Ø 1-4 cm; ockerfarben
Stiel
4-15 cm; schwärzlich
Lamellen
weißlich
Fleisch
weiß
Geruch
Knoblauch
Geschmack
süßlich, bitter
Sporen
weiß
Standort
Laub-, Nadelwald
Genießbarkeit
ungenießbar

Der dünnfleischige Hut dieses Pilzes ist anfangs glockenförmig bis halbkugelig, später konvex bis flach ausgebreitet. Der Hutrand ist häufig runzelig gerieft. Die Huthaut wirkt glatt und seidig. Der lange, schlanke Stiel des Pilzes ist samtig filzig bereift und von hornartiger, zäher Konsistenz. Die Lamellen sind schmal und stehen nicht sehr gedrängt. Der Knoblauchschwindling verfügt über ein faseriges Fleisch, das einen starken Knoblauchgeruch verströmt und einen süßlichen bis bitteren Geschmack aufweist.

Farbveränderung: Die Farbe des Hutes reicht von Ockerfarben über Braun bis hin zum Milchig Weiß. Die zumeist weißlichen Lamellen können bisweilen rosa getönt sein.

Standort: Dieser Pilz ist auf vermoderndem Holz zu finden.

Erscheinungszeit: Juni bis Oktober.

Ähnliche Arten: Verwechseln kann man diesen Pilz mit dem **Küchenschwindling** *(Marasmius scorodonius)* sowie dem **Kleinen Stinkschwindling** *(Micromphale perforans).*

Rosshaarschwindling

Marasmius androsaceus

Visitenkarte

Hut
Ø 0,5-1 cm; ockerfarben
Stiel
2-6 cm; schwarz
Lamellen
fleischbräunlich
Fleisch
weiß
Geruch
keiner
Geschmack
keiner
Sporen
weiß
Standort
Nadelwald
Genießbarkeit
ungenießbar

Der häutige Hut des Rosshaarschwindlings ist zunächst glockenförmig, später gewölbt bis flach ausgebreitet, wobei er oft in der Mitte vertieft ist. Die dünne Haut des Hutes ist runzelig gerieft. Der extrem dünne, einige Zentimeter lange Stiel ist zäh und rosshaarartig, oft auch mit glänzender Oberfläche. Die breiten Lamellen stehen einigermaßen entfernt und sind mit dem Stiel verwachsen.

Farbveränderung: Hut und Lamellen sind grundsätzlich ockerfarben, mit einem mehr oder weniger ausgeprägten Stich ins Rosafarbene.

Standort: Der Rosshaarschwindling tritt häufig auf Fichtennadeln auf.

Erscheinungszeit: Mai bis November.

Ähnliche Arten: Der Rosshaarschwindling ist leicht mit anderen kleinen **Marasmius-Arten** zu verwechseln, u. a. mit dem **Halsbandschwindling** *(Marasmius rotula)*, der jedoch weiße Lamellen aufweist. Schon allein wegen ihrer geringen Größe sind diese Pilze kulinarisch gesehen nicht von Bedeutung bzw. ungenießbar.

Gemeiner Stinkschwindling

Micromphale foetidum

Der dünne, häutige Hut dieses Pilzes ist zunächst glockenförmig, dann konvex und schließlich flach ausgebreitet, oft auch in der Mitte niedergedrückt und mit einem kleinen Höcker versehen. Die Hutoberfläche ist vor allem am Rand tief gefurcht. Die dicken Lamellen stehen eher entfernt und sind aderig miteinander verbunden. Das Fleisch des Pilzes weist einen abstoßenden Geruch nach faulendem Kohl auf.

Farbveränderung: Die Färbung des Hutes bewegt sich zwischen Gelblich Braun und Braunrot, wobei die Mitte stets etwas dunkler ist. Die Lamellen können ockerfarben bis rötlich gefärbt sein. Der Stiel ist an der Spitze nussfarben, nach unten hin zunehmend schwarz. Das Fleisch ist im Hut eher rötlich, im Stiel aber bräunlich gefärbt.

Standort: Der Gemeine Stinkschwindling ist in kleinen Gruppen auf totem Laubholz anzutreffen.

Erscheinungszeit: August bis Oktober.

Ähnliche Arten: Der Gemeine Stinkschwindling weist eine große Ähnlichkeit mit dem **Großen Stinkschwindling** *(Micromphale brassicolens)* auf, der besonders stark nach faulendem Kohl riecht und der vor allem auf Buchenlaub, aber auch auf Nadelstreu auftritt.

Visitenkarte

Hut
Ø 1-3 cm;
rötlich braun

Stiel
1-3 cm;
braun, schwarz

Lamellen
ocker, rötlich

Fleisch
rötlich

Geruch
fauler Kohl

Geschmack
faulig

Sporen
weiß

Standort
Laubwald

Genießbarkeit
ungenießbar

Marasmius rotula • Halsbandschwindling

Der Hut dieses sehr kleinen Pilzes ist gewölbt und in der Mitte nabelig vertieft; mit seiner tiefen Furchung erinnert er etwas an eine Kuchenform (»Guglhupf«). Der Hutrand ist bisweilen etwas gewellt. Der dünne Stiel ist borstenartig und hart. Die Lamellen stehen weit entfernt und sind in einem Ring, einer Art Kragen, um den Stiel zusammengewachsen. Fleisch ist kaum vorhanden.

Farbveränderung: Die Färbung des Hutes ist zumeist Weißlich, bisweilen aber auch Braun. Der Stiel ist an der Spitze hell, nach unten zunehmend schwarzbraun gefärbt. Die Farbe der Lamellen ist Weißlich bis Cremefarben. Das Fleisch ist im Hut weiß, im Stiel eher von brauner Farbe.

Standort: Dieser weit verbreitete Pilz ist in Büscheln auf toten Laubholzästchen, Wurzeln und Baumstümpfen zu finden.

Erscheinungszeit: Juni bis Oktober.

Ähnliche Arten: Durch seinen charakteristischen Kragen ist der Halsbandschwindling kaum mit einem anderen Pilz zu verwechseln.

Visitenkarte

Hut
Ø 0,5-1,5 cm;
weißlich

Stiel
2-7 cm;
schwarzbraun

Lamellen
weißlich

Fleisch
weiß

Geruch
keiner

Geschmack
keiner

Sporen
weiß

Standort
Laubwald

Genießbarkeit
ungenießbar

Rettichhelmling • Mycena pura

Visitenkarte

Hut
Ø 2-6 cm; violett

Stiel
5-8 cm; violett

Lamellen
violett

Fleisch
weiß

Geruch
nach Rettich

Geschmack
nach Rettich

Sporen
weiß

Standort
Laub-, Nadelwald

Genießbarkeit
ungenießbar (leicht giftig)

Der violette Hut des Rettichhelmlings ist anfangs glockenförmig, später flach ausgebreitet oder gar niedergedrückt, mit einem breiten Höcker in der Mitte. Bei Feuchtigkeit sind am Hutrand die durchscheinenden Lamellen zu erkennen. Der dünne, faserige Stiel ist von der gleichen Farbe wie der Hut und zeigt sich nach unten etwas verdickt. Die breiten, nicht sehr dicht stehenden Lamellen sind aderig miteinander verbunden. Das wässrige Fleisch des Pilzes ist im Hut weiß und im Stiel violett; es riecht und schmeckt stark nach Rettich.

Farbveränderung: Die Färbung des Hutes kann von Rosa bis Violett reichen, aber auch weißliche und nussfarbene Exemplare sind bisweilen zu finden, wobei der Stiel stets violett ist. Die Lamellen können in Weiß und Blassrosa bzw. Blassviolett auftreten.

Standort: Der Rettichhelmling ist recht häufig in Laub- und Nadelwäldern anzutreffen, wo er einzeln oder in größeren Gruppen auftritt.

Erscheinungszeit: Juli bis Oktober.

Ähnliche Arten: Aufgrund der charakteristischen Färbung des Hutes sowie der am Hutrand durchscheinenden Lamellen ist der Rettichhelmling kaum mit anderen Pilzen zu verwechseln.

Speisewert: Der Rettichhelmling enthält geringe Mengen an Muscarin, auch ist er kein gefährlicher Giftpilz, kommt aber als Speisepilz nicht in Frage.

Die Lamellen des Rettichrüblings stehen ziemlich entfernt, wie das Foto nebenan zeigt.

Hygrocybe punicea • Großer Saftling

Der robuste fleischige Hut des Großen Saftlings ist zunächst glockig, später dann gewölbt bis flach mit stumpfem Höcker. Der Hutrand ist bisweilen eingerissen. Die Hutoberfläche ist glatt und fühlt sich bei Feuchtigkeit leicht schmierig an. Der hohle Stiel ist sehr stämmig, aber eher brüchig; er ist von zylindrischer oder leicht bauchiger Gestalt, an der Basis verjüngt und weist eine faserige Längsstreifung auf. Die fleischigen Lamellen stehen entfernt; sie sind schmal am Stiel angewachsen, bisweilen fast frei. Das wachsartige Fleisch zeigt keinen ausgeprägten Geruch oder Geschmack.

Farbveränderung: Die Färbung des Hutes bewegt sich zwischen Blutrot und Orangegelb. Der Stiel kann gelb bis orange sein, wobei auch mehr oder weniger ausgeprägte rötliche Tönungen vorhanden sein können. Die Lamellen sind zuerst ockergelb, später rötlich. Das Fleisch ist im Inneren und an der Stielbasis weißlich, ansonsten eher gelb gefärbt.

Standort: Der eher seltene und schonenswerte Große Saftling ist vor allem auf feuchten Wald- und Gebirgswiesen beheimatet.

Erscheinungszeit: September bis Oktober.

Ähnliche Arten: Dieser Pilz kann mit anderen rot gefärbten **Hygrocybe-Arten** verwechselt werden, wie z. B. dem **Kirschroten Saftling** *(Hygrocybe coccinea)* oder dem **Mennigroten Saftling** *(Hygrocybe miniata)*, die ebenfalls essbar, aber um einiges kleiner als der Große Saftling sind.

Synonyme: Granatroter Saftling, Größter Saftling, *Hygrophorus puniceus.*

Speisewert: Der Große Saftling gilt als guter Speisepilz, den man jedoch auf Grund seiner Seltenheit schonen sollte.

Visitenkarte

Hut
Ø 5-12 cm; rot

Stiel
4-8 cm; orangegelb

Lamellen
gelblich

Fleisch
gelblich

Geruch
keiner

Geschmack
keiner

Sporen
weiß

Standort
Wald- und Gebirgswiesen

Genießbarkeit
gut

Der leuchtend rot gefärbte Hut des Großen Saftlings ist beim jungen Pilz glockenförmig ausgebildet.

Kirschroter Saftling *(Hygrocybe coccinea)*
Dieser kleine Pilz zeichnet sich durch seine leuchtend orangerote Farbe aus. Er ist im Herbst auf feuchten Wiesen zu finden. Der Hut (1,5-5 cm) ist anfangs glockig, später ausgebreitet bis flach und zeigt eine glänzende Oberfläche. Die breiten Lamellen sind dicht stehend und von kürzeren Zwischenlamellen durchsetzt. Der glatte, glänzende Stiel ist hohl und erscheint bisweilen zusammengedrückt. Dieser Pilz ist zwar essbar, sollte aber wegen seiner Seltenheit geschont werden.

Zäher Saftling *(Hygrocybe laeta)*
Dieser ebenfalls recht kleinwüchsige Pilz weist einen ockergelben bis bräunlichen Hut auf, dessen Oberfläche sehr schmierig, mit grauem Schleim bedeckt ist. Der Hutrand ist durchscheinend gerieft. Der dünne, zylindrische oder wellig gekrümmte Stiel weist ebenfalls eine schmierige Oberfläche auf. Die fleischfarbenen Lamellen stehen entfernt und sind breit am Stiel angewachsen. Der Zähe Saftling gilt als ungenießbar.

Schwärzender Saftling
(Hygrocybe nigrescens)
Der Hut (3,5-6 cm) ist zunächst spitzkegelig, dann ausgebreitet; er ist von orangeroter Farbe und zeigt eine faserige Streifung. Mit zunehmendem Alter, aber auch durch Berührung verfärbt sich die Huthaut schwarz. Der zylindrische Stiel ist zunächst voll, später völlig hohl; er ist zitronen- bis orangegelb getönt. Die Lamellen stehen entfernt und sind anfangs weiß, später blassgelb und im Alter grauschwarz verfärbt. Dieser ungenießbare Pilz ist auf Weiden und in Wäldern anzutreffen.

Scharlachroter Saftling
(Hygrocybe coccineocrenata))
Der Hut (1-3 cm) ist zunächst konvex, später flach und bisweilen nabelig vertieft; die Hutoberfläche ist mit feinen Schüppchen bedeckt. Der Hut zeigt sich von scharlachroter Farbe, wobei der gekerbte Rand eher gelblich getönt ist. Der dünne orange- bis scharlachrote Stiel ist zylindrisch geformt und zeigt eine weißfilzige Basis. Der Scharlachrote Saftling ist ungenießbar und ist vor allem auf feuchten Wiesen in höheren Lagen anzutreffen.

Wohlriechender Schneckling

Hygrophorus agathosmus

Der Hut dieses Pilzes ist zunächst gewölbt, später flach und gebuckelt bzw. leicht trichterförmig. Der Hutrand ist beim jungen Pilz nach innen eingerollt, später hochgebogen bzw. gewellt. Die Huthaut ist glatt, glänzend und pustelig schmierig. Der feste zylindrische Stiel ist feingefasert und bisweilen an der Basis etwas verdickt. Die bisweilen gegabelten Lamellen stehen entfernt und laufen etwas am Stiel herab; auch kürzere Zwischenlamellen sind vorhanden. Das Fleisch dieses Pilzes ist weißlich und zart und weist einen unverwechselbaren Geruch nach Bittermandeln bzw. Marzipan auf.

Farb- und Formveränderung: Die Farbe des Hutes bewegt sich zwischen Hellgrau und Aschgrau, wobei die Mitte stets etwas dunkler gefärbt ist. Der Stiel kann weiß oder hellgrau sein, wobei er vor allem am oberen Teil mit weißen oder gelblichen Flöckchen versehen ist. Die Lamellen sind von weißer oder blassgrauer Farbe.

Standort: Der Wohlriechende Schneckling ist in Nadelwäldern, insbesondere auf Wiesen und entlang von Waldwegen anzutreffen.

Erscheinungszeit: September bis Oktober.

Ähnliche Arten: Auf Grund seines intensiven Mandelgeruchs ist dieser Pilz kaum mit anderen Arten zu verwechseln.

Synonym: Duftender Schneckling.

Speisewert: Der Wohlriechende Schneckling wird als Speisepilz nicht sehr geschätzt.

Visitenkarte

Hut
Ø 4-7 cm; grau

Stiel
4-7 cm; weißlich

Lamellen
weißlich

Fleisch
weiß

Geruch
nach Mandeln

Geschmack
leicht bitter

Sporen
weiß

Standort
Nadelwald

Genießbarkeit
mittelmäßig

Goldzahnschneckling • Hygrophorus chrysodon

Visitenkarte

Hut
Ø 4-8 cm;
weiß

Stiel
4-8 cm;
weiß

Lamellen
weiß

Fleisch
weiß

Geruch
keiner

Geschmack
keiner

Sporen
weiß

Standort
Laub-,
Nadelwald

Genießbarkeit
gut

Der Hut des Goldzahnschnecklings ist zunächst gewölbt, später flach bzw. stumpf gebuckelt, bisweilen auch niedergedrückt. Der Hutrand ist dünn und anfangs eingerollt. Die glatte schleimige Huthaut ist besonders gegen den Rand hin mit überhängenden zahnförmigen Flocken besetzt. Der zylindrische Stiel ist bisweilen nach unten leicht verjüngt und an der Spitze mit gelben Flöckchen und Tropfen bedeckt. Die dicken Lamellen stehen entfernt und sind angewachsen oder am Stiel herablaufend. Das zarte weiße Fleisch ist saftig und lässt keinen nennenswerten Geruch oder Geschmack erkennen.

Farb- und Formveränderung: Die Flocken, welche den Hut bedecken, sind zunächst weißlich, später gelb gefärbt. Mit zunehmendem Alter sowie durch Reiben verfärbt sich die weiße Huthaut gelb. Der Stiel ist anfangs voll, wird aber zunehmend hohler. Die Lamellen sind zu Beginn noch weiß und nehmen schließlich einen gelblichen Farbton an.

Standort: Der Goldzahnschneckling tritt in kleinen Gruppen in Laub- und Nadelwäldern auf, insbesondere unter Fichten, Buchen und Eichen, wobei er höhere Lagen bevorzugt.

Erscheinungszeit: August bis November.

Ähnliche Arten: Der Goldzahnschneckling kann mit dem **Verfärbenden Schneckling** *(Hygrophorus cossus)* sowie dem **Elfenbeinschneckling** *(Hygrophorus eburneus)* verwechselt werden, die im gleichen Lebensraum vorkommen, aber ungenießbar sind.

Synonym: *Limacium chrysodon.*

Speisewert: Die kulinarische Bedeutung des Goldzahnschnecklings wird zumeist dadurch beeinträchtigt, dass er oft stark von Maden befallen ist. Als Speisepilz eignet er sich vor allem für Pilzmischgerichte.

Charakteristisch für diesen Pilz sind die überhängenden zahnförmigen Flocken am Rand des Hutes.

Hygrophorus marzuolus • Märzellerling

Der feste, dickfleischige Hut dieses Pilzes ist anfangs gewölbt, später ausgebreitet, wobei er oft von unregelmäßiger, ausgebuchteter Form ist. Die Huthaut ist glatt und trocken, oft auch etwas gestreift. Der kurze, gedrungene Stiel ist fest und voll und kann zylindrisch geformt, aber auch leicht gebogen sein. Er ist an der Spitze etwas schuppig und weist ansonsten eine seidenfaserige, weiß bis grau getönte Oberfläche auf. Die dicken Lamellen stehen weit auseinander; sie sind bisweilen gegabelt, etwas am Stiel herablaufend und am Grunde aderig miteinander verbunden. Das Fleisch des Pilzes ist voll und weich und lässt einen eher angenehmen, aber nicht sehr ausgeprägten Geruch sowie einen milden Geschmack erkennen.

Farb- und Formveränderung: Die Färbung des Hutes ist zunächst Weiß, später Hell- bis Bleigrau und ändert sich schließlich zu einem schwärzlichen Farbton, wobei die Mitte stets etwas heller getönt ist. Der seidenfaserige Stiel ist anfangs weiß, später hellgrau gefärbt, wobei er an der Spitze leicht schuppig ist. Die Lamellen verändern sich ebenfalls von einem weißen hin zu einem grauen Farbton. Das Fleisch ist im allgemeinen weiß, unter der Huthaut sowie im Stiel eher grau getönt.

Standort: Dieser eher seltene Pilz ist vor allem in etwas höher gelegenen Fichten- und Tannenwäldern, bisweilen auch in Mischwäldern beheimatet, wo er zumeist in kleinen Gruppen auftritt.

Erscheinungszeit: Der geschätzte Märzellerling taucht bereits unmittelbar nach der Schneeschmelze auf, sodass er von Februar bis Mai anzutreffen ist.

Ähnliche Arten: Der Märzellerling kann mit dem **Rußbraunen Schneckling** *(Hygrophorus camarophyllus)* verwechselt werden, der jedoch erst im Herbst auftritt.

Synonyme: Märzschneckling, Schneepilz, *Limacium marcuolus.*

Speisewert: Der Märzellerling gilt als ausgezeichneter Speisepilz und wird in dieser Hinsicht auch wegen seines frühen Erscheinens sehr geschätzt. Vor allem als Beilage zu gebratenem Fleisch eignet er sich ausgezeichnet.

Visitenkarte

Hut
Ø 4-10 cm; grau

Stiel
4-8 cm; weiß bis grau

Lamellen
weißlich

Fleisch
weiß

Geruch
angenehm

Geschmack
mild

Sporen
weiß

Standort
Misch-, Nadelwald

Genießbarkeit
ausgezeichnet

Graugrüner Milchling • Lactarius blennius

Visitenkarte

Hut
Ø 4-10 cm; graugrün

Stiel
4-6 cm; grau

Lamellen
weißlich

Fleisch
weiß

Geruch
keiner

Geschmack
scharf

Sporen
grünlich weiß

Standort
Buchenwald

Genießbarkeit
ungenießbar

Der Hut dieses Pilzes ist anfangs konvex, dann immer flacher und schließlich oft in der Mitte eingedrückt, wobei der Rand etwas heller getönt und leicht samtig ist. Die Huthaut ist schmierig und glänzend, beim alten Pilz trocken, und zeigt bisweilen eine kreisförmige Zonierung. Der gedrungene zylindrische Stiel ist ebenfalls etwas schmierig bis klebrig. Die meist am Stiel herablaufenden Lamellen sind eher dünn und stehen ziemlich dicht. Das weißliche Fleisch ist schwammig weich und geruchlos, wobei der Geschmack anfangs mild ist, bald aber an Schärfe gewinnt; es enthält einen brennend scharfen Milchsaft.

Farb- und Formveränderung: Der Hut kann in verschiedenen graugrünen Farbtönen auftreten, wobei bisweilen dunklere kreisförmig angeordnete Wasserflecken zu sehen sind. Der anfangs volle Stiel wird zunehmend hohl. Die weißlichen Lamellen verfärben sich bei Druck bzw. Verletzung bräunlich grau. Das weiße Fleisch des Pilzes nimmt an der Luft einen grauen Farbton an. Die weiße Milch verfärbt sich beim Eintrocknen graugrün.

Standort: Der Graugrüne Milchling ist in Buchenwäldern überaus verbreitet und tritt zumeist in kleinen Gruppen auf.

Erscheinungszeit: Juli bis November.

Ähnliche Arten: Große Ähnlichkeit besteht mit dem **Braunfleckigen Milchling** *(Lactarius fluens)*, der ebenfalls in Buchenwäldern anzutreffen ist, dessen Milch aber stets weiß ist.

Synonym: *Lactarius viridis.*

Kampfermilchling • Lactarius camphoratus

Visitenkarte

Hut
Ø 3-6 cm; rotbraun

Stiel
2-5 cm; rotbraun

Lamellen
rötlich

Fleisch
rötlich

Geruch
nach Maggi

Geschmack
mild

Sporen
cremefarben

Standort
Misch-, Nadelwald

Genießbarkeit
mittelmäßig

Der brüchige fleischige Hut des Kampfermilchlings ist anfangs konvex, später zunehmend flacher bzw. vertieft bis trichterförmig und stumpf gebuckelt. Ältere Exemplare erscheinen am Rand oft von den Lamellenansätzen gerippt. Die Huthaut ist kahl und matt. Der zylindrische, oft auch gebogene Stiel ist dünn und nach unten etwas verjüngt; er ist vor allem beim jüngeren Pilz feinfilzig bereift. Die nicht sehr breiten Lamellen stehen gedrängt und laufen etwas am Stiel herab. Das Fleisch riecht nach Maggiwürze oder Zichorie; es enthält eine wässrige milde Milch, die einen leicht bitteren Nachgeschmack aufweist.

Farbveränderung: Die Färbung von Hut und Stiel kann von Rötlich Braun bis Dunkelbraun reichen. Die Lamellen sind ockerfarben bis rötlich getönt. Das rotbräunliche Fleisch wirkt im Stiel etwas dunkler.

Standort: Der Kampfermilchling ist in Nadel- und Mischwäldern weit verbreitet.

Erscheinungszeit: Juli bis November.

Ähnliche Arten: Durch seinen charakteristischen Geruch ist dieser Pilz kaum mit anderen Arten zu verwechseln.

Synonym: *Agaricus camphoratus.*

Speisewert: Der Kampfermilchling findet kulinarisch gesehen lediglich als Würzpilz Verwendung.

Goldflüssiger Milchling

Lactarius chrysorrheus

Der Hut dieses Pilzes ist zunächst konvex, dann flach und schließlich in der Mitte eingedrückt, wobei der Rand vor allem junger Exemplare eingerollt ist. Die matte, kahle Huthaut zeigt oft dunklere Ringe. Der Stiel ist glatt und zylindrisch, bisweilen mit leicht knolliger Basis. Die dicht stehenden Lamellen sind oft gegabelt und nicht sehr breit. Das brüchige weißliche Fleisch ist geruchlos und enthält einen sehr scharfen Milchsaft.

Farb- und Formveränderung: Der Hut kann in ockergelben, aber auch hellorangen Farbtönen auftreten, wobei vor allem zum Rand hin dunklere Ringe zu sehen sind. Der anfangs volle Stiel wird mit der Zeit zunehmend hohl; er ist zunächst von weißlicher Farbe, nimmt aber bald einen hellorangen Farbton an. Die Lamellen sind anfangs cremefarben, später eher fleischfarben getönt. Das Fleisch gibt beim Anschnitt eine weiße Milch ab, die sich an der Luft schwefelgelb verfärbt.

Standort: Dieser ziemlich seltene Pilz ist in Laubwäldern beheimatet, wo er einzeln oder in kleinen Gruppen unter Eichen und Edelkastanien zu finden ist.

Erscheinungszeit: Juli bis September.

Ähnliche Arten: Der Goldflüssige Milchling ist kaum mit anderen Pilzen zu verwechseln.

Visitenkarte

Hut
Ø 4-6 cm; ockergelb

Stiel
4-8 cm; weiß

Lamellen
weiß

Fleisch
weiß

Geruch
keiner

Geschmack
scharf

Sporen
weiß

Standort
Laubwald

Genießbarkeit
ungenießbar

Echter Reizker • Lactarius deliciosus

Visitenkarte

Hut
Ø 4-12 cm;
orange

Stiel
4-8 cm;
orange

Lamellen
orange

Fleisch
gelb

Geruch
obstartig

Geschmack
säuerlich

Sporen
cremefarben

Standort
Kiefern

Genießbarkeit
gut

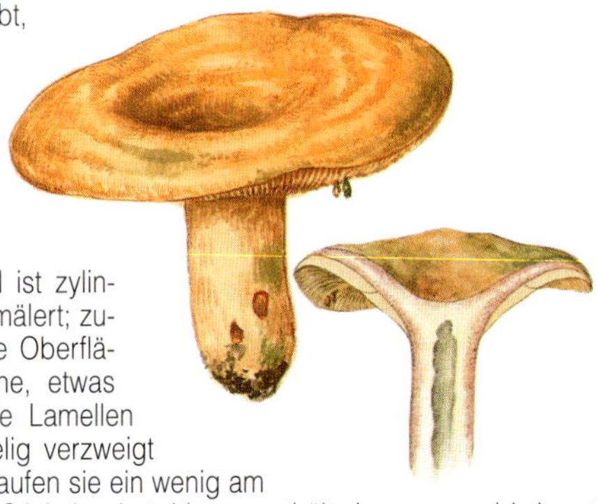

Der Hut ist zunächst flach gewölbt, später ausgebreitet mit eingedrückter Mitte, er wird schließlich trichterförmig. Die Huthaut ist glatt und glänzend; im feuchten Zustand schmierig schlüpfrig. Sie ist stets kreisförmig gezont und zeigt mitunter grünliche Flecken. Der Stiel ist zylindrisch, zur Basis hin leicht verschmälert; zunächst ist er voll, später hohl. Die Oberfläche des Stiels weist kleine flache, etwas dunkler gefärbte Gruben auf. Die Lamellen sind dicht stehend, schmal, gabelig verzweigt und verschieden lang; außerdem laufen sie ein wenig am Stiel herab. Das Fleisch ist fest, im Stiel aber brüchig; es enthält eine orange- bis karottenrote Milch, die beim Eintrocknen verblasst, schließlich grünlich wird und einen milden Geschmack aufweist.

Farbveränderung: Die Farbe des Hutes variiert von Ockergelb bis Dunkelorange, wobei ältere Exemplare grünliche Flecken aufweisen. Der Stiel ist ein wenig heller gefärbt als der Hut; er ist bisweilen etwas bereift, was ihm einen leicht rosaroten Farbton verleiht. An der Luft nimmt das Fleisch eine grünliche Färbung an.

Standort: Dieser Pilz wächst nahezu ausschließlich unter Kiefern und ist gebietsweise recht verbreitet.

Erscheinungszeit: August bis Oktober.

Ähnliche Arten: Der Echte Reizker ist leicht mit anderen Reizkern zu verwechseln, welche ebenfalls einen orangefarbenen oder roten Milchsaft aufweisen, insbesondere mit dem **Blutreizker** *(Lactarius sanguifluus)*, dem **Lachsreizker** *(Lactarius salmonicolor)* und dem **Fichtenreizker** *(Lactarius deterrimus)*, die allesamt genießbar sind.

Synonyme: Edelreizker, Kiefernblutreizker, *Agaricus deliciosus.*

Speisewert: Der Edelreizker ist ein wohlschmeckender Pilz - allerdings nur, solange er nicht voll ausgereift ist. Vor allem zum Panieren und Braten ist diese Art vorzüglich geeignet.

Der Edelreizker schmeckt, wie sein Name Lactarius deliciosus *andeutet, sehr delikat und ist ein begehrter Speisepilz.*

Rußbrauner Milchling

Lactarius fuliginosus

Der Hut ist beim jungen Pilz flach, dann leicht trichterförmig; die Hutoberfläche ist zart samtig und stets trocken. Der Hutrand ist bisweilen leicht eingerissen. Der Stiel ist zylindrisch, an der Basis leicht verjüngt und samtig wie der Hut, aber von etwas hellerer Farbe. Die Lamellen sind dicht stehend, nicht sehr breit und laufen ein wenig am Stiel herab. Die Milch dieses Pilzes ist weiß, nimmt jedoch an der Luft rasch einen rosaroten Farbton an. Das weiße Fleisch sondert eine bittere Milch ab.

Farbveränderung: Die Farbe des Hutes kann Bräunlich Weiß bis Braun sein. Die Lamellen sind elfenbeinfarben mit leichter lachsrosafarbener Tönung. Der Stiel kann weiß, aber auch braun sein, wobei er dunkle Flecken aufweist.

Standort: Dieser Pilz ist in Laub- und Mischwäldern anzutreffen, wobei er vor allem unter Buchen recht häufig zu finden ist.

Erscheinungszeit: Juli bis Oktober.

Ähnliche Arten: Eine gewisse Ähnlichkeit besteht vor allem mit dem **Pechschwarzen Milchling** *(Lactarius picinus)* sowie dem **Mohrenkopf** *(Lactarius lignyotus)*, von denen Ersterer völlig ungenießbar, Letzterer zwar genießbar, aber von geringerer Qualität ist. Das Fleisch der beiden Pilze rötet sich an der Luft.

Visitenkarte

Hut
Ø 4-10 cm;
braun

Stiel
4-10 cm;
bräunlich weiß

Lamellen
ockergelb

Fleisch
weiß

Geruch
süßlich

Geschmack
bitter

Sporen
ockergelb

Standort
Buchen

Genießbarkeit
ungenießbar

Pechschwarzer Milchling

Lactarius picinus

Der Hut dieses Pilzes ist zunächst konvex, später flach oder leicht niedergedrückt und weist eine schwärzliche, samtig wirkende Oberfläche auf. Der festfleischige Stiel ist zylindrisch und an der Basis leicht verjüngt. Die Lamellen sind nicht allzu dicht stehend, dafür sehr breit und ein wenig am Stiel herablaufend. Der Pechscharze Milchling hat ein festes weißes Fleisch, das einen leicht obstartigen Geruch aufweist und scharf schmeckt. Die Milch dieses Pilzes ist weiß und scharf.

Farb- und Formveränderung: Die Färbung des Hutes reicht von Schwärzlich bis Dunkelbraun, wobei der Hutrand etwas heller sein kann. Der Stiel ist anfangs voll, später zunehmend hohl, wobei er großteils ockerfarben bis braun, am oberen Ende eher weißlich gefärbt ist. Die Farbe der Lamellen bewegt sich zwischen Bräunlich Weiß und Orangegelb. Das Fleisch des Pilzes ist zunächst weiß, später gelblich und verfärbt sich an der Luft rot.

Standort: Dieser Pilz tritt allein oder in kleinen Gruppen auf, und zwar vor allem in Bergnadelwäldern.

Erscheinungszeit: August bis Oktober.

Ähnliche Arten: Große Ähnlichkeit besteht mit dem **Mohrenkopf** *(Lactarius lignyotus, S. 99).*

Visitenkarte

Hut
Ø 4-10 cm;
schwärzlich

Stiel
3-6 cm;
ockerfarben

Lamellen
weißlich

Fleisch
weiß

Geruch
obstartig

Geschmack
scharf

Sporen
ockergelb

Standort
Nadelwälder

Genießbarkeit
ungenießbar

Pfeffermilchling • Lactarius piperatus

Visitenkarte

Hut
Ø 6-18 cm;
weiß

Stiel
4-10 cm;
weiß

Lamellen
weiß

Fleisch
weiß

Geruch
keiner

Geschmack
scharf

Sporen
weiß

Standort
Laub- und Nadelwälder

Genießbarkeit
ungenießbar

Wenngleich der Pfeffermilchling an sich ungenießbar ist, so wird er doch bisweilen getrocknet und in Pulverform als Gewürz an Stelle von Pfeffer verwendet.

Der Hut des Pfeffermilchlings ist anfangs gewölbt, später zunehmend trichterförmig und mit gewellter Oberfläche, wobei der Rand im Anfangsstadium etwas eingerollt, später eher gelappt ist. Die bisweilen etwas runzelige Huthaut ist weiß und undurchsichtig, in der Mitte auch rötlich gefleckt. Der stämmige, volle Stiel ist von weißer Farbe; er ist an der Basis verjüngt und kann mit glatter oder auch rauer Oberfläche auftreten. Die nicht sehr breiten, aber dicht stehenden Lamellen laufen etwas am Stiel herab und sind bisweilen gabelig verzweigt. Die etwas kürzeren Zwischenlamellen sind mit den längeren Lamellen verwachsen. Das weiße Fleisch ist hart und fest und verfügt über einen brennend scharfen Geschmack. Die reichlich fließende klebrige Milch ist äußerst scharf.

Farbveränderung: Die Farbe des Hutes bewegt sich zwischen Weiß und Elfenbeinfarben. Die Lamellen sind zunächst weiß, später eher cremefarben, wobei sie bei Verletzung braungelbliche Flecken zeigen. Der Stiel ist anfangs weiß, nimmt mit der Zeit aber grünliche bis rötliche Tönungen an. Beim Trocknen verfärbt sich das weiße Fleisch grünlich gelb.

Standort: Der Pfeffermilchling ist in kleinen Reihen oder kreisförmigen Gruppen an feuchten, schattigen Plätzen in Nadel- und Laubwäldern anzutreffen.

Erscheinungszeit: Juli bis Oktober.

Ähnliche Arten: Hier ist vor allem der **Wollige Milchling** *(Lactarius vellereus)* zu nennen, der an seinen nicht sehr dicht stehenden schmalen Lamellen erkennbar ist. Der ebenfalls ähnliche **Grünende Pfeffermilchling** *(Lactarius glaucescens)* weist eine grünlich eintrocknende Milch auf.

Synonyme: Grauender Pfeffermilchling, Langstieliger Pfeffermilchling, *Agaricus piperatus.*

Vorsicht! Wegen seiner Schärfe ist dieser Pilz nicht als genießbar einzustufen; er wird gelegentlich getrocknet und in Pulverform statt Pfeffer oder Paprikapulver verwendet.

Lactarius rufus • Rotbrauner Milchling

Der Hut ist zuerst glockenförmig, dann flach und schließlich trichterförmig, wobei er fast immer einen deutlich erkennbaren spitzen Höcker aufweist. Der Hutrand ist schmal und bleibt lange nach unten eingerollt. Die rotbraune Huthaut zeigt am Rand einen etwas helleren Farbton; sie ist glatt, nicht schmierig und mit einer schimmernden Reifschicht überzogen. Der Stiel, von gleicher Farbe wie der Hut, ist zylindrisch, relativ lang und an der Basis filzig. Die Lamellen sind dicht stehend, schmal und ein wenig am Stiel herablaufend. Das Fleisch ist fest, bei älteren Exemplaren oft brüchig, und weist einen harzigen Geruch sowie einen scharfen Geschmack auf. Die wässrige, reichlich fließende Milch ist ebenfalls brennend scharf.

Farb- und Formveränderung: Bei der Farbe des Hutes sind kaum Abweichungen zu beobachten. Der Stiel ist zunächst voll, später jedoch hohl, wobei die Farbe sich von anfänglichem Weißgrau zu Rotbraun ändert. Die Lamellen sind zunächst weißlich, später fleischrötlich gefärbt. Das Fleisch ist von blasser rotbräunlicher Farbe.

Standort: Dieser Pilz ist recht häufig und in großen Gruppen in Nadelwäldern, insbesondere unter Kiefern zu finden; etwas seltener tritt diese Art auch in der Umgebung von Birken auf.

Erscheinungszeit: Juni bis November.

Ähnliche Arten: Der Rotbraune Milchling ist kaum mit anderen Pilzen zu verwechseln.

Synonym: *Agaricus rufus.*

Visitenkarte

Hut
Ø 4-10 cm; rotbraun

Stiel
4-7 cm; rotbraun

Lamellen
fleischrötlich

Fleisch
rötlich braun

Geruch
harzig

Geschmack
scharf

Sporen
weiß

Standort
Nadelwälder

Genießbarkeit
ungenießbar

Lactarius sanguifluus • Blutreizker

Der Hut des Blutreizkers ist konvex oder flach und in der Mitte leicht niedergedrückt; die Huthaut oft fleischig und glatt, aber nicht schleimig. Der Hutrand ist zumindest anfangs etwas eingerollt. Der zylindrische Stiel ist stämmig und kurz, an der Basis oft etwas verjüngt und weist rot gefärbte Grübchen auf. Die Lamellen sind sehr dicht stehend, eher schmal, bisweilen gabelig verzweigt und am Stiel herablaufend. Das eher brüchige Fleisch ist weißlich mit dunkelroten Flecken und enthält eine blutrote milde Milch.

Farb- und Formveränderung: Die Farbe des Hutes bewegt sich zwischen Orange und Hellrot. Der zunächst volle, später hohle Stiel kann orangerot bis violett getönt sein. Die Lamellen sind anfangs ockergelb, später rosafarben, orange und schließlich weinrot gefärbt. An der Luft nimmt die Milch einen bräunlich purpurnen Farbton an.

Standort: Dieser nicht sehr verbreitete Pilz ist in kleinen Gruppen in höher gelegenen Nadelwäldern zu finden, allerdings nur in wärmeren Regionen.

Erscheinungszeit: Sommer bis Herbst.

Ähnliche Arten: Große Ähnlichkeit besteht mit dem **Edelreizker** *(Lactarius deliciosus)*, wobei Letzterer sich jedoch durch seine kreisförmig zonierte Hutoberfläche auszeichnet. Ein wichtiges Unterscheidungsmerkmal ist die blutrote Milch des Blutreizkers.

Speisewert: Der Blutreizker gilt als durchaus genießbar.

Visitenkarte

Hut
Ø 5-15 cm; orange

Stiel
4-6 cm; orange

Lamellen
ocker

Fleisch
weiß

Geruch
keiner

Geschmack
scharf

Sporen
weiß

Standort
Nadelwälder

Genießbarkeit
gut

Birkenreizker • Lactarius torminosus

Visitenkarte

Hut
Ø 4-12 cm; rosa

Stiel
4-8 cm; hellrosa

Lamellen
cremefarben

Fleisch
weiß

Geruch
terpentinartig

Geschmack
scharf

Sporen
cremefarben

Standort
unter Birken

Giftigkeit
GIFTIG

Der Hut des Birkenreizkers ist zunächst gewölbt, später flach bzw. trichterförmig, wobei er in der Mitte eine nabelförmige Vertiefung aufweist. Am stark eingerollten Hutrand ist der Birkenreizker fransig zottig behangen; außerdem ist die Huthaut kreisförmig zoniert. Der Stiel ist zylindrisch, kurz und stämmig und wird zur Basis hin etwas schmäler. Er ist an der Oberfläche glatt oder flach grubig ausgebildet. Die verschieden langen Lamellen stehen dicht gedrängt; sie sind schmal und am Stiel herablaufend. Das Fleisch des Pilzes ist weiß und fest, hat einen obst- bis terpentinartigen Geruch und einen scharfen Geschmack. Die weiße Milch des Birkenreizkers ist brennend scharf.

Farb- und Formveränderung: Der Hut kann orangefarben bis hellbraun gefärbt sein; seine zottige Behaarung kann verschieden stark ausgeprägt sein. Der Stiel, der zuerst voll und später hohl ist, tritt in den gleichen Farbtönen auf wie der Hut. Die Lamellen sind cremefarben bis fleischrötlich.

Standort: Dieser häufig vorkommende Pilz ist, wie schon der Name andeutet, ausschließlich unter Birken anzutreffen.

Erscheinungszeit: August bis Oktober.

Ähnliche Arten: Der etwas seltener vorkommende **Flaumige Moormilchling** *(Lactarius pubescens)* ist dem Birkenreizker sehr ähnlich, hat aber einen etwas kleineren, helleren und ungezonten Hut; auch diese Art ist unter Birken zu finden.

Synonym: *Agaricus torminosus.*

Vergiftungsgefahr: Nach herkömmlichen Rezepten zubereitet, verursacht dieser Pilz schwere Magen-Darm-Beschwerden.

Fichtenreizker *(Lactarius deterrimus)*
Von dem sehr ähnlichen **Echten Reizker** unterscheidet sich der Fichtenreizker durch seine karottenfarbene Milch, die sich an der Luft nach kurzer Zeit weinrot verfärbt, sowie durch den leicht bitteren Geschmack. Der trichterförmige Hut ist orangefarben mit grünlichen Tönen. Der Stiel ist zylindrisch, bisweilen wasserfleckig, anfangs voll, bald aber hohl. Die dicht stehenden Lamellen sind orangeockerfarben und zeigen bei Verletzung grüne Flecken. Dieser häufigste Vertreter der Reizker gilt nicht als hochwertiger Speisepilz.

Mohrenkopf *(Lactarius lignyotus)*
Der dünnfleischige Hut (2-7 cm) kann in unterschiedlichen Brauntönen gefärbt sein; er ist zuerst kegelig, dann buckelig gewölbt und schließlich ausgebreitet, wobei er vor allem zum Rand hin eine runzelige Oberfläche aufweist. Der im Alter hohl werdende Stiel ist zylindrisch und relativ lang, wobei die Spitze runzelig ist. Die Lamellen sind dicht stehend und herablaufend. Das Fleisch ist weiß, an der Luft etwas gerötet; es erzeugt eine milde weiße Milch mit leicht bitterem Nachgeschmack. Dieser Pilz ist nicht genießbar.

Milder Milchling *(Lactarius mitissimus)*
Der orangefarbene Hut (2-6 cm) fühlt sich bei feuchtem Wetter etwas schmierig an und ist anfangs konvex, später flach ausgebreitet und in der Mitte gebuckelt, im Alter vertieft. Der beim alten Pilz hohle Stiel ist von gleicher Farbe wie der Hut. Die dicht stehenden Lamellen sind blassocker gefärbt. Die Milch ist weiß und sehr mild, das weiße Fleisch ist zunächst starr, später schwammig und schmeckt leicht nussartig. Der Milde Milchling ist in Nadelwäldern anzutreffen, er ist ungenießbar.

Olivbrauner Milchling *(Lactarius turpis)*
Der grünlich gefärbte Hut (8-20 cm) ist hart und sehr fleischig, in der Mitte flach niedergedrückt und am Rand etwas filzig; seine Oberfläche ist glatt und klebrig schleimig und oft von bruchstückhaftem Pflanzenmaterial oder Erde bedeckt. Der stämmige Stiel weist rundliche Gruben auf. Die dicht stehenden Lamellen sind dünn und laufen etwas am Stiel herab. Das feste Fleisch enthält einen weißen, sehr scharfen Milchsaft. Der Olivbraune Milchling, auch **Tannenreizker** genannt, ist ungenießbar.

Grasgrüner Täubling • Russula aeruginea

Visitenkarte

Hut
Ø 4-9 cm; grün
Stiel
4-8 cm; weiß
Lamellen
cremefarben
Fleisch
weiß
Geruch
keiner
Geschmack
etwas scharf
Sporen
cremefarben
Standort
unter Birken
Genießbarkeit
gut, aber nur kleine Mengen

Der Hut ist zunächst gewölbt, später flach bzw. trichterförmig, mit glattem bzw. leicht gerieftem Rand. Die grünliche, in der Mitte etwas dunkler getönte Huthaut ist radialaderig durchzogen und etwas klebrig. Der Stiel ist gleichmäßig dick, eher kurz und glatt. Die dicht stehenden Lamellen sind am Stielansatz oft gegabelt und ein wenig am Stiel herablaufend. Das feste, aber brüchige weiße Fleisch ist geruchlos und von mildem, in den Lamellen etwas scharfem Geschmack.

Farbveränderung: Der Hut ist stets einheitlich blass- bis hellgrün, bisweilen auch olivgrün gefärbt. Die Lamellen sind zunächst blass cremefarben, später buttergelb gefärbt.

Standort: Dieser Täubling ist fast ausschließlich unter Birken anzutreffen, in seltenen Fällen auch unter Fichten.

Erscheinungszeit: Juli bis Oktober.

Ähnliche Arten: Der Grasgrüne Täubling ist leicht mit den grün gefärbten Vertretern des **Frauentäublings** *(Russula cyanoxantha)* zu verwechseln, der als ausgezeichneter Speisepilz bekannt ist.

Speisewert: Der Grasgrüne Täubling gilt als essbarer Pilz, sollte aber nur in kleinen Mengen in Pilzmischgerichten verwendet werden; in größeren Mengen genossen, kann er Übelkeit und Erbrechen hervorrufen.

Harter Zinnobertäubling • Russula lepida

Visitenkarte

Hut
Ø 4-12 cm; zinnoberrot
Stiel
3-7 cm; weiß
Lamellen
cremefarben
Fleisch
weiß
Geruch
obstartig
Geschmack
bitter
Sporen
cremefarben
Standort
Laub-, Nadelwald
Genießbarkeit
mittelmäßig

Der Hut ist anfangs halbkugelig, dann immer flacher, aber nie niedergedrückt. Der Hutrand ist glatt, beim jungen Pilz noch eingerollt, später bisweilen gelappt. Die Huthaut ist glatt, trocken und samtig. Der zylindrische, bisweilen an der Basis leicht verdickte Stiel ist voll, sehr hart, aber eher brüchig. Die dicht stehenden Lamellen sind nicht allzu breit und sehr brüchig. Das trockene, harte Fleisch des Pilzes ist eher brüchig und hat einen obstartigen Geruch sowie einen leicht bitteren Geschmack, der an Bleistiftholz erinnert.

Farbveränderung: Die Färbung des Hutes bewegt sich zwischen Zinnober- und Karminrot, wobei in der Mitte stets ein kräftigerer Farbton zu erkennen ist. Die Huthaut kann an einzelnen Stellen weiß oder gelblich ausbleichen. Der im allgemeinen weiße Stiel kann rosa oder rot getönt sein. Die cremefarbenen Lamellen lassen bisweilen grünlich braune Tönungen erkennen.

Standort: Der Zinnobertäubling kommt recht häufig in Nadel- und Laubwäldern vor, nicht selten unter Buchen.

Erscheinungszeit: Juli bis September.

Ähnliche Arten: Der Zinnobertäubling kann leicht mit anderen rot gefärbten Täublingen verwechselt werden.

Speisewert: Dieser Pilz kommt als Speisepilz kaum in Frage, da er sehr hart und nicht sehr schmackhaft ist.

Weinbrauner Lebertäubling

Russula alutacea

Der fleischige Hut tritt anfangs halbkugelförmig, später immer flacher auf, wobei er in der Mitte etwas niedergedrückt ist. Die Huthaut ist glatt, bei Regenwetter etwas schmierig. Der Stiel ist zylindrisch bzw. nach oben leicht verjüngt; er ist fest und fleischig und von weißer Farbe, wobei an der Basis rötliche Flecken zu sehen sind. Die Lamellen stehen nicht allzu dicht und laufen ein wenig am Stiel herab. Das weiße Fleisch ist fest, schmeckt mild und verströmt einen fruchtigen Geruch.
Farbveränderung: Der Hut kann violett, weinrot oder purpurrot bis hin zu purpurbraun gefärbt sein. Die Lamellen sind gelb bis ockergelb getönt.
Standort: Dieser Pilz ist in Laubwäldern weit verbreitet, insbesondere unter Buchen, wobei er Kalkböden bevorzugt.

Erscheinungszeit: Juli bis Oktober.
Ähnliche Arten: Hier ist vor allem der ebenfalls genießbare **Rotstielige Ledertäubling** *(Russula olivacea)* zu nennen.
Speisewert: Dieser gute Speisepilz ist für verschiedene Zubereitungsarten geeignet.

Visitenkarte

Hut
Ø 7-13 cm; violett
Stiel
4-8 cm; weiß
Lamellen
gelblich
Fleisch
weiß
Geruch
obstartig
Geschmack
mild
Sporen
weiß
Standort
Laubwald
Genießbarkeit
gut

Dickblättriger Schwärztäubling

Russula nigricans

Der Hut ist anfangs kugelig gewölbt mit kleiner nabelartiger Vertiefung, später flach mit eingerolltem Rand, beim alten Pilz trichterförmig vertieft. Die Huthaut ist glatt, bisweilen auch etwas klebrig. Der Stiel ist fest und hart, zylindrisch geformt und an der Basis etwas verjüngt. Die dicken Lamellen stehen weit entfernt und sind von unterschiedlicher Länge. Das Fruchtfleisch ist hart und fest.
Farbveränderung: Der Hut - beim jungen Pilz noch weißgrau gefärbt - nimmt später eine dunkelbraune bis schwarze Farbe an. Der Stiel ist zunächst weiß und verfärbt sich schließlich von unten her graubraun bis schwärzlich. Die Lamellen sind anfangs elfenbeinfarben, später gelblich und zuletzt schwarzgrau. Bei Verletzung verfärben sie sich grau, manchmal auch rosa. Das weiße Fleisch läuft bei Druck oder Verletzung zunächst rötlich an und wird schließlich schwarz.

Weinbrauner Ledertäubling (Russula alutacea)   *Dickblättriger Schwärztäubling (Russula nigricans)*

Standort: Dieser Pilz tritt in kleinen Gruppen in Laub- und Nadelwäldern auf.
Erscheinungszeit: Juli bis Oktober.
Ähnliche Arten: Vom ungenießbaren **Schwarzanlaufenden Schwärztäubling** *(Russula albonigra)* unterscheidet sich dieser Pilz durch seine entfernter stehenden Lamellen.
Vorsicht! Der Dickblättrige Schwärztäubling ist zwar essbar, schmeckt aber nicht allzu gut und gilt deshalb allgemein als ungenießbar.

Visitenkarte

Hut
Ø 6-20 cm; braun
Stiel
4-8 cm; weiß
Lamellen
gelblich
Fleisch
weiß
Geruch
obstartig
Geschmack
mild
Sporen
weiß
Standort
Laub-, Nadelwald
Genießbarkeit
ungenießbar

Goldtäubling • Russula aurata

Visitenkarte

Hut
Ø 4-10 cm; orangerot

Stiel
4-8 cm; weiß

Lamellen
gelblich

Fleisch
weiß

Geruch
keiner

Geschmack
mild

Sporen
cremefarben

Standort
Laub-, Nadelwald

Genießbarkeit
gut

Der Hut ist anfangs kugelig, später unregelmäßig gewölbt bis flach bzw. sogar trichterförmig. Die Huthaut ist glatt, bei Feuchtigkeit oft schmierig glänzend und gelb bis orangefarben gefleckt. Der Hutrand, zunächst glatt, zeigt sich beim reifen Pilz leicht gerippt. Der feste, später schwammig weiche Stiel ist von zylindrischer Form, manchmal nach oben etwas verjüngt, während die Basis etwas keulig bzw. zugespitzt wirkt. Die ziemlich dicht stehenden Lamellen sind oft gegabelt sowie vorne und hinten abgerundet. Das weiße, unter der Huthaut gelbliche Fleisch ist hart und fest, dabei aber eher brüchig und zeigt einen milden Geschmack, aber keinen nennenswerten Geruch.

Farbveränderung: Der Hut ist orange- bis goldgelb gefärbt und weist leuchtend orange- bis rotfarbene Flecken auf, die bisweilen auf die gesamte Hutoberfläche ausgedehnt sein können. Auch einheitlich gefärbte gelbe und rote Exemplare sind zu finden. Der Stiel ist weiß bis gelblich getönt und lässt bisweilen bräunliche Flecken erkennen. Die Lamellen, die aderig miteinander verbunden sind, können creme- bis ockerfarben getönt sein und zeigen stets eine kräftig chromgelb gefärbte Schneide.

Standort: Der Goldtäubling ist in Laub- und Nadelwäldern anzutreffen, und zwar auf mehr oder weniger kalkhaltigen Böden, wo er einzeln oder in kleinen Gruppen auftritt.

Erscheinungszeit: Juli bis September.

Ähnliche Arten: Der Goldtäubling wird bisweilen mit dem **Kirschroten Speitäubling** *(Russula emetica)* verwechselt, der an seinem scharfen Geschmack erkennbar ist.

Speisewert: Der Goldtäubling gilt als schmackhafter Speisepilz, sollte aber gleich nach dem Sammeln verwertet werden, da er nicht lange haltbar ist.

Mit seinen kräftig gefärbten Hüten bringt der Goldtäubling viel Farbe in den Wald. Er ist darüber hinaus ein schmackhafter Speisepilz.

Russula coerulea • Buckeltäubling

Der Hut ist zunächst halbkugelig, später gewölbt bis ausgebreitet und mit einem brustwarzenförmigen Höcker versehen. Die Huthaut ist glatt und glänzend, oft mit breit gerieftem Rand. Der keulige Stiel ist nach oben leicht verjüngt und zeigt bisweilen eine zarte Längsstreifung; der junge Pilz weist eine feinflockige Stieloberfläche auf. Die Lamellen stehen gedrängt, später eher entfernt und sind häufig gegabelt. Das Fleisch ist brüchig, lässt einen obstartigen Geruch erkennen und schmeckt leicht bitter.
Farbveränderung: Die Färbung des Hutes bewegt sich zwischen Violett und Purpur, wobei der Buckel nahezu schwarz gefärbt ist. Die Lamellen sind zunächst weißlich, später hellgelb getönt.
Standort: Dieser seltene Pilz ist vor allem in Kiefernwäldern beheimatet, und zwar vorwiegend in höheren Lagen.
Erscheinungszeit: Juni bis Oktober.
Ähnliche Arten: Aufgrund der charakteristischen violetten Hutfarbe hebt sich der Buckeltäubling deutlich von den anderen Täublingen ab.

Buckeltäubling (Russula coerulea)

Rotstieliger Ledertäubling (Russula olivacea)

Visitenkarte

Hut
Ø 5-8 cm; violett
Stiel
5-8 cm; weiß
Lamellen
weißlich
Fleisch
weiß
Geruch
keiner
Geschmack
leicht bitter
Sporen
gelb
Standort
Nadelwälder
Genießbarkeit
ungenießbar

Rotstieliger Ledertäubling

Russula olivacea

Der fleischige Hut ist anfangs kugelig, später gewölbt bis ausgebreitet, bisweilen auch niedergedrückt. Der Rand ist beim jungen Pilz eingerollt, später unregelmäßig gewellt bzw. gelappt. Die Huthaut ist glatt und im allgemeinen trocken und zeigt eine wellig gemusterte Randzone, wo sich Weinrot und Olivgrün konzentrisch abwechseln. Der kräftige zylindrische Stiel zeigt eine leicht flockige Spitze. Er ist anfangs noch voll, wird aber mit der Zeit immer schwammiger. Die breiten, dicklichen Lamellen sind angewachsen bis buchtig. Das harte, aber brüchige Fleisch ist geruchlos und schmeckt mild bzw. leicht nussartig.
Farbveränderung: Der Hut kann olivgrün, braunviolett bis purpurrot und grünlich grau gefärbt sein. Der Stiel zeigt oft rosafarbene Tönungen. Die Lamellen sind zunächst hellgelb, später eher ockerfarben. Das Fleisch verfärbt sich an der Luft gelb.

Standort: Der Rotstielige Ledertäubling tritt meist in kleinen Gruppen in Laub- und Nadelwäldern auf.
Erscheinungszeit: Juli bis Oktober.
Speisewert: Der Rotstielige Ledertäubling ist ein guter Speisepilz.

Visitenkarte

Hut
Ø 6-18 cm; olivgrün bis purpur
Stiel
4-10 cm; weiß
Lamellen
gelblich
Fleisch
weiß
Geruch
keiner
Geschmack
mild
Sporen
ockerfarben
Standort
Laub-, Nadelwälder
Genießbarkeit
gut

Frauentäubling • Russula cyanoxantha

Visitenkarte

Hut
Ø 4-15 cm;
violett

Stiel
4-10 cm;
weiß

Lamellen
weißlich

Fleisch
weiß

Geruch
keiner

Geschmack
mild

Sporen
weiß

Standort
Laub- und Mischwald

Genießbarkeit
ausgezeichnet

Der feste, fleischige Hut ist anfangs kugelig, dann immer flacher bzw. leicht niedergedrückt oder flach genabelt, wobei der Rand zunächst eingerollt und später gelappt oder gewellt ist. Die glatte, glänzende Huthaut ist radialaderig durchzogen, was ihr ein perlmuttartiges Aussehen verleiht. Der stämmige, walzenförmige Stiel ist nach oben etwas verjüngt. Die dicht stehenden Lamellen sind weich und biegsam; sie sind schmal angewachsen und laufen beim älteren Pilz etwas am Stiel herab. Das mürbe, brüchige Fleisch ist geruchlos und schmeckt überaus mild.

Farb- und Formveränderung: Der Hut kann violett, grünlich, grau, aber auch ockergelb bis schwarz gefärbt sein, wobei stets grünlich violette Tönungen vorhanden sind. Der Stiel ist im allgemeinen weiß, kann aber oft auch violett getönt sein und sich von unten her rostartig verfärben. Er ist anfangs voll, wird dann aber zunehmend schwammig und schließlich teilweise oder völlig hohl. Die Lamellen sind weiß und zeigen bisweilen einen leichten lilafarbenen Schimmer. Das weiße Fleisch verfärbt sich an der Luft grau.

Standort: Der Frauentäubling ist recht häufig in Laub- und Mischwäldern anzutreffen, wo er vor allem unter Buchen zu finden ist. Er ist vom Flachland bis in höhere Lagen verbreitet.

Erscheinungszeit: Juli bis Oktober.

Ähnliche Arten: Der Frauentäubling ist leicht an der purpurnen Farbe des Fleisches direkt unter der Huthaut zu erkennen. Ähnliche Pilze sind der **Graugrüne Täubling** *(Russula grisea)* sowie der **Grasgrüne Täubling** *(Russula aeruginea),* die beide essbar, wenn auch nicht von hoher Qualität sind.

Speisewert: Der Frauentäubling ist ein sehr guter Speisepilz, der sich für viele Zubereitungsarten eignet.

Der Hut des Frauentäublings ist zwar häufig violett getönt, kann aber auch in vielen anderen Farben auftreten. Der Speitäubling (Russula emetica), *der auf der folgenden Seite abgebildet ist, bildet einen immer flacher werdenden Hut, der beim alten Pilz sogar niedergedrückt ist.*

Kirschroter Speitäubling

Russula emetica

Visitenkarte

Hut
Ø 4-10 cm;
rot

Stiel
4- 8 cm;
weiß

Lamellen
weiß

Fleisch
weiß

Geruch
obstartig

Geschmack
scharf

Sporen
weiß

Standort
Hochmoore,
Nadelwälder

Giftigkeit
GIFTIG

Der Hut ist anfangs gewölbt und wird dann zunehmend flacher und schließlich niedergedrückt, wobei vor allem reifere Exemplare einen gerieften Rand aufweisen. Die gut abziehbare Huthaut ist glatt, glänzend und bei feuchtem Wetter etwas schmierig. Der harte zylindrische Stiel weist manchmal eine verdickte, manchmal aber auch eine etwas schmäler werdende Basis auf. Bisweilen hat er eine aderig runzelige Oberfläche. Die breiten, nicht sehr dicht stehenden Lamellen sind oft gegabelt und fast frei oder abgerundet am Stiel angewachsen. Das schwammige, saftige Fleisch lässt einen leicht obstartigen Geruch erkennen, schmeckt aber überaus scharf.

Farbveränderung: Die Färbung des Hutes bewegt sich zwischen Zinnober- und Blutrot, wobei ältere Exemplare etwas blassere Tönungen zeigen. Der Stiel ist zunächst weiß, nimmt aber im Lauf der Zeit vor allem an der Basis einen gelblichen Farbton an. Die Lamellen sind zunächst weiß mit grünlich gelben Tönungen und verfärben sich im Lauf der Zeit gelblich. Das Fleisch nimmt mit zunehmender Reife einen rosaroten Farbton an.

Standort: Der Speitäubling ist besonders in Hochmooren sowie in torfmoosreichen Nadelwäldern beheimatet, wo er vor allem unter Fichten auftritt.

Erscheinungszeit: Juli bis November.

Ähnliche Arten: Dieser Pilz kann eventuell mit dem etwas kleineren **Wechselfarbigen Speitäubling** *(Russula fragilis)* verwechselt werden, der auf Grund seines scharfen Geschmacks ebenfalls ungenießbar ist.

Vergiftungsgefahr: Der Kirschrote Speitäubling ist giftig, kommt aber auf Grund seines scharfen Geschmacks ohnehin nicht als Speisepilz in Frage.

Gallentäubling • Russula fellea

Visitenkarte

Hut
Ø 4-10 cm; ockergelb
Stiel
4-6 cm; ockergelb
Lamellen
ockergelb
Fleisch
weiß
Geruch
obstartig
Geschmack
scharf
Sporen
cremefarben
Standort
Laubwald
Genießbarkeit
ungenießbar

Der feste, fleischige Hut ist anfangs halbkugelig, dann flach bis trichterförmig, oft auch mit einem kleinen flachen Höcker versehen. Der Rand ist entweder glatt oder kammartig gerieft. Die Huthaut ist glänzend und bei feuchtem Wetter schmierig. Der glatte ockergelbe Stiel ist anfangs voll, später völlig hohl und von zylindrischer Gestalt, bisweilen auch leicht nach oben verjüngt. Die relativ dicht stehenden, schmalen Lamellen sind bisweilen gegabelt. Das weiße Fleisch ist eher spröde und lässt einen süßlich obstartigen Geruch erkennen, während der Geschmack überaus scharf ist.
Farbveränderung: Der ockerfarbene Hut zeigt bisweilen rötliche Flecken von unterschiedlicher Größe. Bei älteren Exemplaren nimmt auch das Fleisch einen gelblichen Farbton an.
Standort: Der häufig vorkommende Gallentäubling ist in Laubwäldern beheimatet, wo er mit Vorliebe unter Buchen und Eichen wächst.
Erscheinungszeit: September bis November.
Ähnliche Arten: Der Gallentäubling kann unter Umständen oft mit dem **Ockergelben Täubling** *(Russula ochroleuca)* verwechselt werden, der eine etwas dunklere Hutfarbe aufweist.

Speisetäubling (Russula vesca)　*Gallentäubling (Russula fellea)*

Speisetäubling • Russula vesca

Visitenkarte

Hut
Ø 6-10 cm; fleischrot
Stiel
3-10 cm; weiß
Lamellen
weißlich
Fleisch
weiß
Geruch
geruchlos
Geschmack
nussartig
Sporen
weiß
Standort
Laub-, und Nadelwald
Genießbarkeit
gut

Der Hut ist anfangs halbkugelig, später flach ausgebreitet bzw. niedergedrückt. Die Huthaut ist am Rand oft etwas zurückgezogen; sie ist glatt und bei Feuchtigkeit etwas klebrig. Der kurze Stiel ist zylindrisch oder nach unten leicht verjüngt; er ist netzartig gerunzelt oder fein gestreift. Die dicht stehenden Lamellen sind am Stiel angewachsen oder etwas herablaufend. An den Schneiden sind besonders bei älteren Exemplaren oft rostfarbene Flecken zu erkennen. Das feste, harte Fleisch ist geruchlos und zeigt einen nussartigen süßen Geschmack.
Farb- und Formveränderung: Der Hut ist von fleischroter Farbe, wobei die Mitte durch violette bis bräunliche Tönungen stets etwas dunkler ist. Der Stiel ist anfangs voll, später eher schwammig; er ist im allgemeinen weiß, zeigt aber häufig gelbe bis rostbraune Flecken. Die weißlichen Lamellen sind bisweilen grünlich gelb getönt. Das weiße Fleisch lässt ebenfalls häufig rostfarbene Flecken erkennen.
Standort: Der recht häufige und weit verbreitete Speisetäubling ist in Laub- und Nadelwäldern gleichermaßen beheimatet.
Erscheinungszeit: Juli bis Oktober.
Ähnliche Arten: Der Speisetäubling ist kaum mit anderen Pilzen zu verwechseln.
Speisewert: Der Speisetäubling ist recht schmackhaft und unter anderem auch zum Trocknen gut geeignet.

Russula foetens • Stinktäubling

Der dickfleischige Hut ist anfangs halbkugelig, später gewölbt bis flach oder leicht niedergedrückt; der Hutrand ist stark kammartig gerieft bzw. gerippt. Die Huthaut ist glatt und glänzend, in feuchtem Zustand etwas klebrig. Der stämmige Stiel ist zylindrisch bis bauchig geformt und weist eine körnige bzw. gestreifte Oberfläche auf. Die anfangs gedrängt stehenden Lamellen sind oft gegabelt und aderig miteinander verbunden. Sie sind nicht am Stiel angewachsen und zeigen oft bernsteinfarbene Wassertropfen, die beim Eintrocknen dunkle Flecken bilden. Das brüchige Fleisch verströmt einen abstoßenden süßlich öligen Geruch und schmeckt bitter bis scharf.

Farb- und Formveränderung: Der Hut ist ockergelb gefärbt, wobei die Mitte stets dunkler getönt ist und rötlich braune Flecken aufweisen kann. Die Lamellen sind anfangs noch weißlich, später gelblich; bei Berührung verfärben sie sich bräunlich. Der Stiel ist zunächst voll, wird aber mit der Zeit völlig hohl. An der Luft nimmt das Fleisch einen braunen Farbton an.

Standort: Der Stinktäubling ist recht häufig in feuchten Laub- und Nadelwäldern anzutreffen, wo er stets in Gruppen auftritt.

Erscheinungszeit: August bis Oktober.

Ähnliche Arten: Schon allein durch seinen Geruch ist dieser Pilz kaum zu verwechseln.

Visitenkarte

Hut
Ø 4-15 cm;
ockerfarben

Stiel
4-8 cm;
weißlich

Lamellen
weißlich

Fleisch
weiß

Geruch
süßlich ölig

Geschmack
scharf

Sporen
weiß

Standort
Laub-,
Nadelwald

Genießbarkeit
ungenießbar

Russula mustelina • Wieseltäubling

Der feste, fleischige Hut ist anfangs halbkugelig, später gewölbt bis flach mit vertiefter Mitte. Der Hutrand ist glatt oder leicht gerieft und beim jungen Pilz noch eingerollt. Die Huthaut ist im trockenen Zustand glanzlos und matt, bei Feuchtigkeit aber schmierig glänzend. Der stämmige Stiel ist von zylindrischer oder knollig bauchiger Gestalt und weist eine faltig zusammengezogene Basis auf. Die Lamellen stehen relativ dicht, sind buchtig an den Stiel angewachsen und mit gelegentlichen kürzeren Zwischenlamellen durchsetzt.

Farbveränderung: Die Färbung des Hutes reicht von Ockerfarben bis Rötlich, wobei oft hellere bzw. dunklere Flecken zu sehen sind. Der weißliche bis gelbliche Stiel verfärbt sich im Alter rostfarben, wobei an der Spitze rötliche Tönungen auftreten. Die cremefarbenen Lamellen zeigen im Alter rötlich braune Flecken. Auch das weiße Fleisch nimmt nach und nach einen bräunlichen Farbton an.

Wieseltäubling (Russula mustelina) *Stinktäubling (Russula foetens)*

Standort: Der Wieseltäubling ist nur in Gebirgslagen anzutreffen, wo er vor allem in Fichtenwäldern beheimatet ist.

Erscheinungszeit: Juli bis September.

Ähnliche Arten: Der Wieseltäubling kann unter Umständen mit dem **Ockergelben Täubling** *(Russula ochroleuca)* verwechselt werden, dessen Hut einen helleren ockergelben Farbton aufweist.

Speisewert: Der Wieseltäubling gilt als guter Speisepilz.

Visitenkarte

Hut
Ø 4-14 cm;
bräunlich

Stiel
3-10 cm;
weiß

Lamellen
weißlich

Fleisch
weiß

Geruch
geruchlos

Geschmack
mild

Sporen
cremefarben

Standort
Nadelwald

Genießbarkeit
gut

Ledertäubling • Russula integra

Visitenkarte

Hut
Ø 6-15 cm; braun

Stiel
4-9 cm; weiß

Lamellen
weißlich

Fleisch
weiß

Geruch
schwach obstartig

Geschmack
mild

Sporen
gelb

Standort
Nadelwald

Genießbarkeit
gut

Der festfleischige Hut ist anfangs glockig gewölbt, später zunehmend ausgebreitet oder gar niedergedrückt. Der Rand ist schon frühzeitig breit gerieft und wölbt sich mit der Zeit etwas nach oben. Die Huthaut tritt zumeist schmierig und glänzend auf. Der harte zylindrische Stiel lässt oft feine Runzeln erkennen. Die dicht stehenden Lamellen sind abgerundet am Stiel angewachsen bzw. fast frei und am Grund queraderig miteinander verbunden. Das harte und feste Fleisch riecht schwach obstartig und schmeckt mild.

Farb- und Formveränderung: Der Hut kann dunkelbraun, gelblich braun, braunviolett bis olivgelbbraun gefärbt sein. Der anfangs volle, später schwammige und schließlich hohle Stiel ist zunächst weiß und nimmt mit der Zeit einen gelblich braunen Farbton an. Die Lamellen sind anfangs weiß, später zunehmend gelblich getönt. Auch das Fleisch verfärbt sich nach und nach gelblich.

Standort: Der Ledertäubling ist vor allem in höher gelegenen Nadelwäldern unter Fichten und Tannen recht häufig zu finden.

Erscheinungszeit: August bis Oktober.

Ähnliche Arten: Der Ledertäubling kann leicht mit einigen scharf schmeckenden Täublingen verwechselt werden; große Ähnlichkeit besteht mit dem **Weinroten Ledertäubling** *(Russula alutacea)*, der ebenfalls als guter Speisepilz gilt.

Speisewert: Dieser gute Speisepilz ist vor allem für Pilzmischgerichte bestens geeignet.

Russula puellaris • Milder Wachstäubling

Der kleine brüchige Hut ist zunächst gewölbt, später dann flach und in der Mitte niedergedrückt. Der Rand ist schon frühzeitig gerippt. Die Huthaut ist lange schmierig glänzend und lässt sich bis zur Hälfte abziehen. Der zylindrische, nach oben etwas verjüngte Stiel ist im unteren Teil keulenförmig ausgebildet. Er ist überaus zerbrechlich. Die Lamellen stehen nicht allzu dicht beisammen und sind ebenfalls sehr brüchig. Das eher schwammige Fleisch riecht schwach obstartig und schmeckt mild.

Farbveränderung: Die Färbung des Hutes reicht von Violett über Purpur bis Rot, wobei der Farbton nie allzu kräftig ist. Der Stiel ist zunächst weiß und verfärbt sich nach und nach gelb, wobei er gelbbraun gefleckt sein kann. Die Lamellen können cremefarben bis ockergelb gefärbt sein.

Standort: Der Milde Wachstäubling ist häufig in Nadelwäldern, seltener auch in Laubwäldern anzutreffen.

Erscheinungszeit: Juli bis Oktober.

Ähnliche Arten: Eine Verwechslungsmöglichkeit besteht mit dem **Vielfarbigen Täubling** *(Russula versicolor)* sowie mit dem **Glänzenden Täubling** *(Russula nitida)*.

Speisewert: Der Milde Wachstäubling gilt als ein Speisepilz von eher mittlerer Qualität.

Visitenkarte

Hut
Ø 3-5 cm; rotviolett

Stiel
3-7 cm; weiß

Lamellen
cremefarben

Fleisch
weiß

Geruch
schwach obstartig

Geschmack
mild

Sporen
gelb

Standort
Nadel- und Laubwald

Genießbarkeit
mittelmäßig

Purpurschwarzer Täubling
Russula atropurpurea

Der festfleischige Hut ist anfangs gewölbt, später flach bzw. breit niedergedrückt. Der Hutrand ist zuerst eingebogen, dann wellig bzw. buchtig verformt. Die glatte, glänzende Huthaut ist bei feuchten Bedingungen schmierig; sie ist nur im Randbereich abziehbar. Der starre weiße Stiel zeigt eine etwas faltige Oberfläche. Die breiten, nicht allzu dicht stehenden Lamellen sind abgerundet am Stiel angewachsen. Das brüchige Fleisch riecht schwach obstartig und hat einen milden Geschmack.

Farbveränderung: Der Hut ist purpurrot bis rotviolett gefärbt, wobei hie und da auch gelbbraune Flecken auftauchen können. Die Hutmitte ist stets dunkler gefärbt, bisweilen nahezu schwarz. Der Stiel ist anfangs weiß, später zunehmend gelblich getönt. Auch die Lamellen verfärben sich von Weiß zu Gelblich.

Standort: Der Purpurschwarze Täubling ist vorwiegend in Laubwäldern, insbesondere unter Eichen zu finden, bisweilen auch unter Buchen und Kiefern.

Erscheinungszeit: Juni bis Oktober.

Ähnliche Arten: Er kann mit dem giftigen **Kirschroten Speitäubling** *(Russula emetica)* verwechselt werden.

Speisewert: Gut gekocht ist dieser Pilz essbar.

Visitenkarte

Hut
Ø 4-10 cm; purpur

Stiel
3-6 cm; weiß

Lamellen
weiß

Fleisch
weiß

Geruch
obstartig

Geschmack
mild

Sporen
weiß

Standort
Laubwald

Genießbarkeit
mittelmäßig

Austernseitling • Pleurotus ostreatus

Visitenkarte

Hut
Ø 5-15 cm; grau mit violettem Stich

Stiel
3-6 cm; weiß

Lamellen
weiß

Fleisch
weiß

Geruch
angenehm

Geschmack
mild

Sporen
lilaweiß

Standort
Laubbäume

Genießbarkeit
gut

Der dickfleischige Hut ist anfangs gewölbt, später flach bis niedergedrückt und stets muschelförmig ausgebildet. Die Huthaut ist glatt, kahl und glänzend. Der kurze, dicke Stiel ist oft nach oben verbreitert und vor allem an der Basis haarig zottig überzogen. Sehr häufig ist der Stiel seitlich am Hut angesetzt. Die breiten, dicht stehenden Lamellen sind oft gabelig verzweigt und laufen kurz am Stiel herab. Das Fleisch ist beim jungen Pilz weich, später eher zäh; es schmeckt und riecht recht mild und angenehm.

Farb- und Formveränderung: Die Farbe des Hutes bewegt sich zwischen Dunkelgrau mit violetten Tönungen über Graubraun bis hin zu einem hellen lederbraunen Farbton beim älteren Pilz. Der Stiel ist kurz, kann aber des öfteren lediglich als Ansatz erkennbar sein. Die Lamellen sind von weißer Farbe, wobei sie zuerst eine cremefarbene, später eine elfenbeinfarbene Tönung annehmen.

Standort: Der Austernseitling tritt häufig büschelweise auf, wobei die einzelnen Fruchtkörper dachziegelartig übereinander liegen. In dieser Form ist er an Stümpfen und lebenden Stämmen von Laubbäumen, seltener auch an Nadelhölzern zu finden. Der Austernseitling wird im großem Umfang gezüchtet.

Erscheinungszeit: Spätherbst bis Frühling; es sind in der Regel zwei Wachstumsperioden zu beobachten, wobei die erste meist von September bis Dezember dauert und die zweite im Frühling einsetzt.

Ähnliche Arten: Vom Austernseitling sind einige Varianten bekannt, die oft auch als eigene Arten angesehen werden. Dem *Pleureotus ostreatus* besonders ähnlich ist *Pleurotus columbinus*, der ebenfalls als guter Speisepilz gilt.

KULINARISCHE HINWEISE

Der Austernseitling ist ein schmackhafter Speisepilz, der den Vorteil hat, dass er sehr leicht zu züchten ist. Er ist vor allem zum Braten und Dünsten hervorragend geeignet, nicht jedoch zum Trocknen. Man sollte vor der Zubereitung darauf achten, den zähen, holzigen Stiel zu entfernen.

Der Austernseitling gilt als beliebter Speisepilz, der noch dazu leicht gezüchtet werden kann.

Pluteus cervinus • Rehbrauner Dachpilz

Der braun gefärbte Hut ist anfangs glockig, später flach gewölbt bis ausgebreitet, oft mit niedrigem Höcker. Die glatte Huthaut ist mit feinen, eingewachsenen Radialfasern durchsetzt. Der zylindrische, an der Basis leicht verbreiterte Stiel ist in der Längsrichtung bräunlich gefasert und bisweilen auch stark gebogen. Die dicht stehenden Lamellen sind nicht am Stiel angewachsen. Das weiche weiße Fleisch schmeckt mild und riecht schwach nach Rettich.

Farbveränderung: Die Farbe des Hutes bewegt sich zwischen Dunkelbraun und Hell- bzw. Graubraun. Die anfangs weißen Lamellen nehmen mit der Zeit einen hellrosa Farbton an.

Standort: Der Rehbraune Dachpilz wächst auf Laub- und Nadelholzstrünken sowie auf Rindenresten, wo er zumeist einzeln, bisweilen aber auch in Büscheln auftritt.

Erscheinungszeit: Mai bis November.

Ähnliche Arten: Der Rehbraune Dachpilz wird bisweilen mit dem **Seidigen Dachpilz** *(Pluteus patricius)* sowie mit dem **Weißen Dachpilz** *(Pluteus pellitus)* verwechselt, die beide essbar sind. Der ebenfalls ähnliche **Graue Dachpilz** *(Pluteus salicinus)*, der schwach giftig ist, weist stets eine graue Hutfarbe auf.

Synonym: *Pluteus atricapillus.*

Speisewert: Der Rehbraune Dachpilz ist zwar essbar, geschmacklich aber von nicht sehr hoher Qualität.

Visitenkarte

Hut
Ø 6-12 cm; braun

Stiel
5-10 cm; weiß

Lamellen
weiß

Fleisch
weiß

Geruch
nach Rettich

Geschmack
mild

Sporen
rosa

Standort
Laub und Nadelholzstrünke

Genießbarkeit
mittelmäßig

Der Rehbraune Dachpilz wächst gerne auf allerlei Holzstrünken, bisweilen sogar auf Strohabfällen und Rindenresten.

Parasitischer Scheidling

Volvariella surrecta

Visitenkarte

Hut
Ø 3-6 cm; weißlich

Stiel
3-4 cm; weiß

Lamellen
weiß bis rosa

Fleisch
weiß

Geruch
süßlich

Geschmack
mild

Sporen
rosa

Standort
Blätterpilze

Genießbarkeit
ungenießbar

Der kleine dünnfleischige Hut ist anfangs kugelig, später gewölbt bis flach. Die glatte trockene Huthaut hat ein filzig wolliges Aussehen. Der stämmige Stiel ist nach oben leicht verjüngt und zeigt ebenfalls eine flaumig filzige Oberfläche. Die Volva (Scheide) teilt sich in zwei bis drei Lappen auf. Die dünnfleischigen Lamellen stehen ziemlich dicht, sind nicht am Stiel angewachsen und haben eine flockige Schneide. Das zarte weiße Fleisch ist mild im Geschmack.

Farbveränderung: Die Färbung des Hutes bewegt sich zwischen Weiß und Hellbraun. Die Lamellen sind anfangs weiß und verfärben sich mit der Zeit rosa.

Standort: Der Parasitische Scheidling wächst auf faulenden Blätterpilzen, u. a. auf dem **Nebelgrauen Trichterling** *(Lepista nebularis)* sowie verschiedenen Tricholoma-Arten.

Erscheinungszeit: August bis November.

Ähnliche Arten: Der Parasitische Scheidling ist schon allein durch seinen Standort unverwechselbar.

Synonym: *Volvariella loveana.*

Niedergedrückter Rötling

Entoloma rhodopolium

Visitenkarte

Hut
Ø 3-10 cm; grau

Stiel
5-10 cm; weißlich

Lamellen
weiß

Fleisch
weiß

Geruch
mehlartig

Geschmack
mild

Sporen
rosa

Standort
Laubwald

Giftigkeit
GIFTIG

Der dünnfleischige Hut ist anfangs gewölbt, später ausgebreitet und schließlich stark niedergedrückt, wobei in der Mitte ein niedriger Höcker auftaucht. Der Hutrand ist mit zunehmender Reife zart gerieft. Die glatte Huthaut zeigt einen seidigen Glanz. Der zylindrische Stiel ist an der Basis leicht zugespitzt; seine Oberfläche erscheint seidig gerieft. Die breiten Lamellen stehen nicht allzu dicht beieinander. Das weiche, wässrige Fleisch lässt einen leicht mehlartigen Geruch erkennen.

Farbveränderung: Die Färbung des Hutes bewegt sich zwischen Hellgrau, Olivgrau und Graugelblich. Der weiße Stiel kann ebenfalls mehr oder weniger grau getönt sein. Die anfangs weißen Lamellen verfärben sich nach und nach rosa bis rötlich braun.

Standort: Der Niedergedrückte Rötling ist vor allem in Laubwäldern beheimatet, wo er vorwiegend unter Buchen zu finden ist.

Erscheinungszeit: August bis Oktober.

Ähnliche Arten: Der Niedergedrückte Rötling wird bisweilen mit dem **Alkalischen Rötling** *(Entoloma nidorosum)* verwechselt, der an seinem ammoniakartigen Geruch zu erkennen ist.

Giftigkeit: Dieser Pilz ist giftig und kann mitunter erhebliche Magen-Darm-Beschwerden hervorrufen.

Entoloma clypeatum • Schildrötling

Der ziemlich fleischige, braun gefärbte Hut ist zunächst glockenförmig und später aufgeschirmt mit leichtem Höcker, wobei der Rand oft gewellt bis gelappt ist. Die Hutoberfläche ist glatt und oft seidig glänzend. Der lange kräftige Stiel ist gegen die Basis oft gekrümmt. Die eher entfernt stehenden Lamellen sind tief ausgebuchtet und mit einem Zähnchen am Stiel angewachsen. Das weiche, bräunliche Fleisch verströmt einen angenehmen Geruch und schmeckt mehlartig.

Farb- und Formveränderung: Die Färbung des Hutes bewegt sich zwischen Hell- und Dunkelbraun. Die Lamellen sind zunächst weiß und nehmen später einen schönen rosa Farbton an. Der Stiel ist anfangs voll, später zunehmend hohler.

Standort: Der Schildrötling wächst unter Pflaumen-, Apfel- und Birnbäumen, aber auch in Parkanlagen unter Eichen und Buchen, wo er oft in Gruppen auftritt.

Erscheinungszeit: April bis Juni.

Ähnliche Arten: Eine Verwechslungsmöglichkeit besteht mit dem **Niedergedrückten Rötling** sowie dem **Frühlingsrötling** *(Entoloma vernum)*, beides Giftpilze, deren Verzehr zu Übelkeit und Erbrechen führt.

Synonyme: Geflammter Rötling, *Rhodophyllus clypeatus*.

Speisewert: Der Schildrötling ist ein ausgezeichneter Speisepilz.

Visitenkarte

Hut
Ø 4-10 cm; braun

Stiel
6-12 cm; weißlich

Lamellen
rosa

Fleisch
weiß

Geruch
mehlartig

Geschmack
mehlartig

Sporen
rosa

Standort
Obstbäume

Genießbarkeit
ausgezeichnet

Entoloma sinuatum • Riesenrötling

Der derbfleischige Hut ist anfangs gewölbt und schließlich ausgebreitet bis flach mit stumpfem Höcker. Der Hutrand erscheint anfangs eingebogen, später wellig. Die glatte, seidig glänzende Huthaut wirkt feinschuppig. Der kräftige gelblich weiße Stiel ist zur Basis hin oft verdickt und zeigt eine faserige, bisweilen auch kleinschuppige Oberfläche. Die Lamellen sind ausgebuchtet und stehen einigermaßen dicht gedrängt. Das dichte weiße Fleisch des Pilzes lässt einen deutlichen Mehlgeruch erkennen.

Farb- und Formveränderung: Die Färbung des Hutes variiert von Silbergrau bis Hellbraun. Die Lamellen sind anfangs gelblich weiß und nehmen nach und nach eine lachsrosa Tönung an. Der anfangs noch volle Stiel wird mit der Zeit schwammig und schließlich hohl. Auf seiner weißen Oberfläche können sich gelbe Flecken zeigen. Das weiße Fleisch nimmt mit der Zeit einen gelblichen Farbton an.

Standort: Der Riesenrötling wächst in Laubwäldern, u. a. unter Eichen und Buchen.

Erscheinungszeit: Juli bis September.

Ähnliche Arten: Der Riesenrötling kann unter Umständen mit dem **Veilchenritterling** *(Lepista irina)* verwechselt werden, der einen stark süßlich aromatischen Geruch aufweist.

Synonyme: *Entoloma lividum*, *Entoloma eulividum*, *Entoloma fertile*, *Rhodophyllus sinuatus*.

Giftigkeit: Der Verzehr des Riesenrötlings führt recht rasch zu heftigen Durchfällen und Erbrechen. Die Vergiftung kann in besonders schweren Fällen sogar zum Tod führen.

Visitenkarte

Hut
Ø 6-20 cm; silbergrau

Stiel
4-14 cm; weiß

Lamellen
gelblich

Fleisch
weiß

Geruch
mehlartig

Geschmack
mehlartig

Sporen
rosa

Standort
Laubwald

Giftigkeit
GIFTIG

Gefleckter Risspilz • Inocybe maculata

Visitenkarte

Hut
Ø 2-7 cm; braun

Stiel
5-8 cm; weißlich

Lamellen
weißlich

Fleisch
weiß

Geruch
obstartig

Geschmack
keiner

Sporen
olivbraun

Standort
Laubwald

Genießbarkeit
ungenießbar

Der Hut des Pilzes ist anfangs spitzkegelig, dann eher glockig und schließlich ausgebreitet oder niedergedrückt, wobei er einen kräftigen Buckel aufweist. Der Hutrand ist beim jungen Pilz eingerollt, später häufig gelappt bzw. rissig aufgespalten. Die bräunlich gefärbte Huthaut zeigt besonders in der Mitte weißliche Flecken. Der zylindrische weiße Stiel ist oft an der Basis knollig verdickt und lässt in der Längsrichtung eine feine faserige Streifung erkennen. Die dicht stehenden Lamellen sind tief ausgebuchtet und stehen fast frei; an den Schneiden sind sie von hellerer, nahezu weißer Farbe. Das faserige und elastische Fleisch lässt einen leicht obstartigen Geruch erkennen.
Farbveränderung: Der Hut tritt in verschiedenen kastanienbraunen Farbtönen auf. Der Stiel ist anfangs weiß und nimmt mit der Zeit einen bräunlichen Farbton an. Die Lamellen sind zunächst weißlich und verfärben sich später zunehmend olivbraun. Das Fleisch ist an sich weiß, lässt aber im Stiel oft einen gelblichen Farbton erkennen.
Standort: Der Gefleckte Risspilz ist recht häufig in Laubwäldern anzutreffen, wo er bisweilen auch in größeren Gruppen auftritt.
Erscheinungszeit: Juli bis Oktober.
Ähnliche Arten: Hier ist vor allem der **Kegelige Risspilz** *(Inocybe fastigiata)* zu nennen, der mit seinem hohen Muscaringehalt ein äußerst gefährlicher Giftpilz ist.
Vorsicht: Der Gefleckte Risspilz ist ungenießbar und kann darüber hinaus mit einigen giftigen Risspilzen verwechselt werden.

Ziegelroter Risspilz • Inocybe patouillardii

Visitenkarte

Hut
Ø 3-9 cm; weiß/rötlich

Stiel
4-10 cm; weiß

Lamellen
rötlich weiß

Fleisch
weiß

Geruch
süßlich

Geschmack
unangenehm

Sporen
gelb

Standort
Laubwald, Parks

Giftigkeit
GIFTIG

Der Hut ist anfangs kegelig, dann glockig und schließlich ausgebreitet und mit breitem Höcker versehen. Die glatte, trockene Huthaut ist von seidigen Fasern überzogen. Ältere Exemplare sind oft vom Rand her eingerissen. Der stämmige Stiel ist zylindrisch, oft auch an der Basis knollig verdickt und zeigt eine faserige bzw. feingestreifte Oberfläche. Die dicht stehenden Lamellen besitzen eine feinflockige weiße Schneide. Das weiße Fleisch des Pilzes riecht süßlich obstartig und hat einen eher unangenehmen Geschmack.
Farbveränderung: Der Hut ist anfangs weißlich, später grau bis ockerfarben und zuletzt ziegelrötlich getönt. Der Stiel ist weiß, verfärbt sich aber bei Berührung rötlich; im Lauf der Zeit kann er verschiedene rötlich gelbe Farbtöne annehmen. Die Lamellen sind anfangs rötlich weiß getönt und verfärben sich später olivbraun. Das Fleisch lässt im Stiel einen rötlichen Farbton erkennen.
Standort: Der Ziegelrote Risspilz ist in Laubwäldern und Parkanlagen anzutreffen, wobei er Böden mit höherem Kalkgehalt bevorzugt.
Erscheinungszeit: Mai bis Juni.
Ähnliche Arten: Der Ziegelrote Risspilz kann unter Umständen mit anderen rötlich gefärbten Risspilzen verwechselt werden.
Synonyme: Mairisspilz, *Inocybe repanda, Inocybe lateraria.*
Giftigkeit: Der Ziegelrote Risspilz enthält viel Muscarin und ist somit hochgiftig; er ist aus diesem Grund ebenso wie die übrigen Risspilze zu meiden.

Inocybe lacera • Struppiger Risspilz

Der dünnfleischige Hut ist anfangs kegelig, bald aber breit gewölbt und mit einem kleinen niedrigen Höcker versehen. Die Huthaut erscheint schuppig bzw. faserig und trocken. Der dünne, faserige Stiel ist zylindrisch geformt, wobei die Basis leicht knollig ausgebildet sein kann. Die dünnen Lamellen stehen dicht gedrängt. Das faserige Fleisch lässt einen typischen mehlartigen Geruch erkennen.
Farbveränderung: Die Färbung des Hutes bewegt sich zwischen Graubraun und Dunkelbraun. Der Stiel ist an der Spitze weiß, nach unten hin graubraun bis braun. Die Lamellen sind zunächst weiß und nehmen mit der Zeit eine ockerfarbene Tönung an, wobei die Schneide weißlich gefärbt ist. Das Fleisch ist weiß, im Stiel jedoch rötlich getönt.

Standort: Der Struppige Risspilz wächst gern auf sauren Böden; er ist vor allem in höher gelegenen Nadelwäldern zu finden.
Erscheinungszeit: Mai bis November.
Ähnliche Arten: Hier sind vor allem der **Bittersüße Risspilz** *(Inocybe dulcamara)* sowie der **Dünenrisspilz** *(Inocybe impexa)* zu nennen.

Visitenkarte

Hut
Ø 1-3 cm; bräunlich
Stiel
2-4 cm; bräunlich
Lamellen
weißlich
Fleisch
weiß
Geruch
mehlartig
Geschmack
wenig ausgeprägt
Sporen
braun
Standort
Nadelwald
Giftigkeit
GIFTIG

Dunkelscheibiger Fälbling
Hebeloma mesophaeum

Der dünnfleischige Hut ist anfangs kegelig, später gewölbt und schließlich fast völlig flach, wobei der Rand durch weiße Velumreste wollig faserig überzogen ist. Die Huthaut ist glatt und leicht klebrig. Der zylindrische, bisweilen gekrümmte Stiel ist fast völlig hohl. Die Lamellen wirken schlaff und stehen eher gedrängt. Das weiche Fleisch hat einen rettichartigen Geruch und schmeckt leicht bitter.
Farbveränderung: Die Färbung des Hutes bewegt sich zwischen Hellbraun und Bräunlich Gelb, wobei die Mitte deutlich dunkler getönt ist. Der Stiel ist von weißlicher Farbe, wobei der untere Teil braun gefärbt ist. Das Fleisch ist im Hut weiß, an der Stielbasis hingegen bräunlich.

Standort: Dieser Pilz ist in Nadelwäldern anzutreffen.
Erscheinungszeit: September bis November.
Ähnliche Arten: Der Dunkelscheibige Fälbling wird bisweilen mit dem **Tonblassen Fälbling** *(Hebeloma crustuliniforme)* verwechselt.
Synonym: *Agaricus mesophaeus.*

Visitenkarte

Hut
Ø 2-4,5 cm; bräunlich
Stiel
4-7 cm; weißlich
Lamellen
bräunlich
Fleisch
weiß
Geruch
rettichartig
Geschmack
bitter
Sporen
braun
Standort
Nadelwald
Genießbarkeit
ungenießbar

Wurzelnder Fälbling

Hebeloma radicosum

Visitenkarte

Hut
Ø 7-15 cm; bräunlich

Stiel
10-15 cm; hellbraun

Lamellen
weiß

Fleisch
weißlich

Geruch
Bittermandeln

Geschmack
mild bis bitter

Sporen
ockerfarben

Standort
Buchenwälder

Genießbarkeit
ungenießbar

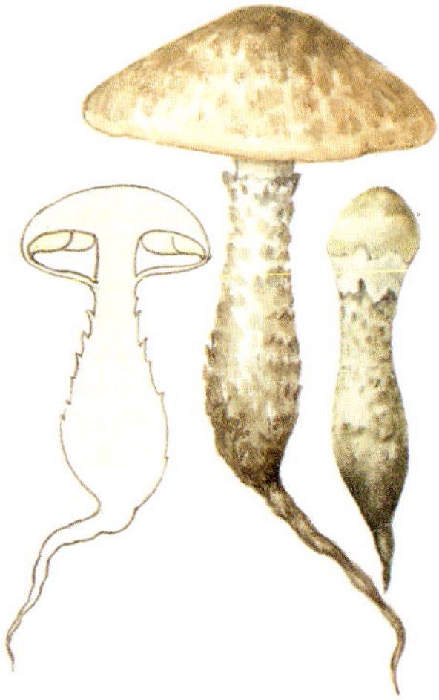

Der dickfleischige Hut ist anfangs halbkugelig gewölbt und später ausgebreitet. Der Hutrand ist beim jungen Pilz eingerollt und bisweilen noch mit Velumresten behangen. Die Huthaut zeigt im trockenen Zustand einen leichten Glanz, während sie bei feuchtem Wetter schleimig überzogen ist. Außerdem ist sie von eingewachsenen Schuppen dunkler gefleckt. Der volle, am Grund bauchige Stiel wurzelt spindelförmig in der Erde. Über dem Ring wirkt er flockig, darunter faserig bis schuppig. Der dickhäutige Ring ist von kreisförmig angeordneten Schuppen bedeckt. Die dicht stehenden Lamellen sind ausgebuchtet bzw. kaum am Stiel angewachsen. Das feste weißliche Fleisch verströmt einen starken Geruch nach Bittermandeln bzw. Marzipan, während der Geschmack zunächst mild, später aber leicht bitter ist.

Farb- und Formveränderung: Die Färbung des Hutes bewegt sich zwischen Tonfalb und Blassbraun. Die Lamellen sind anfangs weißlich und nehmen später einen kakaobraunen Farbton an. Der Stiel zeigt unter dem Ring eine mehr oder weniger grobschuppige Oberfläche.

Standort: Der Wurzelnde Fälbling ist besonders in Buchenwäldern beheimatet, wo er recht häufig an der Basis von Stämmen und Stümpfen zu finden ist.

Erscheinungszeit: Juli bis Oktober.

Ähnliche Arten: Der Wurzelnde Fälbling wird bisweilen mit dem **Kohlenschüppling** *(Pholiota carbonaria)* verwechselt, der jedoch bedeutend kleiner und ebenfalls ungenießbar ist.

Synonyme: Marzipanfälbling, *Pholiota radicosa*, *Myxocybe radicosa*.

Charakteristisch für diesen Pilz ist der spindelartig verlängerte Stiel, der gleich einer Wurzel (Name!) tief im Boden verankert ist.

Cortinarius praestans • Schleiereule

Der fleischige braune Hut ist anfangs halbkugelig, später gewölbt und schließlich flach. Der Hutrand ist bei jüngeren Exemplaren eingerollt, beim älteren Pilz ist er oft deutlich runzelig. Auf der Huthaut sind häufig noch weißviolette Hüllreste vorhanden. Bei feuchtem Wetter erscheint die Hutoberfläche schmierig und glänzend. Der stämmige, derb knollige Stiel besitzt eine faserige Struktur und ist von weißer, zum Hut hin eher blassvioletter Farbe. Der untere Abschnitt ist von bläulich seidigen Hüllresten bedeckt. Beim jüngeren Pilz ist stets ein dichter weißlicher Schleier *(Cortina)* in der Art eines Spinngewebes zu beobachten, der den Hut mit dem Stiel verbindet. Die fleischigen Lamellen stehen dicht gedrängt; sie verfügen über eine gekerbte Schneide und sind mit dem Stiel verwachsen. Das auffallend feste Fleisch des Pilzes ist unter der Huthaut von gelblich grauer Farbe, während es im Stiel eine bläuliche Tönung zeigt; es ist geruchlos und hat einen milden Geschmack.

Farb- und Formveränderung: Die Färbung des Hutes bewegt sich zwischen Braun und Rötlich Braun mit violetten Tönungen. Die Lamellen sind zunächst weißgrau bis blasslila gefärbt und nehmen mit der Zeit einen rostfarbenen bis schokoladebraunen Farbton an. Bemerkenswert ist die Gestalt des jungen Pilzes, bei dem der Hut knopfartig bzw. kugelig der dicken Stielknolle aufsitzt.

Standort: Die Schleiereule ist in Laubwäldern der mittleren bis höheren Lagen beheimatet, wobei der Pilz Kalkböden bevorzugt. Diese wärmeliebende Art ist in unseren Breiten nicht allzu häufig anzutreffen.

Erscheinungszeit: September bis Oktober.

Ähnliche Arten: Dieser Pilz gehört einer Gattung an, die eine Reihe von giftigen, bisweilen sogar tödlich giftigen Vertretern sowie viele ungenießbare Pilze enthält, u. a. den giftigen **Orangefuchsigen Raukopf** *(Cortinarius orellanus)*, aber auch den essbaren **Verfärbenden Schleimkopf** *(Cortinarius nemorensis)*.

Synonyme: Eulenauge, *Cortinarius berkeleyi.*

Vorsicht! Die Schleiereule gilt als guter Speisepilz und wird in manchen Gegenden auf eine Stufe mit dem Steinpilz gestellt. Wegen seiner Seltenheit sollte dieser Pilz aber geschont werden. Nicht zuletzt sollte man ihn auch wegen der Verwechslungsgefahr mit einigen giftigen Pilzen eher nicht sammeln.

Visitenkarte

Hut
Ø 6-30 cm; braun

Stiel
10-25 cm; weiß

Lamellen
gelblich

Fleisch
weiß

Geruch
geruchlos

Geschmack
mild

Sporen
ockerfarben

Standort
Laubwälder

Genießbarkeit
gut

Die Schleiereule, ein Pilz von beachtlichen Ausmaßen, tritt oft in Gruppen oder Hexenringen auf.

Orangefuchsiger Raukopf

Cortinarius orellanus

Visitenkarte

Hut
Ø 3-9 cm; orangebraun

Stiel
4-8 cm; rostbraun

Lamellen
rostbraun

Fleisch
gelblich

Geruch
rettichartig

Geschmack
mild

Sporen
ockerfarben

Standort
Laubwälder

Giftigkeit
TÖDL. GIFTIG

Der Hut dieses Pilzes ist anfangs gewölbt, später ausgebreitet und mit einem breiten Buckel versehen. Die orangefuchsige bis rötlich braune Huthaut erscheint faserig filzig bis feinschuppig, wobei ältere Exemplare oft auch kahl sein können. Bei ausgewachsenen Pilzen ist der Hutrand oft eingerissen. Der glatte, volle Stiel ist zylindrisch, an der Basis oft auch leicht verjüngt. Die dicken, breiten Lamellen stehen eher entfernt, wobei auch kürzere Zwischenlamellen vorhanden sind. Das blassgelbliche, an der Stielbasis eher bräunlich gefärbte Fleisch schmeckt mild und lässt im Anschnitt einen deutlichen Rettichgeruch erkennen.

Farbveränderung: Der Hut kann orangerot bis rotbraun gefärbt sein. Der Stiel ist anfangs gelb und verfärbt sich später zunehmend rostbraun. Die Lamellen sind zunächst blassorangegelb gefärbt und nehmen mit der Zeit einen orangerostbraunen bis zimtbraunen Farbton an.

Standort: Der sehr seltene Orangefuchsige Raukopf wächst vor allem in Laubwäldern mit eingestreuten Kiefern, wobei er oft unter Eichen zu finden ist. Er bevorzugt sandig saure Böden.

Erscheinungszeit: August bis Oktober.

Ähnliche Arten: Der Orangefuchsige Raukopf kann leicht mit anderen orange oder rötlich gefärbten Cortinarius-Arten verwechselt werden, u. a. mit dem **Rotschuppigen Raukopf** *(Cortinarius bolaris)*, dem **Blutroten Hautkopf** *(Cortinarius sanguineus)* und dem **Spitzgebuckelten Raukopf** *(Cortinarius speciosissimus)*.

Synonyme: Orangefuchsiger Hautkopf, *Cortinarius rutilans.*

Der eher seltene Orangefuchsige Raukopf gehört zu den giftigsten Pilzen überhaupt; die Vergiftungserscheinungen treten allerdings oft erst zwei Wochen nach dem Verzehr des Pilzes auf.

VERGIFTUNGSGEFAHR

Noch vor einigen Jahrzehnten galt dieser Pilz als völlig harmlos - mittlerweile hat er sich jedoch als hochgiftig herausgestellt, was auf seinen hohen Gehalt an Orellanin zurückzuführen ist, einem nierenschädigenden Gift, das auch bei hohen Temperaturen nichts von seiner Wirksamkeit einbüßt; es kann deshalb auch durch eine noch so lange Kochzeit nicht unschädlich gemacht werden. Die Vergiftungserscheinungen machen sich mitunter sehr spät, oft erst nach ein bis zwei Wochen bemerkbar - u. a. mit Magen-Darm-Beschwerden, Kopfschmerzen und Nierenschmerzen. Sehr oft endet eine solche Orellaninvergiftung tödlich.

Strohgelber Klumpfuß

Cortinarius elegantior

Der sehr fleischige und zähe Hut ist anfangs kugelig, später flach und schließlich leicht in der Mitte vertieft. Die Oberfläche zeigt sich glatt, glänzend bzw. schmierig und ist von stroh- bis goldgeber Farbe, wobei die Mitte etwas dunkler gefärbt ist. Der zitronengelbe Stiel ist eher stämmig und oben von einem zarten gelblichen Schleier (Cortina) umgeben. Die Stielbasis ist knollig verdickt. Die breiten Lamellen stehen dicht gedrängt. Das Fleisch ist fest, blassgelblich getönt und im Kern weißlich. Es ist geruchlos und hat einen milden Geschmack.

Farbveränderung: Der Hut kann ockergelb bis ockerbraun gefärbt sein. Die Lamellen zeigen sich bei jungen Exemplaren in grünlich gelber Farbe und nehmen mit der Zeit eine bräunliche Tönung an.

Standort: Der Strohgelbe Klumpfuß ist mitunter auch in großen Gruppen in Laub- und Nadelwäldern, insbesondere auf Kalkböden anzutreffen.

Erscheinungszeit: September bis Oktober.

Ähnliche Arten: Der Strohgelbe Klumpfuß kann mit dem giftverdächtigen **Dottergelben Klumpfuß** *(Cortinarius vitellinus)* und dem giftigen **Schöngelben Klumpfuß** *(Cortinarius splendens)* verwechselt werden.

Speisewert: Dieser Pilz ist genießbar, wenngleich er relativ geschmacklos ist.

Visitenkarte

Hut
Ø 4-12 cm; strohgelb

Stiel
5-10 cm; zitronengelb

Lamellen
strohgelblich

Fleisch
blassgelb

Geruch
geruchlos

Geschmack
mild

Sporen
rötlich

Standort
Laub-, Nadelwald

Genießbarkeit
mittelmäßig

Sägeblättriger Klumpfuß

Cortinarius multiformis

Der anfangs erhabene, später ausgebreitete Hut hat einen stumpfen Höcker und einen eingerollten Rand. Er ist von ockergelber bis ockerbrauner Farbe, wobei die Mitte dunkler gefärbt ist. Die Huthaut ist glatt, glänzend und etwas schmierig. Der Stiel ist sehr stämmig und an der Basis deutlich knollig verdickt. Die Lamellen sind dicht stehend, am Stiel angewachsen und von gelblich weißer Farbe. Das feste weiße Fleisch zeigt einen süßlich honigartigen Geruch sowie einen süßlichen Geschmack.

Farbveränderung: Die Färbung des Hutes kann zwischen Gelb und Ockerbraun variieren, wobei die Mitte immer etwas dunkler gefärbt ist. Die anfangs weißen Lamellen färben sich später ockergelb. Der weiße Stiel wird mit zunehmendem Alter an der Basis gelblich.

Standort: Der Sägeblättrige Klumpfuß wächst sehr gesellig vor allem in Nadelwäldern, vorwiegend unter Fichten und Kiefern. Er bevorzugt saure Böden.

Erscheinungszeit: August bis Oktober.

Ähnliche Arten: Der Sägeblättrige Klumpfuß kann mit dem **Bereiften Klumpfuß** *(Cortinarius allutus)* verwechselt werden.

Visitenkarte

Hut
Ø 4-10 cm; ockerfarben

Stiel
5-7 cm; weiß

Lamellen
weißlich

Fleisch
weiß

Geruch
honigartig

Geschmack
süßlich

Sporen
ockergelb

Standort
Nadelwälder

Genießbarkeit
mittelmäßig

Purpurfleckender Klumpfuß

Cortinarius purpurascens

Visitenkarte

Hut
Ø 5-15 cm; lederbraun

Stiel
5-12 cm; braunviolett

Lamellen
violett

Fleisch
violett

Geruch
schwach

Geschmack
mild

Sporen
rostbraun

Standort
Laub- und Nadelwälder

Genießbarkeit
ungenießbar

Der eher fleischige Hut ist anfangs halbkugelig, dann flacher und oft gebuckelt, wobei sich der Rand allmählich unregelmäßig gewellt zeigt. Die radial gestreifte braune Huthaut ist zum Rand hin deutlich heller gefärbt. Sie ist glatt und sehr schmierig. Der zylindrische Stiel ist recht stämmig und zeigt an der Basis eine deutliche abgerundete Knolle. Die Lamellen sind sehr dicht stehend, dünn und ausgebuchtet angewachsen. Außerdem sind kürzere Zwischenlamellen sichtbar. Das feste Fleisch zeigt einen milden Geruch und einen angenehmen Geschmack.
Farbveränderung: Der normalerweise lederbraune Hut kann auch graubraun gefärbt sein, wobei die Streifen verschieden stark entwickelt sein können. Die Lamellen sind violett und zeigen bei Verletzung eine tiefpurpurne Färbung. Der Stiel ist anfangs violett, später zunehmend bräunlich getönt. Das Fleisch ist violett, färbt sich jedoch beim Anschneiden bald purpurrot.
Standort: Dieser Pilz tritt in Gruppen auf und findet sich in Laub- und Nadelwäldern, vor allem unter Fichten und Rotbuchen. Im Gebirge kann er mitunter häufig sein, im Flachland tritt er eher selten auf.
Erscheinungszeit: September bis Oktober.
Ähnliche Arten: Der Purpurfleckende Klumpfuß ist dem **Blassvioletten Klumpfuß** *(Cortinarius largus)* sehr ähnlich, der ebenfalls ungenießbar ist.

Blutroter Hautkopf

Cortinarius sanguineus

Visitenkarte

Hut
Ø 3-6 cm; rot

Stiel
4-78 cm; rot

Lamellen
rot

Fleisch
rot

Geruch
rettichartig

Geschmack
bitter

Sporen
ockergelb

Standort
Nadelwälder

Giftigkeit
GIFTIG

Der anfangs glockenförmige Hut wird mit der Zeit immer flacher, wobei er mit radial verlaufenden Velumfasern bedeckt ist. Er ist glatt, trocken, seidig glänzend und hat eine lebhafte karminrote Färbung. Ein stumpfer Höcker erhebt sich in der Mitte des Hutes. Der ebenfalls karminrote Stiel ist sehr schlank und an der leicht verdickten Basis rosa oder gelblich umsponnen. Die karminroten Lamellen sind ziemlich breit und stehen eher entfernt. Das Fleisch ist blutrot gefärbt, wobei oberhalb der Lamellen und unter der Huthaut ein dunkelpurpurner Farbton vorherrscht. Es hat einen leicht bitteren Geschmack.
Farb- und Formveränderung: Die karminroten Lamellen können mit der Zeit eine ockergelbe Färbung annehmen, was auf die großen Mengen an Sporen zurückzuführen ist, die dort gebildet werden. Der Stiel ist mehr oder weniger hohl. Das Fleisch ist im allgemeinen karminrot, in der Stielbasis jedoch oft orange getönt.
Standort: Dieser nicht sehr häufige Pilz ist vor allem in der Nähe von Nadelholzstrünken zu finden.
Erscheinungszeit: August bis Oktober.
Ähnliche Arten: Dieser Pilz ist wegen seiner lebhaften Färbung kaum zu verwechseln.
Vergiftungsgefahr: Der Blutrote Hautkopf ist giftig und erzeugt Verdauungsstörungen, die mitunter einen sehr ernsten Verlauf nehmen können.

Cortinarius traganus • Lila Dickfuß

Der anfangs gewölbte Hut ist später dann zunehmend ausgebreitet und zeigt in der Jugend feinseidige Schuppen, die später jedoch verschwinden. In der Mitte des Hutes erhebt sich ein stumpfer Höcker. Der Stiel ist an der Basis keulig knollig verdickt und häufig mit fleckig violetten Hautstücken bedeckt. Die Lamellen stehen ziemlich entfernt. Das nicht sehr feste Fleisch ist gelbbräunlich gefärbt und hat einen unangenehm stechenden Geruch und einen leicht bitteren Geschmack.

Farbveränderung: Der Hut ist zunächst blasslila, später blassgelb bis rostfarben getönt. Die anfangs blassbraunen Lamellen zeigen später eine leder- bis rostbraune Färbung.

Standort: Der Lila Dickfuß ist unter Laub- und Nadelbäumen anzutreffen, wo er entweder einzeln oder in Gruppen auftritt.

Erscheinungszeit: August bis Oktober.

Ähnliche Arten: Der Lila Dickfuß sieht dem Bocksdickfuß sehr ähnlich, welcher ebenfalls ungenießbar ist

Visitenkarte

Hut
Ø 4-10 cm; blasslila

Stiel
6-10 cm; lila

Lamellen
blassbraun

Fleisch
blassgelb

Geruch
unangenehm stechend

Geschmack
leicht bitter

Sporen
ockergelb

Standort
Laub- und Nadelwälder

Genießbarkeit
ungenießbar

Ziegelgelber Schleimkopf

Cortinarius varius

Der anfangs kugelige Hut ist später flach gewölbt. Der Hutrand ist bisweilen eingerollt. Die Huthaut ist glatt und sehr schleimig. Der sehr stämmige, eher kurze Stiel ist an der Basis knollig verdickt. Die Lamellen sind ausgebuchtet und mit einem Zähnchen angewachsen. Auch Zwischenlamellen sind bisweilen zu sehen. Das Fleisch ist im Hut weiß, im Stiel gelblich und hat eine feste Konsistenz. Geruch und Geschmack dieses Pilzes sind kaum ausgeprägt.

Farbveränderung: Die Farbe des Hutes variiert zwischen Gelbbraun und Orange, wobei der Farbton zum Rand hin immer heller wird. Die Lamellen zeigen anfangs eine fliederfarbene, mit zunehmender Reife eine zimtfarbene Tönung.

Standort: Dieser Pilz ist vor allem in Nadelwäldern heimisch, insbesondere unter Fichten, wobei er Kalkböden bevorzugt.

Erscheinungszeit: August bis Oktober.

Ähnliche Arten: Der Ziegelgelbe Schleimkopf ist wegen des Kontrastes zwischen seinem gelben Hut und dem weißen bis fliederfarbenen Stiel kaum zu verwechseln.

Speisewert: Dieser Pilz ist essbar und wird bisweilen als recht guter Speisepilz angesehen.

Visitenkarte

Hut
Ø 8-12 cm; gelblich

Stiel
5-10 cm; weiß bis lila

Lamellen
violett

Fleisch
weiß

Geruch
geruchlos

Geschmack
mild

Sporen
rostbraun

Standort
Nadelwälder

Genießbarkeit
mittelmäßig

Violetter Schleierling

Cortinarius violaceus

Visitenkarte

Hut
Ø 6-15 cm; violett

Stiel
8-18 cm; violett

Lamellen
violett

Fleisch
violett

Geruch
Zedernholz

Geschmack
mild

Sporen
rostfarben

Standort
Laubwald

Genießbarkeit
mittelmäßig

Der sehr fleischige Hut ist anfangs halbkugelig, später breit gewölbt. Er ist von dunkelvioletter bis blauschwarzer Farbe. Die Huthaut ist mit feinen samtigen Schuppen besetzt. Der samtig faserige Stiel ist an der Basis verdickt. Er ist anfangs voll und wird mit zunehmender Reife immer hohler. Besonders bei jungen Exemplaren ist der hellviolette Schleier (Cortina) zwischen Hut und Stiel meist gut sichtbar. Die ausgebuchtet angewachsenen Lamellen stehen eher entfernt und sind am Grund oft aderig verbunden. Das weiche Fleisch zeigt eine violette, unter der Huthaut und im Stiel etwas dunklere Färbung. Es hat einen milden Geschmack und einen Geruch, der an Zedernholz erinnert.

Farbveränderung: Die Färbung des Hutes kann von Violett bis Blauschwarz reichen. Die Lamellen sind violett, werden mit zunehmender Reife jedoch purpurbraun.

Standort: Dieser eher seltene Pilz ist vor allem in feuchten Laubwäldern anzutreffen, gelegentlich auch unter Nadelbäumen.

Erscheinungszeit: August bis Oktober.

Ähnliche Arten: Dieser Pilz ist wegen seiner auffallenden violetten Färbung kaum zu verwechseln.

Speisewert: Der Violette Schleierling gilt als essbar, wenngleich von eher geringerem Wert. Auf Grund seiner Seltenheit sollte er geschont werden.

Braunvioletter Dickfuß
(Cortinarius anomalus)
Der Hut (3-7 cm) ist anfangs glockig, später ausgebreitet und zeigt auf Grund der angedrückten Faserschüppchen eine seidige Oberfläche, die von graubräunlicher bis violettbräunlicher Färbung ist. Der lange, schlanke Stiel ist violett gefärbt und durch feinste Faserschüppchen, die die Überreste der Gesamthülle darstellen, gelblich gegürtelt; an der Basis ist der Stiel weiß. Dieser Pilz ist im Herbst unter Laub- und Nadelbäumen anzutreffen, Speisewert unbekannt.

Geschmückter Gürtelfuß
(Cortinarius armillatus)
Der Hut (5-12 cm) ist von gelbbrauner, rostbrauner oder fuchsroter Färbung. Anfangs ist er glockig, später gewölbt, schließlich flach, mit einem großen Höcker in der Mitte. Die Huthaut ist glatt bzw. leicht filzig schuppig. Der schlanke Stiel zeigt eine knollige Basis und ist zinnoberrot gegürtelt. Die Lamellen sind am Stiel angewachsen. Das weiche Fleisch hat einen rettichartigen Geruch. Dieser Pilz wächst sowohl in Laub- als auch in Nadelwäldern. Er ist nicht essbar.

Bocksdickfuß
(Cortinarius camphoratus)
Der Hut (4-10 cm) ist anfangs gewölbt, später ausgebreitet und zeigt einen großen Höcker, wobei der Rand vom Velum überfasert ist. Die Färbung des Hutes variiert zwischen Schmutzig Weiß und Violett. Die Huthaut ist glatt, trocken und seidig glänzend. Der Stiel ist zylindrisch und an der Basis keulig verdickt. Das feste Fleisch hat einen abstoßenden Geruch nach faulenden Kartoffeln. Dieser ungenießbare Pilz ist in Laub- und Nadelwäldern beheimatet.

Zimtbrauner Hautkopf
(Cortinarius cinnamomeus)
Der dünnfleischige Hut (1-8 cm) zeigt sich anfangs gewölbt, später ausgebreitet und leicht gebuckelt, wobei er olivbraun oder rotbraun gefärbt ist. Der Rand ist bisweilen eingerollt. Die Huthaut ist trocken und mit feinen Schüppchen bedeckt. Der zylindrische Stiel ist von einer gelblichen Cortina überfasert. Das faserige Fleisch hat einen bitteren Geschmack. Dieser Pilz wächst häufig in Mischwäldern. Er ist schwach giftig (Verdauungsstörungen!).

Blaustieliger Schleimfuß
(Cortinarius collinitus)
Der anfangs glockig gewölbte Hut (3,5-10 cm) ist später ausgebreitet und zeigt einen leichten Höcker. Er hat eine klebrig schleimige Oberfläche und ist von gelb- bis rehbrauner oder dunkelrostbrauner Färbung. Der zylindrische, blau bis violett getönte Stiel ist natterig gebändert und ebenfalls schleimig. Das Fleisch ist weiß bis gelblich getönt. Dieser Pilz ist zwischen Juli und Oktober häufig in Fichten- und Kiefernwäldern anzutreffen und gilt als essbar.

Blassvioletter Klumpfuß
(Cortinarius largus)
Der klebrige Hut (3-12 cm) ist anfangs gewölbt und später ausgebreitet. Seine Oberfläche ist glatt oder leicht schuppig und anfangs blasslila, später lederbraun gefärbt. Der an der Basis verdickt Stiel ist anfangs violett, später weißlich oder blassbraun gefärbt. Das lilaweißliche Fleisch zeigt einen milden Geschmack sowie einen leicht süßlichen Geruch. Dieser ungenießbare Pilz ist zwischen August und Oktober in Laubwäldern, oft in der Nähe von Buchen, anzutreffen.

Blutblättriger Hautkopf
(Cortinarius semisanguineus)
Der anfangs gewölbte Hut (3-8 cm) ist später flacher ausgebreitet und leicht gebuckelt und zeigt eine olivbraune, in der Mitte oft dunklere bzw. rötliche Färbung. Der zylindrische Stiel ist im oberen Teil hellbraun gefärbt. Die Lamellen stehen sehr dicht gedrängt und sind blutrot gefärbt. Das Fleisch ist im Hut olivbraun getönt und hat einen leicht bitteren Geschmack. Dieser Pilz ist zwischen Juli und Oktober in Nadelwäldern sowie unter Buchen anzutreffen; er ist ungenießbar.

Natternstieliger Schleimfuß
(Cortinarius trivialis)
Der breite Hut (3-10,5 cm) ist anfangs kegelig gewölbt, später flacher und etwas gebuckelt. Die ziemlich schleimige Oberfläche ist von ockergelber bis dunkelbrauner Farbe. Der zylindrische, eher stämmige Stiel ist im oberen Teil weißlich, unten braun gefärbt und durch farblosen Schleim gebändert. Das feste Fleisch ist blassgelb bis bräunlich gefärbt und hat einen milden Geschmack. Dieser Pilz ist zwischen August und Oktober in Laubwäldern anzutreffen. Er ist ungenießbar.

Pholiota destruens • Pappelschüppling

Der sehr fleischige Hut ist anfangs halbkugelig, später dann gewölbt und zunehmend flacher. Der Hutrand ist bei den jungen Pilzen eingerollt und fransig behangen. Die Huthaut ist manchmal klebrig und mit weißen wolligen Schuppen überzogen. Der eher stämmige Stiel ist ebenfalls mit aufrecht stehenden Schuppen bedeckt und zeigt sich an der Basis knollig verdickt. Der flockige Ring ist eher vergänglich. Die breiten Lamellen stehen dicht gedrängt und sind an den Stiel angewachsen. Zwischenlamellen sind ebenfalls sichtbar. Das feste weiße Fleisch hat einen malzartigen Geruch und einen bitteren Geschmack.

Farbveränderung: Der Hut kann weißlich gelb bis ockerbräunlich gefärbt sein, wobei er in der Mitte immer etwas dunkler ist. Der Stiel zeigt stets einen helleren Farbton als der Hut. Die Lamellen sind anfangs weißlich und nehmen später eine zimtbraune Färbung an.

Standort: Dieser Pilz ist auf totem Laubholz, insbesondere an Pappeln, zu finden.

Erscheinungszeit: September bis November.

Ähnliche Arten: Der Pappelschüppling kann mit dem selteneren **Meerrettichschüppling** *(Pholiota heteroclita)* verwechselt werden, welcher jedoch einen kleineren faserigen Hut besitzt und stark nach Rettich riecht.

Synonyme: *Pholiota populnea, Pholiota comosa.*

Visitenkarte

Hut
Ø 6-20 cm; gelblich

Stiel
5-12 cm; weiß-gelblich

Lamellen
weiß

Fleisch
weiß

Geruch
malzartig

Geschmack
bitter

Sporen
dunkelbraun

Standort
auf Laubholz

Genießbarkeit
ungenießbar

Sparriger Schüppling

Pholiota squarrosa

Visitenkarte

Hut
Ø 3-10 cm; strohgelb

Stiel
6-14 cm; blassgelb

Lamellen
blassgelb bis zimtbraun

Fleisch
blassgelb

Geruch
rettichartig

Geschmack
rettichartig

Sporen
rostbraun

Standort
Laub-, Nadelwald

Genießbarkeit
ungenießbar

Der eher fleischige Hut ist anfangs halbkugelig, später etwas mehr ausgebreitet, wobei der Rand lange eingerollt bleibt. Ein mehr oder weniger kegeliger Höcker erhebt sich in der Hutmitte. Die blassstrohgelbe Huthaut ist sehr dicht mit sparrigen rotbraunen Schuppen besetzt. Der schlanke, oft gebogene Stiel ist oberhalb des Rings glatt und blassgelb, unterhalb dicht mit sparrigen Schuppen bedeckt. Der gut entwickelte Ring ist von strohgelber Farbe, oben glatt und unten schuppig. Die Lamellen stehen sehr dicht gedrängt und sind nicht sehr breit. Das zähe Fleisch ist von blassgelber Farbe, an der Stielbasis bisweilen rotbraun getönt. Geruch und Geschmack des Pilzes erinnern an Meerrettich.

Farbveränderung: Der Hutfarbe variiert zwischen Strohgelb und Gelbbraun. Der Stiel ist oberhalb des Rings blassgelb, darunter gelblich braun gefärbt. Die Lamellen sind anfangs blassgelb, später zimtbraun getönt.

Standort: Der Sparrige Schüppling tritt meist in dichten Büscheln am Fuß oder auf den Stümpfen von Laub- und Nadelbäumen auf.

Erscheinungszeit: September bis November.

Ähnliche Arten: Zumindest im Jugendstadium ist der Sparrige Schüppling dem **Honiggelben Hallimasch** *(Armillaria mellea)* sehr ähnlich.

Synonym: *Pholiota caperata.*

Der ungenießbare Sparrige Schüppling kann leicht mit dem Honiggelben Hallimasch verwechselt werden, welcher roh giftig, nach dem Kochen jedoch essbar ist.

Südlicher Ackerling

Agrocybe cylindracea

Der Hut ist anfangs halbkugelig, später flach gewölbt und schließlich niedergedrückt, wobei in der Mitte ein kleiner Höcker vorhanden sein kann. Der Rand ist zunächst eingerollt, später oft radial eingerissen. Die Huthaut ist glatt und trocken und zeigt einen seidigen Glanz; oft ist sie jedoch schon bei jungen Exemplaren grubig runzelig, wobei sie bei Trockenheit felderig aufbrechen kann. Der zylindrische Stiel ist eher schlank, häufig gebogen und längsfaserig. Er trägt einen dicken, oben gerieften Ring, der sehr weit oben angewachsen ist. Der Abschnitt zwischen Hut und Ring zeigt eine eher flockige Oberfläche. Die sehr dicht stehenden Lamellen sind schmal und bisweilen etwas herablaufend. Das weißliche Fleisch ist relativ fest und zeigt einen recht angenehmen Geruch und Geschmack.

Farbveränderung: Die Färbung des Hutes kann zwischen Schokoladebraun und Nussbraun variieren, wobei sich manchmal auch eine rötliche Tönung zeigt. Vor allem am Rand verblasst die Farbe jedoch zunehmend zu einem schmutzig weißen Farbton. Die Lamellen sind anfangs weißlich und nehmen mit zunehmender Reife zuerst eine gelbliche und schließlich eine tabakbraune Färbung an.

Standort: Dieser in Mitteleuropa eher seltene Pilz ist sehr wärmeliebend und tritt häufig büschelig an lebenden oder toten Laubholzstämmen, vorwiegend Pappeln, auf.

Erscheinungszeit: Mai bis Oktober.

Synonyme: *Agrocybe aegerita*, *Pholiota aegerita*.

Ähnliche Arten: Verwechslungsgefahr besteht mit dem **Samtigen Ackerling** *(Agrocybe firma)*.

Visitenkarte

Hut
Ø 3-10 cm; bräunlich

Stiel
4-15 cm; weißlich

Lamellen
weißlich

Fleisch
weiß

Geruch
angenehm

Geschmack
angenehm

Sporen
braun

Standort
Laubwälder

Genießbarkeit
ausgezeichnet

KULINARISCHE HINWEISE

Dieser ausgezeichnete Speisepilz eignet sich besonders als Beilage zu Fleischgerichten oder als Ragout mit Schweinefleisch. Auch in Öl oder Essig eingelegt schmeckt er hervorragend. Nicht zuletzt sei bemerkt, dass er sich auch zum Trocknen sehr gut eignet.

Voreilender Ackerling • Agrocybe praecox

Visitenkarte

Hut
Ø 3-6 cm; strohgelblich
Stiel
4-6 cm; weißlich gelb
Lamellen
weißlich
Fleisch
weiß
Geruch
mehlartig
Geschmack
leicht bitter
Sporen
braun
Standort
Mischwälder
Genießbarkeit
mittelmäßig

Der eher dünnfleischige Hut ist anfangs halbkugelig, später flach und breit gebuckelt. Die Huthaut zeigt sich glatt und seidig glänzend. Der sehr schlanke Stiel ist zylindrisch, anfangs voll, später hohl und zeigt an der Basis eine leichte Verdickung. Im oberen Abschnitt befindet sich ein häutiger Ring, der jedoch zumeist bald abfällt. Die schmalen Lamellen sind dicht stehend und ausgebuchtet angewachsen. Das weiche, faserige Fleisch hat einen mehligen Geruch und einen leicht bitteren Geschmack.
Farbveränderung: Die Färbung des Hutes kann zwischen Weißlich, Strohgelb und Ockergelb variieren. Die Lamellen sind lange weißlich, später nehmen sie eine tabakbraune Färbung an.
Standort: Dieser Pilz kommt recht häufig in Laub- und Mischwäldern, in Parkanlagen und Gärten vor.
Erscheinungszeit: Mai bis Juni.
Ähnliche Arten: Der Voreilende Ackerling kann mit dem essbaren **Rissigen Ackerling** *(Agrocybe dura)* verwechselt werden.
Synonyme: Früher Erdschüppling, *Pholiota praecox*, *Agaricus praecox*.
Speisewert: Der Voreilende Ackerling ist zwar essbar, aber geschmacklich von eher bescheidener Qualität. Da er außerdem sehr dünnfleischig ist, wird er als Speisepilz nicht sehr geschätzt.

Halbkugeliger Ackerling
Agrocybe semiorbicularis

Visitenkarte

Hut
Ø 1-3 cm; ockergelb
Stiel
2-4 cm; ockergelb
Lamellen
beige
Fleisch
ockergelb
Geruch
ranzig mehlig
Geschmack
wenig ausgeprägt
Sporen
rostbraun
Standort
Grasflächen
Genießbarkeit
ungenießbar

Der eher dünnfleischige Hut ist anfangs halbkugelig, später flach gewölbt. Die Huthaut zeigt sich bei feuchtem Wetter etwas klebrig schmierig. Der sehr dünne Stiel ist relativ elastisch und faserig, später zunehmend hohler. Die eher breiten Lamellen stehen sehr gedrängt. Das Fleisch lässt einen ranzig mehlartigen Geruch erkennen.

Farbveränderung: Die Färbung des Hutes kann zwischen Ockergelb und Hellbraun variieren. Der Stiel zeigt sich gelblich oder blassockerfarben und hat einen schwachen Glanz. Die Lamellen färben sich mit dem Alter rost- bzw. zimtbraun.
Standort: Grasige Waldstellen sowie auf Weiden und Wiesen.
Erscheinungszeit: Mai bis September.
Ähnliche Arten: Dieser Pilz kann mit dem **Glänzenden Ackerling** *(Agrocybe splendida)* verwechselt werden.
Synonyme: Halbkugeliger Erdschüppling, *Pholiota semiorbicularis.*

Omphalotus olearius • Ölbaumtrichterling

Der relativ dünnfleischige Hut ist anfangs gewölbt, später flach ausgebreitet und schließlich niedergedrückt, in manchen Fällen auch trichterförmig vertieft. Der Rand ist häufig eingerollt. Die Huthaut zeigt sich glatt, glanzlos und radial gestreift. Der zähe, etwas längsfaserige Stiel ist abwärts verjüngt. Der Anwuchs des Stieles an den Hut ist oft etwas leicht exzentrisch. Die schmalen Lamellen stehen dicht gedrängt und laufen deutlich am Stiel herab. In der Dunkelheit lassen sie oft ein gewisses Leuchten erkennen. Das Fleisch des Pilzes ist zäh und faserig.

Farbveränderung: Die Färbung des Hutes reicht von Gelb bis hin zu einem kräftigen Orange. Die auf Olivenbäumen wachsenden Exemplare zeigen eine rostbraune Färbung. Der Stiel ist orange bis fuchsbraun getönt. Die Lamellen sind von leuchtend goldgelber Farbe. Das Fleisch ist gelblich bis orange gefärbt.

Standort: Der Ölbaumtrichterling ist in den Mittelmeerländern sehr verbreitet, wo er meist büschelig auf Ölbäumen wächst. Darüber hinaus ist er auch auf den Stämmen, Strünken oder Wurzeln von Eichen und Edelkastanien zu finden. In Mitteleuropa ist er eher selten und nur an wärmebegünstigten Standorten anzutreffen.

Erscheinungszeit: Juli bis Oktober.

Ähnliche Arten: Der Ölbaumtrichterling sieht dem **Falschen Pfifferling** *(Hygrophoropsis aurantiaca)*, aber auch dem **Fuchsigen Röteltrichterling** *(Lepista inversa)* ähnlich.

Synonyme: Ölbaumpilz, *Pleurotus olearius*, *Clitocybe olearia*.

Vergiftungsgefahr: Schon bald nach dem Verzehr dieses Pilzes kommt es zu Erbrechen und Durchfall. Spätere leichte Leberschäden können nicht ausgeschlossen werden.

Visitenkarte

Hut
Ø 6-10 cm;
orangegelb

Stiel
5-15 cm;
orange

Lamellen
goldgelb

Fleisch
gelblich
bis orange

Geruch
nach Nadelholz

Geschmack
mild

Sporen
gelblich

Standort
Laubwälder

Giftigkeit
GIFTIG

Der giftige Ölbaumtrichterling wächst parasitisch oder saprophytisch mit Vorliebe an Ölbäumen und ist deshalb vor allem in den Mittelmeerländern beheimatet.

Kahler Krempling • Paxillus involutus

Visitenkarte

Hut
Ø 4-12 cm;
ockerfarben

Stiel
4-7 cm;
ockerfarben

Lamellen
blassocker

Fleisch
gelblich

Geruch
säuerl. fruchtig

Geschmack
säuerl. fruchtig

Sporen
ockerbraun

Standort
Laub- und Nadelwälder

Giftigkeit
GIFTIG

Der Hut ist anfangs gewölbt, später ausgebreitet und schließlich deutlich trichterförmig vertieft. Der Hutrand ist lange Zeit eingerollt. Die Huthaut ist bei feuchtem Wetter sehr schmierig, bei Trockenheit seidig glänzend. Der aufwärts verbreiterte Stiel ist voll und relativ stämmig; manchmal ist er auch leicht bereift. Die breiten Lamellen stehen dicht gedrängt und laufen am Stiel herab, wobei sie sich am Stielansatz gabeln. Sie lassen sich leicht vom Hutfleisch abtrennen. Das weiche, wässrige Fleisch hat einen säuerlich fruchtigen Geruch und einen leicht säuerlichen Geschmack.
Farbveränderung: Die Hutfarbe variiert zwischen Ockergelb und Olivbraun bis hin zu rotbraunen Farbtönen. Der Stiel hat meist die gleiche Farbe wie der Hut; außerdem ist er bisweilen dunkel gefleckt. Die Lamellen sind zunächst blassocker, dann rostbraun getönt. Bei Berührung laufen sie dunkelbraun an. Das gelbe Fleisch nimmt an der Luft einen braunen Farbton an.
Standort: Dieser verbreitete Pilz tritt meist in Gruppen in Laub- und Nadelwäldern, an moorigen Standorten, aber auch in Parkanlagen auf. Er ist auf humosem Boden oder an Stümpfen zu finden.
Erscheinungszeit: Juli bis Oktober.
Ähnliche Arten: Der Kahle Krempling kann mit einigen Milchlingen verwechselt werden, unterscheidet sich von diesen jedoch dadurch, dass er keine Milch absondert.
Vergiftungsgefahr: Ungenügend gekocht ruft der Kahle Krempling schwere Vergiftungen hervor. Aber auch bei sorgfältigem Abkochen kann es bei mehrmaligem Genuss zu schweren, mitunter tödlichen Vergiftungen kommen, wobei zwischen den Mahlzeiten unter Umständen auch mehrere Jahre liegen können.

Gut erkennbar auf diesem Bild sind die dicht gedrängten Lamellen des giftigen Kahlen Kremplings, welche am Stielansatz gegabelt sind.

Samtfußkrempling

Paxillus atrotomentosus

Der fleischige Hut ist anfangs gewölbt, später flach und schließlich trichterförmig vertieft. Der Rand ist eingerollt und häufig unregelmäßig gewellt. Die Huthaut zeigt sich glänzend und samtig. Der sehr stämmige Stiel hat eine braun- bis schwarzfilzige Oberfläche und ist an der Basis wurzelartig verlängert. Er ist leicht exzentrisch an den Hut angewachsen. Die Lamellen stehen sehr dicht gedrängt und laufen am Stiel herab. Sie sind häufig queraderig miteinander verbunden. Das schwammig weiche Fleisch hat einen säuerlichen Geruch und einen leicht bitteren Geschmack.

Farbveränderung: Die Färbung des Hutes reicht von Gelbbraun bis Dunkelbraun. Die Lamellen sind anfangs cremefarben, später ockergelb bis rostbraun getönt. An Druckstellen zeigen sie braune Flecken.

Standort: Der Samtfußkrempling wächst häufig auf abgestorbenen Nadelholzstrünken und -wurzeln, seltener findet man ihn auf modernden Edelkastanienstämmen.

Erscheinungszeit: Juli bis Oktober.

Ähnliche Arten: Dieser Pilz ist wegen seines braun- bis schwarzfilzigen Stiels kaum zu verwechseln.

Synoynm: *Agaricus jacobinus.*

Visitenkarte

Hut
Ø 10-25 cm; braun

Stiel
4-9 cm; braun/schwarz

Lamellen
cremefarben

Fleisch
weißlich

Geruch
säuerlich

Geschmack
leicht bitter

Sporen
rostbraun

Standort
Nadelwälder

Genießbarkeit
ungenießbar

Phylloporus rhodoxanthus • Goldkrempling

Der Hut ist anfangs halbkugelig, später flach und schließlich niedergedrückt. Der Hutrand ist oft unregelmäßig gewellt und eingerissen. Der stämmige zylindrische Stiel ist häufig gebogen und mitunter fein gestreift. Die breiten Lamellen stehen eher entfernt und laufen am Stiel herab. Sie sind oft mit Querwänden verbunden. Das dicke feste Fleisch ist geruchlos und hat einen angenehmen Geschmack.

Farbveränderung: Die Hutfärbung kann von Orangebraun bis Olivbraun reichen. Der anfangs gelbrötliche Stiel kann später eine bräunliche, an der Basis gelbgrünliche Färbung annehmen.

Standort: Dieser seltene Pilz ist in Laub- und Nadelwäldern, insbesondere auf sauren Böden anzutreffen.

Erscheinungszeit: Juli bis September.

Synonyme: Goldblatt, Blätterröhrling, *Paxillus paradoxus, Boletus paradoxus.*

Speisewert: Der Goldkrempling gilt als sehr guter Speisepilz, er sollte jedoch wegen seiner Seltenheit geschont werden.

Visitenkarte

Hut
Ø 3-10 cm; orange- bis olivbraun

Stiel
3-5 cm; gelbrötlich

Lamellen
goldgelb

Fleisch
gelblich

Geruch
keiner

Geschmack
angenehm

Sporen
olivgelb

Standort
Laub-, Nadelwald

Genießbarkeit
gut

Schiefknolliger Anischampignon

Agaricus abruptibulbus

Visitenkarte

Hut
Ø 8-12 cm; weiß
Stiel
10-14 cm; weiß
Lamellen
grau
Fleisch
weiß
Geruch
anisartig
Geschmack
mild
Sporen
braun
Standort
Nadelwald
Genießbarkeit
gut

Der Hut hat anfangs ein halbkugeliges Aussehen, später ist er aufgeschirmt bis flach mit stumpfem Höcker. Der hohle Stiel ist schlank und zylindrisch und hat eine typisch abgeplattete Knolle an der Basis, über der er etwas abgebogen ist. Der dünne häutige Ring ist an der Oberseite glänzend, unterseits mit flachen häutigen Schuppen bedeckt. Die Lamellen sind sehr gedrängt und frei, also nicht am Stiel angewachsen. Das anisartig riechende Fleisch ist weißlich gilbend im Hut und hellgrau im Stiel.
Farbveränderung: Auf Druck nimmt die weiße Huthaut sofort eine zitronengelbe Färbung an. Die Lamellen sind im Jugendstadium weißlich und nehmen später eine hellgraue bis dunkelbraune Farbe an.
Standort: Diesen häufig vorkommenden Pilz trifft man oft in kleinen Gruppen in Nadelwäldern, insbesondere in der Nähe von Fichten.
Erscheinungszeit: Juli bis Oktober.
Ähnliche Arten: Dieser Pilz kann mit dem tödlich giftigen **Weißen Knollenblätterpilz** verwechselt werden, von dem er sich aber durch die Verfärbung der Lamellen sowie den typischen Anisgeruch unterscheidet.
Speisewert: Dieser schmackhafte Speisepilz kann sogar roh als Salat gegessen werden.

Kleiner Blutegerling

Agaricus haemorrhoidarius

Visitenkarte

Hut
Ø 8-12 cm; braun
Stiel
3-5 cm; bräunlich
Lamellen
rosa bis dunkelbraun
Fleisch
weiß
Geruch
säuerlich
Geschmack
angenehm
Sporen
braun
Standort
Laub-, Nadelwald
Genießbarkeit
gut

Der Hut ist beim jungen Pilz kegelig, später zunehmend ausgebreitet und oft mit eingerissenem Rand. Die braune Huthaut ist von zahlreichen kleinen Schuppen bedeckt, die einen etwas dunkleren Farbton zeigen als der Untergrund. Der hohle Stiel hat eine schmutzig weiße samtige Oberfläche; an der Basis ist er mit einer kleinen Knolle versehen. Die dicht stehenden Lamellen sind nicht am Stiel angewachsen. Das weiße Fleisch hat einen leicht säuerlichen Geruch und einen angenehmen Geschmack.
Farbveränderung: Durch Reiben entsteht an der Oberhaut von Hut und Stiel eine kräftige rote Färbung. Die anfangs rosafarbenen Lamellen nehmen mit der Zeit einen dunkelbraunen Farbton an. Das Fleisch läuft beim Anschnitt rot an.
Standort: Der Kleine Blutegerling ist in Laub- und Nadelwäldern zu finden, wo er zumeist in Gruppen auftritt.
Erscheinungszeit: Juli bis Oktober.
Ähnliche Arten: Hier ist vor allem der **Waldchampignon** *(Agaricus sylvaticus)* zu nennen, der jedoch etwas kleiner ist.
Synonym: *Psalliota haemorrhoidaria.*
Speisewert: Der Kleine Blutegerling ist ein guter Speisepilz, der allerdings nicht allzu häufig anzutreffen ist.

Weißer Anischampignon

Agaricus arvensis

Der dickfleischige Hut ist anfangs halbkugelig, später gewölbt bis verflachend, manchmal mit einem deutlichen Höcker. Die Huthaut ist meist seidig glänzend bis rissig, wobei der Rand bisweilen eingerissen ist. Der stämmige weißflockige Stiel ist von zylindrischer Form mit einer leicht knolligen Basis. Er besitzt einen hängenden zweischichtigen Ring, der bei manchen Exemplaren an der Unterseite ein sternförmiges Muster zeigt. Die dicht stehenden Lamellen sind nicht am Stiel angewachsen. Das feste, zarte Fleisch strömt einen unverwechselbaren Anisduft aus. Der Geschmack ist angenehm nussartig.

Farb- und Formveränderung: Schon bei der kleinsten Berührung kann der weiße Hut eine zitronengelbe, manchmal sogar rötliche Färbung annehmen. Die Lamellen sind anfangs weiß, später können sie graurosa bzw. schokoladebraun anlaufen. Der zuerst volle Stiel wird nach und nach hohler. Das weiße Fleisch verfärbt sich auf Druck hellgelb bzw. schwach rötlich.

Standort: Dieser Pilz ist häufig in Parkanlagen, auf Grasflächen sowie in sonnigen Laub- und Nadelwäldern zu finden.

Erscheinungszeit: Mai bis Oktober.

Ähnliche Arten: Der Weiße Anischampignon kann leicht mit manchen giftigen **Knollenblätterpilzarten** verwechselt werden, deren Lamellen allerdings weiß bleiben und an der Stielbasis eine deutliche Knolle mit Volva aufweisen.

Synonyme: Schafchampignon, Schafegerling, *Psalliota arvensis*.

Speisewert: Dieser Pilz ist auch roh sehr schmackhaft. Er eignet sich außerdem sehr gut zum Trocknen.

Visitenkarte

Hut
Ø 5-20 cm; weiß

Stiel
6-15 cm; weiß

Lamellen
weiß bis rosa

Fleisch
weiß

Geruch
anisartig

Geschmack
nussartig

Sporen
braun

Standort
Grasflächen

Genießbarkeit
ausgezeichnet

Der Weiße Anischampignon, der auf Grasflächen aller Art zu finden ist, kann ausgewachsen eine beachtliche Größe erreichen. Er zählt zu den schmackhaftesten Champignonarten.

Riesenegerling • Agaricus augustus

Visitenkarte

Hut
Ø 10-20 cm; bräunlich

Stiel
10-20 cm; weißlich

Lamellen
weiß

Fleisch
weiß

Geruch
nach Anis

Geschmack
mild

Sporen
braun

Standort
Laub-, Nadelwald

Genießbarkeit
gut

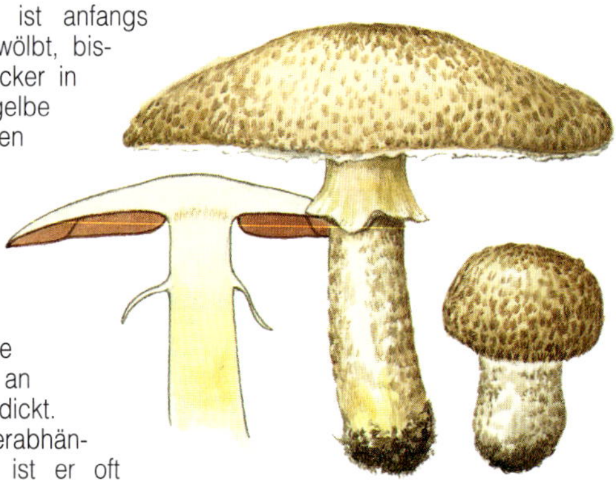

Der festfleischige Hut ist anfangs kugelförmig, später gewölbt, bisweilen mit leichtem Höcker in der Mitte. Die ockergelbe Huthaut ist von faserigen anliegenden Schuppen bedeckt, die konzentrisch angeordnet sind und die einen gelbbraunen bis dunkelbraunen Farbton aufweisen. Der stämmige Stiel ist zylindrisch bzw. an der Basis leicht verdickt. Unterhalb des häutig herabhängenden breiten Rings ist er oft flockig beschuppt. Die dicht stehenden schmalen Lamellen sind nicht am Stiel angewachsen. Das feste Fleisch hat einen Geruch nach Anis oder Bittermandeln und einen milden Geschmack.

Farbveränderung: Die Oberfläche des Stiels verfärbt sich bei Berührung gelblich. Die Lamellen sind anfangs weißlich, später rosafarben und schließlich schwarzbraun getönt. Das Fleisch ist weiß mit rötlichen Schattierungen.

Standort: Der Riesenegerling ist in Laub- und Nadelwäldern beheimatet, mit Vorliebe am Waldrand.

Erscheinungszeit: Juli bis September.

Ähnliche Arten: Durch seine braunen Schuppen, welche die Huthaut dicht bedecken, ist dieser Pilz kaum mit anderen Arten zu verwechseln.

Synonyme: Riesenchampignon, *Psalliota augusta*, *Agaricus perrarus*.

Speisewert: Der Riesenegerling ist ein schmackhafter Speisepilz. Vor der Zubereitung empfiehlt es sich jedoch, die Schuppen zu entfernen.

Die Abbildung rechts zeigt zwei junge Exemplare des Riesenegerlings. Mit zunehmender Reife kann der Hut dieses Pilzes einen Durchmesser von 20 cm erreichen.

Agaricus bisporus • Zuchtchampignon

Der festfleischige Hut ist anfangs kugelig, später gewölbt, schließlich abgeflacht und weist lange Zeit einen eingerollten Rand auf. Die Oberhaut erscheint radialfaserig oder von etwas dunkleren Schuppen bedeckt. Der kurze, dicke Stiel ist an der Basis knollig verdickt; er ist bisweilen hohl und stets mit einem dicken, flockigen Ring versehen, der nach unten abziehbar ist. Die breiten und dicht stehenden Lamellen sind am Stiel angewachsen. Das weiche weiße Fleisch lässt einen angenehmen Geruch nach frischem Holz erkennen.

Farbveränderung: Die Färbung des Hutes reicht von Schmutzig Weiß (vor allem bei der Zuchtform) bis hin zu Hellbraun. Die Lamellen sind anfangs rosafarben und nehmen mit der Zeit einen schokoladebraunen Farbton an. Das Fleisch verfärbt sich beim Anschnitt rötlich.

Standort: Dieser Pilz ist vor allem in Äckern und Gärten, auf Komposthaufen sowie auf gedüngten Wiesen anzutreffen.

Erscheinungszeit: Juni bis November.

Ähnliche Arten: Dieser Pilz wird oft als die Zuchtform des **Wiesenchampignons** *(Agaricus campestris)* betrachtet, dem er tatsächlich sehr ähnlich ist. Von den überaus giftigen **Knollenblätterpilzen** unterscheidet sich der Zuchtchampignon u. a. durch seine rosafarbenen bis braunen Lamellen und das Fehlen einer Knolle an der Stielbasis.

Synonyme: Zweisporiger Egerling, *Psalliota bispora*.

Visitenkarte

Hut
Ø 5-10 cm; weißlich bis braun

Stiel
3-8 cm; weiß

Lamellen
rosa bis braun

Fleisch
weiß

Geruch
angenehm

Geschmack
angenehm

Sporen
braun

Standort
Äcker, Gärten

Genießbarkeit
ausgezeichnet

KULINARISCHE HINWEISE

Dieser Pilz schmeckt auch roh als Salat ausgezeichnet. Er ist einer der wenigen Pilze, die sich gut zur Zucht eignen und die deshalb auch im Handel in großen Mengen erhältlich sind.

Der Zuchtchampignon wächst mit Vorliebe auf gedüngten Stellen, in Gärten, auf Äckern und Komposthaufen.

Dünnfleischiger Anisegerling

Agaricus silvicola

Visitenkarte

Hut
Ø 5-10 cm; weißlich
Stiel
5-10 cm; weißlich
Lamellen
rosa bis braun
Fleisch
weiß
Geruch
nach Anis
Geschmack
süß
Sporen
braun
Standort
Laub- und Nadelwald
Genießbarkeit
gut

Der ziemlich dünnfleischige Hut ist zunächst kugelig, später gewölbt bis flach ausgebreitet. Die glatte Huthaut hat ein seidiges, feinfaseriges Aussehen. Der schlanke Stiel ist innen hohl und an der Basis zu einer kleinen Knolle verdickt. Der häutige Ring hängt meist lappig herab. Die dicht stehenden breiten Lamellen sind nicht am Stiel angewachsen. Das brüchige Fleisch riecht stark nach Anis und schmeckt süßlich.
Farbveränderung: Der Hut kann weiß bis cremefarben getönt sein; bei Berührung verfärbt er sich gelblich. Die Lamellen sind anfangs rosafarben und nehmen mit zunehmender Reife einen schwarzbraunen Farbton an. Das Fleisch verfärbt sich mit der Zeit bräunlich.
Standort: Der Dünnfleischige Anisegerling wächst in Laub- und Nadelwäldern, vor allem unter Buchen und Fichten.
Erscheinungszeit: Juli bis September.
Ähnliche Arten: Dieser Champignon kann unter Umständen mit giftigen **Knollenblätterpilzen** verwechselt werden, unterscheidet sich von diesen jedoch durch seine rosa bis braun gefärbten Lamellen. Große Ähnlichkeit besteht mit dem **Anischampignon.**
Synonyme: Dünnfleischiger Anischampignon, *Psalliota silvicola.*
Speisewert: Sehr guter Speisepilz.

Giftchampignon • Agaricus xanthoderma

Visitenkarte

Hut
Ø 5-12 cm; weiß
Stiel
6-12 cm; weiß
Lamellen
rosa bis braun
Fleisch
weiß
Geruch
nach Karbol
Geschmack
unangenehm
Sporen
braun
Standort
Laub-, Nadelwald, Parks
Giftigkeit
GIFTIG

Der Hut ist anfangs kugelig, bald gewölbt bzw. ausgebreitet. Die Huthaut ist meist glatt, bisweilen aber auch leicht schuppig. Die dicht stehenden Lamellen sind nicht am Stiel angewachsen. Der lange, schlanke Stiel ist von zylindrischer Form, wobei an der Basis meist eine deutliche Knolle zu erkennen ist. Der weiße häutige Ring ist nach oben abziehbar und erscheint an der Unterseite flockig. Das Fleisch ist im oberen Teil des Stiels weiß und nach unten hin schwefelgelb getönt. Es zeichnet sich durch seinen unangenehmen Geruch nach Desinfektionsmittel (Karbol) aus.
Farbveränderung: Die Lamellen sind zunächst weißlich, dann rosa und schließlich schokoladebraun bis schwarz gefärbt. Durch Reiben verfärbt sich die Huthaut gelb.
Standort: Dieser Pilz ist in Laub- und Nadelwäldern, Gärten, Parkanlagen sowie auf Wiesen anzutreffen, wobei er meist in größeren Gruppen auftritt.
Erscheinungszeit: Juli bis Oktober.
Ähnliche Arten: Schon allein durch seinen unangenehmen Geruch ist der Giftchampignon kaum mit anderen Pilzen zu verwechseln.
Synonyme: Karbolegerling, Weißer Giftchampignon, *Agaricus xanthodermus, Psalliota xanthoderma, Psalliota cretacea, Pratella cretacea.*
Vergiftungsgefahr: Der Giftchampignon ruft zumeist schon kurz nach dem Verzehr heftiges Erbrechen und Durchfall hervor.

Rauchblättriger Schwefelkopf

Hypholoma capnoides

Der festfleischige Hut ist zunächst halbkugelig, dann gewölbt und schließlich ausgebreitet. Die glatte, trockene Huthaut ist von gelbbrauner Farbe, wobei die Randzone etwas heller getönt ist. Der schlanke, faserige Stiel ist stets hohl; er ist an der Spitze gelb, nach unten hin eher rostbraun gefärbt. Die dicht stehenden bläulich grauen Lamellen sind am Stiel angewachsen. Das weißliche faserige Fleisch ist geruchlos und schmeckt mild.

Farbveränderung: Die Färbung des Hutes bewegt sich zwischen Ockerfarben, Gelb und Orangebräunlich. Die Lamellen sind zunächst weiß und nehmen bald einen purpur- bis rauchgrauen Farbton an.

Standort: Der Rauchblättrige Schwefelkopf ist immer in dichten Büscheln an Nadelholzstümpfen, insbesondere Fichten und Kiefern, zu finden.

Erscheinungszeit: Frühjahr und Spätherbst.

Ähnliche Arten: Hier ist der **Ziegelrote Schwefelkopf** *(Hypholoma sublateritium)* zu nennen, der ungenießbar bzw. sogar etwas giftig ist. Ähnlichkeit besteht auch mit dem giftigen **Grünblättrigen Schwefelkopf** *(Hypholoma fasciculare)*.

Vorsicht! Der Rauchblättrige Schwefelkopf ist zu meiden, da er leicht mit giftigen Pilzen verwechselt werden kann. Genießbar ist nur der Hut, da der Stiel oft holzig ist.

Visitenkarte

Hut
Ø 4-9 cm; gelbbraun

Stiel
3-8 cm; braun

Lamellen
grau

Fleisch
weiß

Geruch
keiner

Geschmack
mild

Sporen
braun

Standort
Nadelwald

Genießbarkeit
mit Vorsicht

Zum Unterschied von den übrigen Hypholoma-Arten ist der Rauchblättrige Schwefelkopf durchaus genießbar. Auf Grund der Verwechslungsgefahr mit giftigen Pilzen sollte er jedoch eher gemieden werden.

Grünblättriger Schwefelkopf

Hypholoma fasciculare

Visitenkarte

Hut
Ø 2-7 cm;
gelb
Stiel
3-6 cm;
gelb
Lamellen
gelblich grün
Fleisch
gelb
Geruch
unangenehm
Geschmack
bitter
Sporen
braun
Standort
Laub-,
Nadelwald
Giftigkeit
GIFTIG

Der Hut ist zunächst kugelig, in der Folge flach ausgebreitet, wobei in der Mitte oft ein Höcker zu erkennen ist. Die glatte, glänzende Huthaut ist von schwefelgelber Farbe, lässt jedoch in der Mitte einen deutlich dunkleren, orangebraunen Farbton erkennen. Am Rand sind oft noch faserig häutige vergängliche Schleierreste von gelber Farbe zu sehen. Der zerbrechlich wirkende zylindrische Stiel ist ebenfalls schwefelgelb gefärbt. Am oberen Teil des Stiels ist oft noch eine faserige Ringzone zu erkennen. Die breiten, dicht stehenden Lamellen sind zunächst schwefelgelb, später bräunlich gefärbt und um den Stiel ausgebuchtet. Das gelbe faserige Fleisch hat einen unangenehmen Geruch und einen überaus bitteren Geschmack.

Farbveränderung: Die Färbung des Hutes zeigt ebenso wie die übrigen Teile des Pilzes kaum Abweichungen. Anstelle des Höckers ist bisweilen eine kleine Vertiefung zu beobachten. Der Stiel ist blassgelblich bis schwefelgelb gefärbt, wobei die Basis bräunlich getönt ist. Die Lamellen sind zunächst schwefelgelb, später grünlich und schließlich olivbräunlich gefärbt. Das Fleisch ist von schwefelgelber Farbe, im Stiel eher bräunlich getönt.

Standort: Der recht häufig vorkommende Grünblättrige Schwefelkopf wächst oft in Büscheln auf totem Laub- und Nadelholz, vor allem an Baumstrünken.

Erscheinungszeit: Mai bis Dezember.

Der Grünblättrige Schwefelkopf ist oft büschelweise auf morschen Baumstrünken zu finden.

Ähnliche Arten: Hallimasch *(Armillaria mellea)* und besonders der **Rauchblättrige Schwefelkopf** *(Hypholoma capnoides)*, die beide essbar sind und leicht an ihrem weißen Fleisch erkennbar sind, das keinerlei bitteren Geschmack aufweist.

Synonyme: Bitterer Schwefelkopf, *Agaricus fascicularis, Nematoloma fasciculare.*

Vergiftungsgefahr: Der Grünblättrige Schwefelkopf ist giftig, kommt aber auf Grund seines bitteren Geschmacks als Speisepilz ohnehin nicht in Frage. Die Giftstoffe des Pilzes lösen Erbrechen und Durchfall aus und können für Personen mit schlechtem Allgemeinzustand durchaus gefährlich werden.

Ziegelroter Schwefelkopf

Hypholoma sublateritium

Der Hut ist anfangs gewölbt und später ausgebreitet. Die glatte, trockene Huthaut ist orangebraun, im Zentrum ziegelrötlich gefärbt, wobei der Rand einen blassen ocker- bis rötlich gelben Farbton zeigt. Der Hutrand ist oft von weißlich gelben faserigen bis schuppigen Schleierresten behangen. Der zylindrische, oft auch gekrümmte Stiel ist innen hohl und lässt direkt unter dem Hut eine faserige, schleierartige Ringzone erkennen. Die dicht stehenden Lamellen sind abgerundet am Stiel angewachsen; auch kürzere Zwischenlamellen sind erkennbar. Das Fleisch des Pilzes ist von gelblich weißer Farbe, lässt aber an der Stielbasis sowie unter der Huthaut eine rostfarbene Tönung erkennen. Es zeigt keinerlei Geruch, dafür aber einen mehr oder weniger bitteren Geschmack.

Farbveränderung: Die Färbung des Hutes ist im Großen und Ganzen gleichbleibend. Die Lamellen sind zunächst gelblich weiß, dann olivgrau und schließlich schokoladefarben getönt. Die schleierartige Ringzone (Cortina) ist anfangs weiß und verfärbt sich schließlich schwarzbraun.

Standort: Der Ziegelrote Schwefelkopf ist recht häufig auf morschen Laubholzstrünken zu finden, wo er zumeist in Büscheln, bisweilen aber auch einzeln auftritt.

Erscheinungszeit: August bis Dezember.

Ähnliche Arten: siehe **Grünblättriger Schwefelkopf** *(Hypholoma fasciculare)*.

Synonyme: *Nematoloma sublateritium, Agaricus sublateritium.*

Vorsicht! Der Ziegelrote Schwefelkopf ist ein giftverdächtiger Pilz, der allein auf Grund seines bitteren Geschmacks zu meiden ist.

Visitenkarte

Hut
Ø 5-8 cm; ziegelrot

Stiel
5-12 cm; rostfarben, oben blassgelb

Lamellen
olivbraun

Fleisch
gelblich

Geruch
keiner

Geschmack
bitter

Sporen
braun

Standort
Laub-, Nadelwald

Genießbarkeit
ungenießbar

Der Ziegelrote Schwefelkopf ist an der kräftig ziegelroten Färbung der Hutmitte zu erkennen.

Spitzkegeliger Kahlkopf

Psilocybe semilanceata

Visitenkarte

Hut
Ø 0,5-1,5 cm; ockergelb

Stiel
3-8 cm; blassgelblich

Lamellen
bräunlich

Fleisch
weißlich

Geruch
keiner

Geschmack
keiner

Sporen
braun

Standort
Wiesen, Weiden

Giftigkeit
GIFTIG

Der dünnfleischige Hut ist spitzkegelig bis glockig geformt, mit einem spitzen Höcker in der Mitte. Die am Rand etwas gerunzelte Huthaut erscheint bei feuchtem Wetter schmierig. Der dünne zylindrische Stiel kann nach oben leicht verjüngt sein. Die ziemlich breiten Lamellen stehen nicht sehr gedrängt. Das Fleisch dieses Pilzes zeigt keinen ausgeprägten Geruch oder Geschmack.
Farbveränderung: Die Färbung des Hutes bewegt sich zwischen Ockerfarben und Gelblich Braun, bisweilen mit olivgrünen Tönungen. Der Stiel ist cremefarben bis blassgelblich gefärbt, an der Basis bisweilen mit bläulicher Tönung. Die Lamellen sind anfangs ockerfarben, nehmen aber mit der Zeit eine purpurschwärzliche Färbung an.
Standort: Der Spitzkegelige Kahlkopf ist oft in kleinen Gruppen auf Wiesen, vor allem auf Schafweiden, sowie am Wegrand anzutreffen.
Erscheinungszeit: August bis Oktober.
Ähnliche Arten: Auf Grund seines spitzkegeligen, oft mit kleinem Höcker versehenen Hutes ist dieser Pilz kaum mit anderen Arten zu verwechseln.
Vergiftungsgefahr: Die in diesem Pilz enthaltenen halluzinogenen Substanzen bewirken Rausch- und Angstzustände sowie Wahnvorstellungen.

Halbkugeliger Träuschling

Stropharia semiglobata

Visitenkarte

Hut
Ø 1-4 cm; gelb

Stiel
4-10 cm; gelb

Lamellen
grauviolett

Fleisch
weißlich

Geruch
mehlartig

Geschmack
mild

Sporen
braun

Standort
Wiesendung

Genießbarkeit
ungenießbar

Der dünnfleischige Hut ist lange halbkugelig, später einigermaßen flach gewölbt. Die Huthaut ist glatt, glänzend und oft schmierig. Der lange zylindrische Stiel ist klebrig schleimig und weist einen häutigen, aber nicht sehr beständigen Ring auf. Die Lamellen stehen nicht sehr dicht und sind schwach ausgebuchtet am Stiel angewachsen. Das Fleisch riecht schwach mehlartig und schmeckt mild.
Farbveränderung: Die Färbung des Hutes bewegt sich zwischen Gelb und Grünlich Gelb, wobei der Rand stets etwas heller getönt ist. Die Lamellen sind zunächst grau und nehmen später einen grauvioletten bis grauschwarzen Farbton an. Mit zunehmendem Alter verblassen die Farben des Pilzes etwas.
Standort: Der Halbkugelige Träuschling wächst häufig auf Wiesen und Weiden, wobei er gedüngte Stellen bevorzugt und oft auf Kuhfladen zu finden ist.
Erscheinungszeit: Mai bis November.
Ähnliche Arten: Seine kräftige grünlich gelbe Farbe sowie sein typischer Standort machen diesen Pilz unverwechselbar.
Synonyme: *Agaricus semiglobatus*, *Agaricus stercorarius.*

Stropharia aeruginosa • Grünspanträuschling

Der Hut ist anfangs kegelig glockig, später gewölbt bis flach; charakteristisch ist die blaugrüne bis grünspanfarbene Oberfläche, wobei die Randbereiche etwas dunkler gefärbt sind, während die Mitte eine eher gelbliche Tönung zeigt. Der Hutrand ist oft mit Velumresten behangen. In der Mitte ist zumeist ein breiter niedriger Höcker zu sehen. Die glatte, überaus schleimige Huthaut lässt sich leicht abziehen, wobei in dem dicken Schleim weiße Velumflocken schwimmen. Der zylindrische, hohle Stiel ist von der gleichen Farbe wie der Hut und ebenfalls von einer schmierigen Schicht bedeckt; er weist einen kleinen Ring auf und ist nach unten weißlich geschuppt. Der vergängliche Ring verfärbt sich durch herabfallende Sporen purpurschwarz. Die dicht stehenden grauvioletten Lamellen sind breit am Stiel angewachsen. Das wässrige weißliche Fleisch lässt einen eher unangenehmen schwachen Rettichgeruch und -geschmack erkennen.

Farbveränderung: Die Färbung des Hutes bewegt sich zwischen Hellblau und Blaugrün, wobei die Mitte gelblich bis nussbraun getönt sein kann. Die Lamellen sind anfangs weißlich grau gefärbt und nehmen mit der Zeit einen immer dunkleren grauvioletten Farbton an. Das Fleisch kann eine leichte grünlich gelbe Tönung aufweisen. Junge Exemplare verfärben sich nach dem Sammeln binnen kurzer Zeit vollkommen gelb.

Standort: Der Grünspanträuschling ist recht häufig in Laub- und Nadelwäldern anzutreffen, wo er am Boden, aber auch an Holzresten wächst.

Erscheinungszeit: August bis November.

Ähnliche Arten: Auf Grund seiner charakteristischen blaugrünen Farbe ist dieser Pilz praktisch unverwechselbar.

Synonyme: *Agaricus aeruginosus*, *Agaricus viridulus*, *Geophila aeruginosa*.

Visitenkarte

Hut
Ø 4-8 cm; blaugrün

Stiel
4-6 cm; blaugrün

Lamellen
grau

Fleisch
weiß

Geruch
rettichartig

Geschmack
rettichartig

Sporen
braun

Standort
Laub-, Nadelwald

Genießbarkeit
ungenießbar

Der Grünspanträuschling ist zwar prinzipiell essbar, kann bisweilen aber leicht giftig sein und muss deshalb als ungenießbar gelten.

Krönchenträuschling • Stropharia coronilla

Visitenkarte

Hut
Ø 3-6 cm; gelblich

Stiel
4-6 cm; weiß

Lamellen
violett bis braun

Fleisch
weiß

Geruch
rettichartig

Geschmack
kaum ausgeprägt

Sporen
violett

Standort
Wiesen, Weiden

Genießbarkeit
ungenießbar

Der Hut ist anfangs kegelig geformt, später ausgebreitet und von einer glatten, bisweilen mit kleinen Schuppen überzogenen Haut bedeckt. Der zylindrische Stiel ist anfangs voll, später dann zunehmend hohler; er ist unten mit wurzelartigen Fortsätzen behaftet. Der schmale, vergängliche Ring ist an der Oberseite gerieft; er ist von den herabfallenden Sporen violett gefärbt. Die Lamellen stehen gedrängt und sind am Stiel angewachsen.

Farbveränderung: Der Hut kann auch verschiedene hellgelbe Tönungen aufweisen. Die Lamellen sind zunächst blassgrau bis lila, später violett bis purpurbraun gefärbt.

Standort: Der Krönchenträuschling ist recht häufig auf Wiesen und Weiden sowie am Wegrand zu finden.

Erscheinungszeit: Juli bis Oktober.

Ähnliche Arten: Verwechslungsmöglichkeit besteht mit anderen ungenießbaren Träuschlingen.

Synonym: *Geophila coronilla.*

Vorsicht! Der Verzehr des Krönchenträuschlings kann auf Grund der halluzinogenen Substanzen, die er in kleinen Mengen enthält, unangenehme Folgen haben.

Der Ring des Krönchenträuschlings ist durch herabfallenden Sporenstaub violett verfärbt.

Rotbrauner Riesenträuschling

Stropharia rugosoannulata

Der bräunlich gefärbte fleischige Hut ist anfangs gewölbt, später aufgeschirmt, aber nie völlig flach. Der Hutrand ist beim jungen Pilz eingerollt, bei voller Reife oft eingerissen. Der stämmige, feste Stiel ist an der Basis leicht verdickt und an der Knolle etwas gekrümmt. Der breite, aber vergängliche Ring ist meist deutlich gerieft. Die dicht gedrängten Lamellen sind von violetter Farbe mit grauen Schattierungen; sie sind breit am Stiel angwachsen. Das feste weiße Fleisch lässt keinen nennenswerten Geruch oder Geschmack erkennen.

Farbveränderung: Die Färbung des Hutes bewegt sich zwischen Gelblich Braun und Dunkelbraun mit violetten Tönungen. Der Stiel ist oben weißlich, nach unten hin gelblich gefärbt.

Standort: Der Riesenträuschling ist nicht selten auf gedüngten Böden, auf Maisfeldern, Stroh, auf kleinen Holzstücken sowie an sandigen Flussufern anzutreffen.

Erscheinungszeit: Juni bis Oktober.

Ähnliche Arten: Dieser Pilz wird bisweilen mit verschiedenen Champignonarten verwechselt, von denen er sich jedoch durch die violette Färbung der Lamellen unterscheidet.

Synonyme: *Stropharia ferrei*, »Braunkappe«.

Speisewert: Der Riesenträuschling ist essbar, sollte aber stets gut erhitzt werden, da er ansonsten bei empfindlichen Personen Verdauungsbeschwerden hervorrufen kann. Der Pilz wird auf Märkten als »Braunkappe« angeboten und kann leicht gezüchtet werden.

Visitenkarte

Hut
Ø 5-15 cm; bräunlich

Stiel
8-15 cm; weiß

Lamellen
violett

Fleisch
weiß

Geruch
kaum ausgeprägt

Geschmack
keiner

Sporen
violett

Standort
gedüngte Böden

Genießbarkeit
mit Vorsicht

Der Riesenträuschling wächst besonders gut auf gedüngten Böden, Maisfeldern, Stroh und kleinen Holzstückchen.

Grauer Faltentintling

Coprinus atramentarius

Visitenkarte

Hut
Ø 3-7 cm; grau

Stiel
5-18 cm; weißlich

Lamellen
weiß

Fleisch
grau

Geruch
keiner

Geschmack
mild

Sporen
schwarz

Standort
Baumstümpfe

Genießbarkeit
mit Vorsicht

Der Hut ist anfangs eiförmig, später glockenförmig; die Färbung der längs gerieften, am Rand recht faltigen Huthaut bewegt sich zwischen Hellgrau und Graubräunlich, wobei die dunklere Hutmitte von vielen kleinen Schüppchen bedeckt ist. Der zylindrische bzw. nach oben verjüngte Stiel weist an der Basis eine knotenartige Verdickung auf. Die Stieloberfläche zeigt einen seidigen Glanz. Die dicht stehenden Lamellen sind von weißer bis dunkelgrauer Farbe. Das brüchige weiße Fleisch des Pilzes ist praktisch geruchlos und hat einen milden Geschmack.

Farb- und Formveränderung: Die Färbung des Hutes variiert zwischen Hellgrau, Aschgrau und Graubraun, wobei die dunklere Hutmitte braun gefärbt ist. Beim reifen Pilz ist der Hutrand eingerissen und nach außen gewendet. Die Lamellen sind anfangs weiß, dann braun und verfärben sich beim reifen Pilz schwarz, um schließlich mit dem Hutfleisch zu einer schwarzen Masse zu zerfließen. Das Fleisch ist weiß bis grau gefärbt.

Standort: Der Faltentintling wächst in Büscheln an Straßenrändern, auf Feldern, in Gärten und Parks sowie am Wegrand, häufig an Baumstümpfen.

Erscheinungszeit: Mai bis November.

Ähnliche Arten: Hier sind vor allem andere Tintlinge zu nennen, die an den gleichen Standorten beheimatet sind.

Synonyme: Faltentintling, Grauer Tintling.

Vorsicht! Essbar sind nur junge Pilze. Der Faltentintling enthält Coprin, das in Verbindung mit Alkohol giftig wirkt. Es dürfen daher mindestens ein bis zwei Tage vor und nach dem Verzehr des Pilzes keinerlei alkoholische Getränke konsumiert werden, da ansonsten Schwindel, Hitzegefühl und Atemnot auftreten können.

Charakteristisch für die Tintlinge ist das Zerfließen der Lamellen, nachdem sie sich schwarz verfärbt haben.

Coprinus comatus • Schopftintling

Charakteristisch für diesen Pilz ist der im Jugendstadium nahezu zylindrisch geformte Hut, der später glockenförmig und schließlich ausgebreitet ist. Dabei franst der Hutrand allmählich aus und biegt sich nach oben. Die Huthaut ist von ockerfarbenen abstehenden Schuppen bedeckt. Die breiten, dicht stehenden Lamellen sind frei, d. h. nicht am Stiel angewachsen. Der Stiel ist hohl und von zylindrischer Form; er erscheint faserig geschuppt und ist von weißer Farbe. Die Stielbasis ist leicht knollig verdickt. Ziemlich tief sitzt ein schmaler, häutiger Ring, der sehr beweglich ist und meist schon früh abfällt. Das zarte weiße Fleisch des Pilzes schmeckt mild und hat einen angenehmen Geruch.

Farb- und Formveränderung: Der Hut ist in der Regel von weißer Farbe, am Scheitel eher ockerfarben und zum Rand hin rosa getönt, wobei er später eher grau mit schwarzem Rand erscheint. Die Lamellen sind anfangs weiß, später zunehmend rosa getönt und schließlich schwarz, wobei sie zuletzt tintenartig zerfließen.

Standort: Dieser recht häufig auftretende Pilz ist vor allem an Wegrändern, auf gedüngten Wiesen, Feldern, in Gärten und auf Komposthaufen beheimatet, wo er oft in Büscheln zu finden ist.

Erscheinungszeit: Mai bis November.

Ähnliche Arten: Verwechslungsgefahr besteht unter Umständen mit dem **Grauen Tintling** *(Coprinus atramentarius)*, der in Verbindung mit Alkohol zu Vergiftungen führt.

Synonyme: *Agaricus porcellanus*, *Agaricus tiphoides*.

Vorsicht! Der Schopftintling ist ein sehr guter Speisepilz, sollte aber nur jung verwendet werden. Sobald sich die Lamellen rosa verfärben, sollte er nicht mehr gesammelt werden. Die Schuppen am Hut sind vor der Zubereitung zu entfernen.

Visitenkarte

Hut
Ø 3-8 cm; weiß

Stiel
5-18 cm; weiß

Lamellen
weiß

Fleisch
weiß

Geruch
angenehm

Geschmack
mild

Sporen
schwarz

Standort
Wiesen, Felder

Genießbarkeit
ausgezeichnet

Den recht häufig vorkommenden Schopftintling trifft man oft auf Wiesen, Feldern und Wegrändern an.

Gesäter Tintling • Coprinus disseminatus

Visitenkarte

Hut
Ø 0,5-1,5 cm; ockergelb

Stiel
1,5-4 cm; weiß

Lamellen
weiß

Geruch
keiner

Geschmack
keiner

Sporen
braun

Standort
Laubwald

Genießbarkeit
ungenießbar

Der äußerst zerbrechliche Hut tritt zunächst eichelförmig, später glockig aufgeschirmt in Erscheinung und weist stets eine deutliche radiale Furchung auf. Der fadenförmig dünne Stiel ist überaus zerbrechlich und häufig gekrümmt. Die dünnen, aber sehr breiten Lamellen stehen eher entfernt und sind am Stiel angewachsen. Charakteristisch ist auch, dass sie nicht tintenartig zerfließen. Das zarte brüchige Fleisch weist keinen nennenswerten Geruch oder Geschmack auf.
Farbveränderung: Der Hut ist zunächst ockergelb bis graugelb gefärbt und nimmt später einen hellgrauen Farbton an. Die Lamellen sind anfangs weiß, später bräunlich und zuletzt nahezu schwarz.
Standort: Dieser Pilz ist häufig auf Baumstümpfen sowie an der Basis von Laubbäumen anzutreffen, wo er in dichten Büscheln, quasi wie »gesät«, auftritt.
Erscheinungszeit: Mai bis Oktober.
Ähnliche Arten: Durch sein massenhaftes Auftreten sowie seinen gefalteten Hut ist der Gesäte Tintling kaum mit einem anderen Pilz zu verwechseln.
Synonyme: *Psathyrella disseminata*, *Pseudocoprinus disseminatus*.

Der Gesäte Tintling ist zwar als Speisepilz wertlos, bietet aber durch sein massenhaftes Auftreten oft einen beeindruckenden Anblick.

Glockendüngerling

Panaeolus sphinctricus

Der zerbrechliche Hut ist von kegelig glockiger Form, in der Mitte etwas dunkler getönt und hat einen weißlichen, durch Velumreste oft gefranst erscheinenden Rand. Der dünne, zerbrechliche Stiel ist hohl und hat eine weißlich bereifte Oberfläche. Die dicht stehenden Lamellen besitzen eine weiß bereifte Schneide und sind bauchig am Stiel angewachsen. Das spröde Fleisch des Pilzes ist geruch- und geschmacklos.

Farbveränderung: Der Hut kann tonfarben bis graubraun sein, wobei bisweilen auch rötliche Tönungen zu sehen sind. Der Stiel ist graubraun gefärbt; im unteren Bereich herrscht ein rotbrauner Farbton vor. Die Lamellen sind anfangs grau, später zunehmend schwärzlich gefleckt, wobei die Schneide weiß ist.

Standort: Der Glockendüngerling ist auf gedüngten Wiesen, Feldern und Weiden beheimatet, wo er zumeist auf Kuh- oder Pferdemist auftritt.

Erscheinungszeit: Mai bis Oktober.

Ähnliche Arten: Verwechslungsmöglichkeit besteht mit einigen anderen Düngerlingen, u. a. mit dem ockerfarbenen **Dunkelrandigen Düngerling** *(Panaeolus subbalteatus)*, wobei diese Pilze allesamt ungenießbar sind.

Vorsicht! Der Glockendüngerling kommt als Speisepilz nicht in Frage. Er enthält Psilocybin, das beim Verzehr rauschartige Zustände hervorruft.

Visitenkarte

Hut
Ø 2-6 cm; grau

Stiel
5-10 cm; grau

Lamellen
grau

Fleisch
grau

Geruch
keiner

Geschmack
keiner

Sporen
schwarz

Standort
Kuh- und Pferdedung

Genießbarkeit
ungenießbar

Der Glockendüngerling hat, wie einige mit ihm verwandte Arten, einen ganz außergewöhnlichen Standort - er wächst mit Vorliebe auf Kuh- und Pferdemist.

Wässriger Saumpilz

Psathyrella hydrophila

Visitenkarte

Hut
Ø 2-5 cm; bräunlich

Stiel
4-10 cm; weißlich

Lamellen
bräunlich

Fleisch
braun

Geruch
keiner

Geschmack
keiner

Sporen
braun

Standort
Laubwald

Genießbarkeit
ungenießbar

Der dünnfleischige Hut ist anfangs glockig, später gewölbt bis flach ausgebreitet, wobei der Rand durchscheinend gestreift und mit einem zarten Saum aus Hüllresten behangen ist. Die Huthaut ist meist glatt und trocken, bisweilen auch etwas runzelig. Der zylindrische bzw. gebogene Stiel ist zerbrechlich und hohl und weist eine seidig glatte Oberfläche auf. Die dicht stehenden Lamellen sind mehr oder weniger breit angewachsen. Sie sind schokoladebraun gefärbt, wobei die Schneide weiß ist. Das brüchige Fleisch zeigt keinen nennenswerten Geruch oder Geschmack.

Farbveränderung: Die Farbe des Hutes bewegt sich zwischen Dunkelbraun und Olivbraun. Die Lamellen sind anfangs blassbraun, später schokoladebraun gefärbt. Das Fleisch ist im Hut sowie im unteren Teil des Stieles braun, ansonsten von weißer Farbe.

Standort: Der Wässrige Saumpilz ist in Laubwäldern an feuchten Stellen bzw. an Stümpfen und Wurzeln zu finden, wo er oft in großen Büscheln auftritt.

Erscheinungszeit: August bis November.

Ähnliche Arten: Der Wässrige Saumpilz ist noch am ehesten mit dem **Stockschwämmchen** *(Kuehneromyces mutabilis)* zu verwechseln, das sich durch seinen braunschuppigen Stiel auszeichnet.

Synonyme: Wässriger Zärtling, Wässriger Mürbling, Weißstieliges Stockschwämmchen, *Hypholoma hydrophilum, Psathyrella piluliformis.*

Der Wässrige Saumpilz bevorzugt feuchte Standorte und tritt oft in großen, dichten Büscheln auf.

Gomphidius glutinosus • Großer Gelbfuß

Der fleischige Hut ist zunächst gewölbt, später nahezu flach ausgebreitet, bisweilen mit einem leichten Höcker in der Mitte. Beim jungen Pilz ist der Hutrand noch eingerollt. Der Hut ist von einer dicken, abziehbaren Schleimschicht bedeckt, die sich beim jungen Pilz bis über die Lamellen erstreckt und diese schützt. Der zylindrische, bisweilen an der Basis verdickte Stiel ist ebenfalls von einer Schleimschicht überzogen. An der Spitze, wo ein schleimiger Ringansatz zu erkennen ist, wirkt der Stiel leicht eingeschnürt. Die breiten, am Stiel herablaufenden Lamellen sind teilweise gegabelt und stehen eher entfernt. Das weiche, zarte Fleisch des Pilzes ist geruchlos und hat einen milden Geschmack.

Farbveränderung: Die Färbung des Hutes bewegt sich zwischen Grauviolett und Braun, wobei reifere Exemplare schwarze Flecken erkennen lassen. Der Stiel ist weiß, am unteren Teil jedoch gelb verfärbt. Die Lamellen sind anfangs weißlich, verfärben sich aber zunehmend grau bis schwarz. Das Fleisch ist weiß, in der Stielbasis aber chromgelb.
Standort: Der Große Gelbfuß ist in höher gelegenen Nadelwäldern, vor allem unter Fichten, beheimatet, wo er in kleineren Gruppen auftritt.
Erscheinungszeit: Juli bis Oktober.
Ähnliche Arten: Mit seiner Schleimschicht und seiner leuchtend gelben Stielbasis ist dieser Pilz mehr oder weniger unverwechselbar.
Synonyme: Kuhmaul, *Gomphus glutinosus*, *Agaricus glutinosus*.
Speisewert: Der Große Gelbfuß ist ein guter Speisepilz, der auch zum Trocknen geeignet ist. Man sollte jedoch die schleimige Huthaut gleich nach dem Sammeln abziehen.

Visitenkarte

Hut
Ø 4-12 cm; grauviolett, braun
Stiel
4-10 cm; weiß, gelb
Lamellen
weißlich
Fleisch
weiß
Geruch
keiner
Geschmack
mild
Sporen
braun
Standort
Nadelwald
Genießbarkeit
gut

Der Große Gelbfuß ist einzeln oder in kleinen Gruppen in höher gelegenen Nadelwäldern anzutreffen.

Filziger Gelbfuß • Gomphidius helveticus

Visitenkarte

Hut
Ø 4-8 cm;
orange

Stiel
2-8 cm;
orange

Lamellen
orange

Fleisch
orange

Geruch
keiner

Geschmack
mild

Sporen
olivbräunlich

Standort
Nadelwald

Genießbarkeit
mittelmäßig

Der Hut ist zunächst rundlich gewölbt, später zunehmend flacher, wobei der Hutrand stets eingerollt ist. Die glatte trockene Huthaut wirkt faserig filzig bis schuppig. Der zylindrische Stiel ist oft an der Basis leicht verjüngt. Die Lamellen stehen entfernt, sind bisweilen gegabelt und laufen etwas am Stiel herab. Das feste Fleisch ist geruchlos und hat einen milden Geschmack.

Farbveränderung: Der Hut kann rötlich ockerfarben, orange bis hin zu ziegelrot gefärbt sein. Die Lamellen sind rosa oder orangefarben getönt und verfärben sich beim älteren Pilz schwarz. Das Fleisch ist orangefarben, in der Stielbasis eher gelblich getönt.

Standort: Der Filzige Gelbfuß ist ein seltener Pilz, der vor allem unter Fichten und Kiefern im Bergland zu finden ist.

Erscheinungszeit: August bis Oktober.

Ähnliche Arten: Vor allem aber durch seine einheitliche Färbung ist dieser Pilz kaum mit anderen Arten zu verwechseln.

Speisewert: Der Filzige Gelbfuß ist zwar essbar, sollte aber schon allein auf Grund seiner Seltenheit geschont werden.

Rosenroter Gelbfuß • Gomphidius roseus

Visitenkarte

Hut
Ø 3-6 cm;
rosa

Stiel
2-5 cm;
weißlich

Lamellen
weißlich

Fleisch
weiß

Geruch
keiner

Geschmack
keiner

Sporen
schwarz

Standort
Nadelwald

Genießbarkeit
mittelmäßig

Der kleine fleischige Hut ist anfangs gewölbt, später dann flach ausgebreitet oder niedergedrückt, wobei sich der Hutrand im Alter nach oben biegt. Die rosafarbene Huthaut ist bei feuchtem Wetter schmierig, ansonsten glänzend und trocken. Der kurze, stämmige Stiel ist oft nach unten verjüngt. Die dicken, oft gegabelten Lamellen stehen eher entfernt und laufen weit am Stiel herab. Das zarte, saftige Fleisch weist keinen nennenswerten Geruch oder Geschmack auf.

Farbveränderung: Der Stiel ist von weißer Farbe mit rötlich getönter Basis. Die Lamellen sind zuerst weiß und nehmen mit der Zeit einen aschgrauen bis olivgrauen Farbton an. Das Fleisch ist im allgemeinen weiß, zeigt aber in der Stielbasis rötliche bis gelbliche Tönungen.

Standort: Dieser seltene Pilz wächst vor allem unter Kiefern auf kalkarmen Böden. Oft tritt er in Gesellschaft mit dem **Kuhröhrling** *(Suillus bovinus)* auf, sodass man annimmt, dass eine enge Beziehung zwischen den beiden Arten besteht.

Erscheinungszeit: Juli bis Oktober.

Ähnliche Arten: Der Rosenrote Gelbfuß wird bisweilen mit dem **Kupferroten Gelbfuß** *(Gomphidius rutilus)* verwechselt.

Speisewert: Der Rosenrote Gelbfuß ist zwar essbar, aber von nicht sehr hoher Qualität. Vor der Zubereitung sollte in jedem Fall die Huthaut entfernt werden.

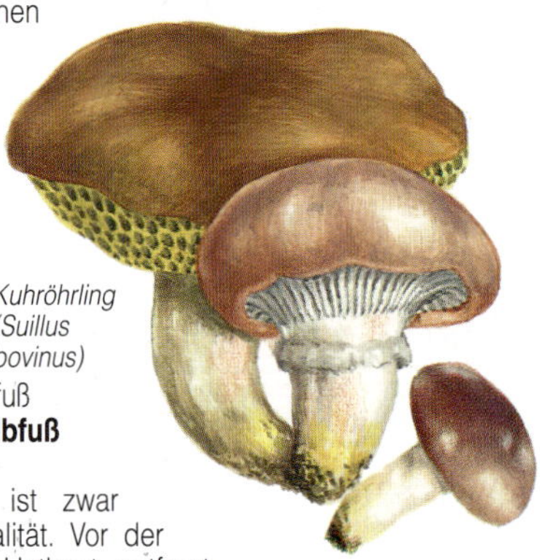

Kuhröhrling (Suillus bovinus)

Rosenroter Gelbfuß (Gomphidius roseus)

Gomphidius rutilus • Kupferroter Gelbfuß

Der fleischige Hut ist anfangs kegelförmig, später ausgebreitet und mit einem leichten Höcker versehen. Der Hutrand bleibt lange eingerollt. Die glatte, glänzende Huthaut ist bei feuchtem Wetter sehr schmierig. Der schlanke, festfleischige Stiel ist nach unten verjüngt, bisweilen gekrümmt und zeigt eine faserige Oberfläche. Bei jungen Pilzen ist stets ein dünner faseriger Schleier zwischen Hutrand und Stiel vorhanden, wovon beim reifen Pilz bisweilen eine bräunlich gefärbte Ringzone an der Spitze des Stiels zurückbleibt. Die dicklichen, breiten Lamellen stehen eher entfernt und laufen am Stiel herab. Das Fleisch des Pilzes hat einen angenehmen Geruch und einen milden Geschmack.

Farbveränderung: Der Hut kann grau- bis braunorange bzw. kupferrötlich gefärbt sein. Der Stiel zeigt im oberen Teil die gleiche Färbung wie der Hut, während der untere Teil safrangelb getönt ist. Die Lamellen sind zuerst rosa bis gelborange getönt und nehmen mit der Zeit eine dunkle purpurbraune Farbe an. Das gelbliche Fleisch läuft bei Verletzung karminrot an.
Standort: Der Kupferrote Gelbfuß ist recht häufig unter Kiefern zu finden.
Erscheinungszeit: Juli bis November.
Ähnliche Arten: Eine Verwechslung ist vor allem mit dem **Rosenroten Gelbfuß** *(Gomphidius roseus)* möglich, der ebenfalls essbar ist.
Synonyme: Kupferroter Schmierling, *Chroogomphus rutilus, Gomphidius viscidus.*
Speisewert: Der Kupferrote Gelbfuß gilt als guter Speisepilz, der sich auch zum Trocknen eignet.

Visitenkarte

Hut
ø 4-10 cm; kupferrötlich

Stiel
4-8 cm; kupferrötlich

Lamellen
bräunlich

Fleisch
gelb

Geruch
angenehm

Geschmack
mild

Sporen
bräunlich schwarz

Standort
Kiefern

Genießbarkeit
gut

Die Abbildung nebenan zeigt junge Exemplare des Kupferroten Gelbfußes. Beim reifen Pilz breitet sich der Hut bis zu einem Durchmesser von 10 cm aus.

Steinpilz • Boletus edulis

Visitenkarte

Hut
ø 5-25 cm; bräunlich

Stiel
5-20 cm; weißlich

Poren
weiß, gelblich

Fleisch
weiß

Geruch
angenehm

Geschmack
angenehm

Sporen
braun

Standort
Nadel- und Mischwälder

Genießbarkeit
ausgezeichnet

Der breite, fleischige Hut ist anfangs halbkugelig, später gewölbt, selten flach. Die glatte Huthaut ist bei feuchtem Wetter leicht klebrig, sonst trocken. Der sehr stämmige Stiel zeigt - zumindest im oberen Abschnitt - eine helle Netzzeichnung und ist an der Basis bauchig verdickt. Die sehr kleinen Poren sind rundlich geformt und haben ein schwammartiges Aussehen. Die Röhren sind ziemlich lang, am Stiel fast frei und lassen sich gut vom Hut ablösen. Das weiße Fleisch ist anfangs sehr fest und wird später weicher. Es hat einen angenehmen Geruch und einen milden Geschmack.

Farbveränderung: Die Färbung des Hutes kann von Weißlich über Hellbraun bis Kastanienbraun reichen, wobei der Rand immer etwas heller gefärbt ist. Der Stiel kann weißlich bis hellbraun getönt sein. Zur Basis hin ist er meist heller gefärbt. Die Röhren und Poren sind anfangs weißlich bis cremefarben, später nehmen sie eine gelbliche bzw. olivgrüne Färbung an. Das Fleisch ist auch an der Luft unverändert weiß, unter der Huthaut ist es jedoch häufig bräunlich oder violett getönt.

Standort: Der Steinpilz ist häufig in Nadel- und Mischwäldern anzutreffen, besonders unter Fichten, Kiefern und Birken.

Der wegen seines guten Geschmacks und seiner Ergiebigkeit äußerst geschätzte Steinpilz eignet sich für viele verschiedene Zubereitungsarten und gilt bei vielen Pilzsammlern als der Speisepilz schlechthin.

Erscheinungszeit: Juli bis Oktober.
Ähnliche Arten: Der Steinpilz kann mit dem bitteren **Gallenröhrling** *(Tylopilus felleus)*, dem **Sommersteinpilz** *(Boletus reticulatus)*, dem **Kiefernsteinpilz** *(Boletus pinicola)* und dem giftigen **Satansröhrling** *(Boletus satanas)* verwechselt werden.
Synonyme: Herrenpilz, *Tubiporus edulis.*

KULINARISCHE HINWEISE

Der Steinpilz gilt als ausgezeichneter Speisepilz und wird wegen seines festen, wohlschmeckenden Fleisches besonders geschätzt. Er ist für alle Zubereitungsarten geeignet, d. h. er kann auch roh als Salat gegessen werden, wobei die Marinade aus etwas Öl, Zitronensaft, Salz und Pfeffer bestehen könnte. Der sehr fleischige Hut eignet sich aber auch ausgezeichnet zum Panieren. In Öl oder etwas Butter gebraten schmeckt er ebenfalls hervorragend. Sehr beliebt ist der Steinpilz auch in diversen Risottogerichten. Getrocknet bzw. in Pulverform eignet er sich hervorragend zum Würzen von verschiedenen Speisen.

Schwarzhütiger Steinpilz • Boletus aereus

Visitenkarte

Hut
ø 6-20 cm; schwarzbraun

Stiel
6-15 cm; hellbraun

Poren
weiß bis gelblich

Fleisch
weiß

Geruch
angenehm

Geschmack
leicht süßlich

Sporen
olivfarben

Standort
Laubwälder

Genießbarkeit
ausgezeichnet

Der dickfleischige Hut ist anfangs halbkugelig, später gewölbt und schließlich fast flach. Die Huthaut ist glatt und samtig, manchmal aber auch mit feinen Rissen versehen und aufgeraut. Der massive Stiel ist an der Basis keulig verdickt und mit einer bräunlichen Netzzeichnung überzogen, die jedoch nicht bis zur Basis reicht. Die sehr feinen Poren haben eine rundliche Form. Die Röhren sind eher kurz und dünn. Das sehr feste Fleisch ist unveränderlich weiß und zeigt einen angenehmen Geruch und Geschmack.

Farbveränderung: Die Färbung des Hutes kann von Rostbraun und Dunkelbraun bis fast Schwarz reichen. Die anfangs weiße Netzzeichnung am Stiel wird mit der Zeit braun. Die Farbe der Poren und Röhren wechselt von Cremefarben zu Hellgelb bzw. Grünlich.

Standort: Dieser recht seltene Pilz wächst vor allem unter Eichen, Rotbuchen sowie Edelkastanien und ist nur an klimatisch begünstigten Standorten anzutreffen.

Erscheinungszeit: Juli bis Oktober.

Ähnliche Arten: Auf Grund seines schwarzbraunen Hutes ist der Schwarzhütige Steinpilz leicht zu erkennen; junge Exemplare können aber unter Umständen mit dem bitteren **Gallenröhrling** *(Tylopilus felleus)* verwechselt werden.

Synonyme: Schwarzer Steinpilz, Bronzeröhrling.

Speisewert: Der Schwarzhütige Steinpilz ist ein hervorragender, festfleischiger Speisepilz, der sich für alle Zubereitungsarten eignet (siehe Steinpilz). Junge Exemplare können auch roh als Salat gegessen werden.

Der Schwarzhütige Steinpilz ist ebenso wie der bei uns bekannte gewöhnliche Steinpilz ein hervorragender Speisepilz, der jedoch in unseren Breiten eher selten wächst. Viel häufiger ist er in Südeuropa anzutreffen.

Wurzelnder Bitterröhrling

Boletus albidus

Der eher fleischige Hut ist anfangs halbkugelig, später gewölbt und schließlich flach, mit einer buckeligen Oberfläche und gewelltem Rand. Die Huthaut ist trocken, manchmal etwas aufgerissen. Der Stiel ist manchmal zylindrisch, manchmal an der Basis verdickt und besitzt im oberen Abschnitt eine feine Netzzeichnung. Die gelben Röhren sind sehr lang und dünn, ihre Poren sind klein und rundlich geformt. Das feste Fleisch zeigt einen angenehmen Geruch und einen bitteren Geschmack.

Farbveränderung: Der sehr helle Hut kann weiß bis grau, aber auch nussbraun oder grünlich gefärbt sein. Der Stiel ist weißlich bis hellgelb gefärbt, wobei er im oberen Abschnitt leuchtend gelb ist, im unteren auch grünlich getönt sein kann und an der Basis bisweilen braungelbe Flecken aufweist. Die Poren laufen im Anschnitt blaugrün an. Das gelbe Fleisch verblasst beim Anschneiden im Hut weiß, während es im Stiel blau anläuft, um dann ebenfalls rasch zu verblassen.

Standort: Der Wurzelnde Bitterröhrling ist in Laubwäldern, insbesondere unter Eichen und Buchen anzutreffen.

Erscheinungszeit: Juli bis September.

Ähnliche Arten: Durch seine hellen Farben ist dieser Pilz kaum zu verwechseln.

Visitenkarte

Hut
ø 5-12 cm; weißlich bis grau

Stiel
5-8 cm; weißlich, hellgelb

Poren
gelb

Fleisch
weißlich, gelb

Geruch
angenehm

Geschmack
bitter

Sporen
ockerfarben

Standort
Laubwälder

Genießbarkeit
ungenießbar

Boletus chrysenteron • Rotfußröhrling

Der zäh-elastische Hut ist anfangs gewölbt, später fast flach. Die Huthaut ist feinsamtig; im Alter neigt sie dazu, felderig aufzubrechen, wodurch das rosarote Fleisch sichtbar wird. Der eher lange, zylindrische Stiel ist häufig gebogen und an der Basis zugespitzt; unter dem Hut ist er zitronengelb getönt, während nach unten hin ein roter bis brauner Farbton vorherrscht. Die ziemlich großen, eckigen Poren sind ebenso wie die Röhren gelb gefärbt. Das zäh-elastische Fleisch zeigt einen fruchtigen Geruch und einen säuerlichen Geschmack.

Farbveränderung: Die Farbe des Hutes kann sehr unterschiedlich sein - meist reicht sie von Olivbraun bis Rostbraun. Die Poren und Röhren sind anfangs gelblich, später färben sie sich olivgrün, auf Druck werden sie blau. Das weiße Fleisch läuft im Schnitt schwach blau an.

Standort: Dieser häufig auftretende Pilz ist in Laub- und Nadelwäldern, aber auch in Parks anzutreffen.

Erscheinungszeit: Juli bis November.

Ähnliche Arten: Der Rotfußröhrling kann mit dem **Falschen Rotfußröhrling** *(Xerocomus porosporus)* oder dem **Blutroten Röhrling** *(Xerocomus rubellus)* verwechselt werden.

Synonyme: *Xerocomus chrysenteron,* Rotfüßchen.

Visitenkarte

Hut
ø 4-12 cm; bräunlich

Stiel
4-10 cm; rötlich

Poren
gelb

Fleisch
gelblich

Geruch
fruchtig

Geschmack
säuerlich

Sporen
olivbräunlich

Standort
Laub- und Nadelwald

Genießbarkeit
mittelmäßig

Schönfußröhrling • Boletus calopus

Visitenkarte

Hut
ø 6-15 cm; hellgrau bis graubraun

Stiel
7-10 cm; rot

Poren
zitronengelb bis olivfarben

Fleisch
weißlich

Geruch
säuerlich

Geschmack
bitter

Sporen
olivockerfarben

Standort
Laub-, Nadelwald

Genießbarkeit
ungenießbar

Der eher fleischige Hut ist anfangs kugelförmig, später gewölbt und hat einen leicht gewellten Rand. Die Huthaut ist trocken und samtig. Der stämmige, feste Stiel ist sehr dickbauchig und an der Oberfläche gänzlich von einem rötlichen Netz überzogen. Die kleinen Poren haben eine rundliche Form. Die Röhren sind fein, eher lang und an den Stiel angewachsen. Das feste Fleisch ist von weißlicher bis strohgelber Färbung. Es hat einen säuerlichen Geruch und einen bitteren Geschmack.

Farbveränderung: Die Färbung des Hutes reicht von Schmutzig Weiß über Hellgrau bis Grauocker und Graubraun. Die Poren sind zunächst zitronengelb, später olivgelb getönt; an Druckstellen verfärben sie sich grünblau. Die Röhren sind anfangs gelb und später grünlich getönt. Der Stiel zeigt im oberen Teil eine gelbe, im unteren eine lebhafte rote Färbung, wobei die Netzzeichnung sich nach unten hin bräunlich färbt. Das weiße bis strohgelbe Fleisch läuft im Schnitt schwach blaugrün an.

Standort: Der Schönfußröhrling ist in Laub- und Nadelwäldern, besonders unter Fichten und Rotbuchen mitunter häufig anzutreffen, und zwar nur nur im Mittel- und Hochgebirge.

Erscheinungszeit: Juli bis Oktober.

Ähnliche Arten: Dieser Pilz kann mit dem giftigen **Satansröhrling** *(Boletus satanas)* und dem ungenießbaren Netzstieligen **Hexenröhrling** *(Boletus luridus)* verwechselt werden.

Synonyme: Dickfußröhrling, *Boletus pachypus, Tubiporus calopus.*

Vorsicht! Der Schönfußröhrling ist wegen seines recht bitteren Geschmacks, den er auch nach längerer Kochzeit nicht verliert, ungenießbar.

Flockenstieliger Hexenröhrling

Boletus erythropus

Der festfleischige Hut ist anfangs halbkugelig, später gewölbt und hat einen leicht gewellten Rand. Die Huthaut ist glatt, samtig und trocken. Der stämmige Stiel ist fest, dickbauchig und besitzt eine flockige Oberfläche. Die sehr kleinen rundlichen Poren sind von dunkelroter Farbe. Die Röhren sind sehr lang und gelbgrün gefärbt. Das anfangs feste Fleisch wird später schwammig; es hat einen angenehmen Geruch und einen milden Geschmack.

Farbveränderung: Der Hut kann hellbraun bis dunkelbraun gefärbt sein. An Druckstellen laufen die Poren schnell blau bis schwarzblau an. Die Röhren haben anfangs eine gelbe, später olivgrüne Färbung. Das Fleisch nimmt an der Luft eine intensive tinten- bis schwarzblaue Färbung an.

Standort: Der Flockenstielige Hexenröhrling tritt in Laub- und Nadelwäldern auf, besonders unter Rotbuchen, Eichen und Fichten, wobei er saure Böden bevorzugt.

Erscheinungszeit: Juni bis Oktober.

Ähnliche Arten: Er kann leicht mit dem **Netzstieligen Hexenröhrling** *(Boletus luridus)* verwechselt werden, von dem er sich dadurch unterscheidet, dass er keine Netzzeichnung am Stiel aufweist.

Synonyme: Schusterpilz, *Boletus luridiformis, Boletus miniatroporus.*

Vorsicht! Dieser erst nach entsprechender Kochzeit essbare Speisepilz ist im Rohzustand giftig.

Visitenkarte

Hut
ø 5-20 cm; braun

Stiel
5-15 cm; gelblich bis rötlich

Poren
rot

Fleisch
gelblich

Geruch
angenehm

Geschmack
mild

Sporen
olivbraun

Standort
Laub-, Nadelwald

Genießbarkeit
mit Vorsicht

Der Flockenstielige Hexenröhrling ist leicht an seinem rotflockigen Stiel erkennbar.

Netzstieliger Hexenröhrling

Boletus luridus

Visitenkarte

Hut
ø 6-20 cm; olivgelb bis -braun

Stiel
5-20 cm; gelblich

Poren
rötlich

Fleisch
gelblich

Geruch
obstartig

Geschmack
mild

Sporen
bräunlich

Standort
Laub-, Nadelwald

Genießbarkeit
mit Vorsicht

Der dickfleischige Hut ist anfangs kugelig, später gewölbt und schließlich mehr oder weniger flach ausgebreitet. Die Huthaut ist samtig, glatt und trocken, bei Feuchtigkeit auch etwas schmierig. Der sehr stämmige Stiel ist anfangs dickbauchig, später keulig und mit einem roten Netz überzogen. Die sehr feinen Poren haben eine rundliche Form. Die langen gelben Röhren sind nicht am Stiel angewachsen. Das eher feste Fleisch hat einen leicht obstartigen Geruch und einen milden Geschmack.

Farbveränderung: Die Färbung des Hutes kann von Olivgelb oder Olivbraun bis Ziegelrötlich und Tabakbraun reichen. Die Poren sind ebenso wie die Röhren zuerst gelb und später grün getönt; an Druckstellen laufen sie grünblau an. Der gelbe Stiel ist mit einem rötlichen Netz überzogen. An der Luft färbt sich das Fleisch rasch blaugrün bis tintenblau.

Standort: Dieser Pilz ist in Laub- und Nadelwäldern ebenso anzutreffen wie in Parkanlagen, und zwar vorwiegend auf lehmigem und kalkhaltigem Boden.

Erscheinungszeit: Juni bis Oktober.

Ähnliche Arten: Der Netzstielige Hexenröhrling kann mit dem **Flockenstieligen Hexenröhrling** *(Boletus erythropus)* verwechselt werden, der jedoch einen netzlosen Stiel besitzt.

Vorsicht! Dieser Pilz ist im rohen Zustand giftig und erzeugt mitunter schwere Verdauungsstörungen. Er sollte daher vor dem Verzehr stets ausreichend gekocht werden.

Das Fleisch des Netzstieligen Hexenröhrlings läuft bei Verletzung rasch tintenblau an. Früher glaubte man, dass dies mit Hexerei zu tun habe, heute weiß man, dass diese Erscheinung durch die Oxidation bestimmter Inhaltsstoffe des Pilzes verursacht wird.

Boletus pinicola • Kiefernsteinpilz

Der fleischige Hut ist anfangs halbkugelig, später gewölbt, mit samtiger bis filziger Oberfläche. Die glatte Huthaut ist bei feuchtem Wetter stets etwas klebrig. Der Hutrand ist bisweilen etwas bereift. Der stämmige rötlich braune Stiel ist vollständig von einem rotbraunen, am oberen Ende jedoch weißen Netz überzogen. Er besitzt eine birnenartige Form, d. h., er ist an der Basis bauchig verdickt. Die langen und dünnen Röhren haben kleine, rundlich geformte Poren. Das zarte Fleisch riecht würzig und schmeckt angenehm mild.

Farbveränderung: Der Hut ist von dunklem Rotbraun bis Kastanienbraun, wobei er am Rand stets leicht grünlich getönt ist. Die Poren und Röhren sind anfangs weiß, später gelb und schließlich olivfarben. Der hellbeige bis rötlich braune Stiel zeigt eine rotbraune Netzzeichnung. Das Fleisch ist im allgemeinen weiß, unter der Huthaut jedoch rötlich bis violett gefärbt.

Standort: Der relativ seltene Kiefernsteinpilz wächst, wie der Name schon sagt, vorwiegend unter Kiefern, ist aber auch unter Fichten und Buchen zu finden.

Erscheinungszeit: Juli bis Oktober.

Ähnliche Arten: Der Kiefernsteinpilz kann mit dem **Sommersteinpilz** *(Boletus reticulatus)*, dem **Schwarzhütigen Steinpilz** *(Boletus aereus)* und nicht zuletzt mit dem **Fichtensteinpilz** *(Boletus edulis)* verwechselt werden, die allesamt köstliche Speisepilze sind. Er sieht aber auch dem bitteren **Gallenröhrling** *(Tylopilus felleus)* ähnlich.

Synonyme: Rothütiger Steinpilz, *Boletus pinophilus.*

Visitenkarte

Hut
ø 8-25 cm; rötlich braun

Stiel
6-12 cm; hellbeige, rötlich braun

Poren
weiß, olivfarben

Fleisch
weiß

Geruch
würzig

Geschmack
angenehm

Sporen
bräunlich

Standort
Nadelwald

Genießbarkeit
ausgezeichnet

Visitenkarte

Hut
ø 3-5 cm;
gelbbräunlich

Stiel
2-4 cm;
gelbbräunlich

Poren
gelb

Fleisch
gelblich

Geruch
keiner

Geschmack
keiner

Sporen
olivbraun

Standort
Kartoffelbovist, Laub-, und Nadelwälder

Genießbarkeit
mittelmäßig

Schmarotzerröhrling • Boletus parasiticus

Bei diesem Pilz handelt es sich um einen Parasiten, der auf einem anderen Pilz, dem Kartoffelbovist, wächst. Sein festfleischiger Hut ist anfangs halbkugelig und schließlich flach, mit feinfilziger samtiger Oberfläche. Der oft gebogene Stiel hat eine filzige bzw. faserige Oberfläche und ist nach unten verjüngt. Die Röhren laufen am Stiel herab; ihre Poren sind eher weit und eckig. Das feste Fleisch zeigt keinen ausgeprägten Geruch oder Geschmack.

Farbveränderung: Der Hut ist gelbbräunlich oder olivgelblich gefärbt. Die Röhren sind ebenso wie die Poren anfangs zitronen- bis goldgelb, später zunehmend bräunlich getönt. Der Stiel ist gelbbräunlich gefärbt. Das Fleisch ist im allgemeinen von blassgelber Farbe, an der Stielbasis jedoch rötlich getönt.

Standort: Dieser seltene Pilz wächst in Laub- und Nadelwäldern auf Kartoffelbovisten.

Erscheinungszeit: August bis Oktober.

Synonyme: Parasitischer Röhrling, Parasitenröhrling, *Xerocomus parasiticus.*

Speisewert: Der Schmarotzerröhrling gilt als essbar, ist jedoch von eher geringem Wert.

Visitenkarte

Hut
ø 3-6 cm;
gelbbräunlich

Stiel
4-6 cm;
gelbbräunlich

Poren
zimtfarben

Fleisch
blassgelb

Geruch
wenig ausgeprägt

Geschmack
scharf

Sporen
ockerbräunlich

Standort
Mischwälder

Genießbarkeit
als Gewürzpilz

Pfefferröhrling • Boletus piperatus

Der Hut zeigt anfangs eine halbkugelige Form, später ist er gewölbt bis flach ausgebreitet. Die glatte Huthaut ist bei feuchtem Wetter schmierig. Der volle Stiel ist eher kurz und schlank. Die eher langen Röhren laufen etwas am Stiel herab; ihre Poren sind relativ groß und eckig. Das weiche Fleisch zeigt keinen ausgeprägten Geruch, dafür aber einen brennend scharfen Geschmack.

Farbveränderung: Der Hut ist gelb- bis orangebräunlich gefärbt, in seltenen Fällen kann er auch weinrot sein. Der Stiel ist meist hutfarben getönt. Röhren und Poren sind zimt- bis rostbraun gefärbt. Das Fleisch ist blassgelb, in der Stielbasis zeigt es häufig ein kräftiges Safrangelb.

Standort: Der recht verbreitete Pfefferröhrling ist in Nadel- und Mischwäldern anzutreffen, insbesondere unter Fichten und Kiefern.

Erscheinungszeit: August bis November.

Ähnliche Arten: Der Pfefferröhrling ist durch seinen pfefferscharfen Geschmack so gut wie unverwechselbar.

Synonyme: *Chalciporus piperatus, Suillus piperatus, Xerocomus piperatus.*

Schwarzblauender Röhrling

Boletus pulverulentus

Der festfleischige Hut ist anfangs halbkugelig, später gewölbt und schließlich flach, wobei der Rand oft leicht gewellt ist. Die Huthaut ist matt, feinsamtig und trocken. Bei feuchtem Wetter zeigt sie sich etwas klebrig. Der volle Stiel ist zylindrisch geformt und zur Basis hin verjüngt, wobei diese im Boden wurzelt. Die olivfarbenen Röhren sind am Stiel angewachsen und leicht vom Hut ablösbar; ihre Poren sind groß und eckig. Das eher feste Fleisch zeigt einen milden Geruch und einen angenehm milden Geschmack.

Farbveränderung: Der Hut kann olivgrau oder rotbräunlich gefärbt sein, wobei er sich bei Druck sofort dunkelblau verfärbt. Der rotbraune, an der Spitze gelbe Stiel zeigt eine körnig flockige Oberfläche. An Schadstellen läuft er dunkelblau an. Die äußerst druckempfindlichen Poren verfärben sich ebenfalls rasch dunkelblau. Druck- und Schnittstellen des gelben Fleisches laufen sofort tiefblau bis schwarzblau an.

Standort: Der Schwarzblauende Röhrling ist in Laub- und Nadelwäldern, insbesondere unter Eichen, Rotbuchen und Fichten, aber auch in Parkanlagen anzutreffen.

Erscheinungszeit: Juli bis Oktober.

Ähnliche Arten: Dieser Pilz unterscheidet sich von den übrigen Röhrlingen durch die an Druck- und Schnittstellen rasch auftretende Verfärbung des Fleisches.

Synonyme: Schwarzblauer Röhrling, *Xerocomus pulverulentus.*

Vorsicht! Nur junge Exemplare sind essbar, wiewohl von geringer Qualität. Ausgewachsen nimmt der Schwarzblauende Röhrling einen äußerst bitteren Geschmack an.

Visitenkarte

Hut
ø 5-12 cm; olivgrau, rotbräunlich

Stiel
5-10 cm; hutfarben

Poren
zitronengelb

Fleisch
gelb

Geruch
mild

Geschmack
mild

Sporen
olivfarben

Standort
Laub-, Nadelwald

Genießbarkeit
mittelmäßig

Purpurröhrling • Boletus purpureus

Visitenkarte

Hut
ø 5-20 cm; lederbraun

Stiel
6-15 cm; zitronengelb, rötlich

Poren
rötlich

Fleisch
zitronengelb

Geruch
fruchtig

Geschmack
wenig ausgeprägt

Sporen
olivbraun

Standort
Laubwald

Genießbarkeit
ungenießbar

Der ziemlich fleischige Hut ist anfangs kugelig, später gewölbt, mit leicht gewelltem Rand. Die samtige Huthaut ist in der Mitte felderig aufgerissen. Der stämmige birnenförmige Stiel ist im oberen Abschnitt zitronengelb, nach unten rötlich getönt und trägt ein rotes Netz. Die kleinen Poren sind manchmal rundlich, manchmal eckig geformt. Die eher langen Röhren sind am Stiel angewachsen. Das zähe Fleisch hat einen fruchtigen Geruch und keinen sehr ausgeprägten Geschmack.

Farbveränderung: Der Farbe des Hutes kann von Weißlich über Lederbraun bis Rötlich Ockerfarben reichen. Im Alter zeigt der Hut oft eine schmutzig blutrote bis schwarze Färbung. Die anfangs orangefarbenen Poren werden später rötlich und schließlich olivbraun. Die Röhren sind zuerst zitronengelb, später grünlich gelb und laufen bei Verletzung blau an. Das zitronengelbe Fleisch läuft an der Luft sehr rasch dunkelblau bis schwarz an, während es sich an der Stielbasis blutrot färbt.

Standort: Der Purpurröhrling ist vor allem in lichten Laubwäldern beheimatet.

Erscheinungszeit: Juli bis Oktober.

Ähnliche Arten: Der Purpurröhrling kann mit dem stark giftigen **Satanspilz** *(Boletus satanas)* vewechselt werden, der beim Anschneiden jedoch hellblau anläuft.

Der Stiel des Purpurröhrlings ist von einem dichten rötlichen Netz überzogen, dessen Farbe zur Basis hin dunkler wird.

Boletus regius • Königsröhrling

Der sehr fleischige Hut ist anfangs kugelig und später flach ausgebreitet, gelegentlich in der Mitte ein wenig niedergedrückt. Die Huthaut erscheint faserig filzig bis glatt. Der stämmige, an der Basis keulenförmig verdickte Stiel ist mit einem feinen Netz überzogen. Die ziemlich langen Röhren sind halbfrei, ihre eher kleinen Poren können rundlich oder eckig geformt sein. Das feste Fleisch riecht und schmeckt angenehm.

Farbveränderung: Der Hut kann gelblich oder braungelb bis zu Rosa oder Rot gefärbt sein. Die Röhren zeigen ebenso wie die Poren anfangs eine zitronengelbe, später eine olivfarbene Tönung. Der Stiel ist meist gelb, an der Basis oft karminrot getönt. Das gelbe Fleisch zeigt weder auf Druck noch im Anschnitt eine blaue Färbung.

Standort: Den Königsröhrling findet man heute nur noch selten. Er ist in Laubwäldern, insbesondere unter Rotbuchen oder Eichen beheimatet und wächst vorzugsweise auf kalkigen Böden.

Erscheinungszeit: Juli bis September.

Ähnliche Arten: Der Königsröhrling kann mit dem **Blauenden Königsröhrling** *(Boletus speciosus)* verwechselt werden, dessen Röhren aber rot gefärbt sind. Außerdem besteht eine Ähnlichkeit mit dem **Wolfsröhrling** *(Boletus lupinus)*.

Speisewert: Der Königsröhrlig ist ein ausgezeichneter Speisepilz, der auf Grund seiner Ergiebigkeit und seines hervorragenden Geschmacks äußerst beliebt ist und sich für viele Zubereitungsarten eignet.

Visitenkarte

Hut
ø 6-18 cm;
rot, gelbbraun

Stiel
5-15 cm;
gelb

Poren
zitronengelb

Fleisch
gelb

Geruch
angenehm

Geschmack
angenehm

Sporen
olivfarben

Standort
Laubwälder

Genießbarkeit
ausgezeichnet

Diesen ausgezeichneten Speisepilz trifft man heute leider nur noch selten an; seine bevorzugten Standorte liegen in der Nähe von Buchen und Eichen.

Sommersteinpilz • Boletus reticulatus

Visitenkarte

Hut
ø 8-20 cm; strohgelb

Stiel
6-15 cm; weißlich

Poren
weißlich gelb

Fleisch
weiß

Geruch
angenehm

Geschmack
leicht süßlich

Sporen
bräunlich

Standort
Laubwälder

Genießbarkeit
ausgezeichnet

Bei trockenem Klima wird die Huthaut des Sommersteinpilzes spröde und reißt in mosaikartige, schorfige kleine Schuppen auf.

Der fleischige Hut ist anfangs kugelig, später gewölbt. Seine Huthaut zeigt eine samtige, bisweilen aber auch raue, in kleine Schuppen zerrissene Oberfläche. Der zylindrische Stiel ist sehr fest und fleischig und zeigt eine dichte weißliche Netzzeichnung. Seine Basis ist mehr oder weniger keulig verdickt. Die rundlichen Poren und langen Röhren sind sehr fein, wobei Letztere am Stiel ausgebuchtet angewachsen sind. Das weiße Fleisch ist eher schwammig weich und zeigt einen starken Pilzgeruch sowie einen angenehm süßlichen Geschmack.

Farbveränderung: Der Hut kann blassstrohgelb bis blass tabakbraun gefärbt sein. Das Netz am Stiel hat eine weißliche bis hellbraune Färbung, wobei es zur Basis hin dunkler getönt ist. Das Fleisch ist im allgemeinen weiß, unter der Huthaut eher blassbräunlich getönt.

Standort: Der nicht sehr häufige Sommersteinpilz ist vorwiegend in Laubwäldern mit Buchen und Eichen, mitunter aber auch in Parkanlagen anzutreffen.

Erscheinungszeit: Juni bis Oktober.

Ähnliche Arten: Wenn er keine schorfige Huthaut besitzt, kann der Sommersteinpilz mit dem **Gallenröhrling** *(Tylopilus felleus)* verwechselt werden, der wegen seines bitteren Geschmacks zu meiden ist. Aber auch mit dem **Steinpilz** *(Boletus edulis)* besteht große Ähnlichkeit, wobei dieser hauptsächlich unter Fichten wächst.

Synonyme: Eichensteinpilz, *Boletus aestivalis*.

Speisewert: Der Sommersteinpilz ist ein süßlich schmeckender, ausgezeichneter Speisepilz, der sich für alle Zubereitungsarten hervorragend eignet (siehe Steinpilz).

Boletus satanas • Satansröhrling

Der breite Hut ist anfangs halbkugelig, später gewölbt und schließlich flach, mit mehr oder weniger gewelltem Rand. Die Huthaut ist matt und trocken. Die Röhren sind relativ lang, ihre Poren sind fein und rundlich geformt. Der auffallend kurze Stiel ist sehr stämmig, dickbauchig und - zumindest im oberen Abschnitt - mit einem feinen rötlichen Netz überzogen. Das weiße Fleisch ist eher weich bis schwammig und zeigt einen süßlichen Geschmack und - bei älteren Exemplaren - einen unangenehmen aasartigen Geruch.

Farbveränderung: Der Hut kann kalkweiß, grauweißlich oder hellolivgrau gefärbt sein. Der Stiel ist zumeist im oberen Abschnitt gelb und mit einem roten Netz überzogen, nach unten meist karminrot gefärbt. Die Basis ist zumeist gelbbräunlich getönt. Die Netzzeichnung ist meist von roter Farbe, kann aber auch weißlich oder olivfarben sein. Die anfangs gelben Poren färben sich später blutrot. Die Farbe der Röhren reicht von Gelb bis Grüngelb und zuletzt Blaugrün. Das weiße bis strohgelbe Fleisch läuft im Schnitt schwach blau an.

Standort: Der eher seltene Satansröhrling wächst in Laubwäldern, insbesondere unter Eichen und Rotbuchen, und bevorzugt kalkige Böden.

Ähnliche Arten: Der Satansröhrling kann mit dem **Purpurröhrling** *(Boletus purpureus)*, dem **Wurzelnden Bitterröhrling** *(Boletus albidus)*, dem **Schönfußröhrling** *(Boletus calopus)* sowie diversen Hexenröhrlingen verwechselt werden. Aber auch dem **Teufelsröhrling** *(Boletus satanoides)* sieht er ähnlich.

Vergiftungsgefahr: Der Satansröhrling ist zwar nicht so giftig wie sein Name vermuten lässt, roh gegessen erzeugt er jedoch heftiges Erbrechen, und auch gekocht führt er zu anhaltenden Magen- und Darmstörungen.

Visitenkarte

Hut
ø 8-25 cm;
olivgrau

Stiel
6-12 cm;
rot, gelblich

Poren
gelblich, rötlich

Fleisch
weißlich, gelb

Geruch
aasartig

Geschmack
süßlich

Sporen
olivbraun

Standort
Laubwälder

Giftigkeit
GIFTIG

Ziegenlippe • Boletus subtomentosus

Visitenkarte

Hut
ø 4-12 cm; olivgrün

Stiel
4-10 cm; gelblich

Poren
gelb

Fleisch
weißlich bis gelb

Geruch
kaum ausgeprägt

Geschmack
kaum ausgeprägt

Sporen
olivfarben

Standort
Laub- und Nadelwald

Genießbarkeit
mittelmäßig

Der fleischige Hut ist anfangs halbkugelig, später gewölbt, mit gewelltem Rand. Die Huthaut zeigt sich feinsamtig und trocken. Der recht stämmige Stiel ist zylindrisch geformt und an der Basis mitunter leicht verjüngt. Die Oberfläche des Stiels erscheint feinkörnig rau bis filzig. Die eher großen Poren sind eckig geformt. Die Röhren sind gut entwickelt und am Stiel mit einem Zähnchen angewachsen. Das feste Fleisch zeigt keinen ausgeprägten Geruch und Geschmack.

Farbveränderung: Die Farbe des Hutes kann von Olivgrünlich bis Olivbräunlich reichen. Die samtige Huthaut kann mit der Zeit spröde werden und stellenweise aufspringen, sodass sie rissig gefeldert erscheint. Der gelbe festfleischige Stiel zeigt eine rötlich braune Marmorierung. Die lange Zeit leuchtend gelb gefärbten Röhren werden allmählich grünlich bis bräunlich gelb.

Standort: Die Ziegenlippe ist ein verbreiteter Pilz, der in Laub- und Nadelwäldern gedeiht.

Erscheinungszeit: Juli bis Oktober.

Ähnliche Arten: Dieser Pilz kann mit dem **Braunen Filzröhrling** *(Boletus ferrugineus)* und dem **Rotfußröhrling** *(Boletus chrysenteron)* verwechselt werden. Von Letzterem unterscheidet er sich dadurch, dass sein Fleisch unter der Huthaut nicht rötlich gefärbt ist.

Synonyme: Filziger Röhrling, *Xerocomus subtomentosus*, *Boletus communis*.

Speisewert: Die Ziegenlippe ist essbar, wenngleich sie auch wegen ihres geschmacksarmen Fleisches als eher geringwertig angesehen wird.

Leccinum aurantiacum • Espenrotkappe

Der Hut ist anfangs halbkugelig, dann polsterförmig und schließlich flach, wobei die Huthaut über den Rand hinaus steht. Die Haut ist feinfilzig und bei feuchtem Wetter etwas schmierig. Der kräftige Stiel ist oft nach oben etwas verjüngt; er ist weißgrau gefärbt und von weißen, in Längsstreifen angeordneten Wärzchen bedeckt, die sich mit der Zeit orange bis rotbraun verfärben. Die Poren sind rundlich und fein und verfärben sich bei Druck bräunlich. Die Röhren sind lang und quellen beim alten Pilz oft unter dem Hutrand hervor, wobei sie dann etwas schwammig werden. Das Fleisch des Pilzes ist fest und weich und zeigt einen angenehmen Geruch und Geschmack.

Visitenkarte

Hut
ø 5-15 cm; rötlich

Stiel
6-20 cm; weißlich

Poren
grau

Fleisch
weiß

Geruch
angenehm

Geschmack
angenehm

Sporen
ockerfarben

Standort
Laubwald

Genießbarkeit
gut

Farbveränderung: Die Färbung des Hutes bewegt sich zwischen Orange und Rötlich Braun. Die Poren sind zunächst weißlich und verfärben sich später grau. Die Röhren können weiß bis gelbgrau gefärbt sein. Das Fleisch ist weiß, verfärbt sich aber an der Luft lila bis purpurgrau und wird schließlich schwarz.

Standort: Die Espenrotkappe ist praktisch ausschließlich unter Zitterpappeln (Espen) anzutreffen, und zwar oft an grasigen Standorten bzw. am Waldrand. Dieser Pilz ist jedoch in letzter Zeit deutlich seltener zu finden.

Erscheinungszeit: Juni bis Oktober.

Ähnliche Arten: Große Ähnlichkeit besteht mit der **Kiefernrotkappe** *(Leccinum vulpinum)*, die, wie der Name sagt, unter Kiefern zu finden ist.

Synonyme: Pappelrotkappe, *Boletus aurantiacus*, *Boletus rufus*, *Leccinum rufum*.

Speisewert: Die Espenrotkappe ist ein guter Speisepilz. Vor der Zubereitung sollte jedoch das Fruchtfleisch mit den Röhren entfernt werden.

Hainbuchenröhrling • Leccinum griseum

Visitenkarte

Hut
ø 3-12 cm; graubraun

Stiel
8-14 cm; graubraun

Poren
weißlich

Fleisch
weiß

Geruch
keiner

Geschmack
mild

Sporen
braun

Standort
Laubwald

Genießbarkeit
mittelmäßig

Der fleischige Hut ist anfangs halbkugelig, dann polsterförmig und schließlich flach gewölbt, wobei der Hutrand zunächst noch eingerollt ist. Die Huthaut ist bereift und beim jungen Pilz grubig runzelig, später oft felderig aufgerissen. Bei feuchtem Wetter wird die Oberfläche etwas klebrig. Der Stiel ist zylindrisch bzw. leicht nach oben verjüngt und weist eine rippig längsfaserige Oberfläche auf; die anfangs grauen Wärzchen mit denen er überzogen ist, verfärben sich mit der Zeit braun und schließlich fast schwarz. Die Poren sind sehr klein und rund. Die langen Röhren sind am Stiel tief ausgebuchtet. Das weiße Fleisch des Pilzes ist im Hut ziemlich weich, im Stiel aber faserig und fest. Es hat keinen nennenswerten Geruch und schmeckt angenehm mild.

Farbveränderung: Die Färbung des Hutes variiert zwischen Bräunlich Grau und Aschgrau bis hin zu Gelbbraun und Weißlich. Mit zunehmender Reife zieht sich die Huthaut etwas zurück, sodass die Röhren am Rand unbedeckt sind. Röhren und Poren sind anfangs cremefarben, später grau getönt. Das Fleisch verfärbt sich an der Luft zunächst rosaviolett, dann grau und schließlich mehr oder weniger schwarz. Beim Erhitzen verfärbt es sich völlig schwarz.

Standort: Dieser Pilz wächst im Laubwald, vor allem unter Hainbuchen, daneben aber auch unter Pappeln, Birken und Haselsträuchern.

Erscheinungszeit: Juni bis Oktober.

Ähnliche Arten: Der Hainbuchenröhrling kann leicht mit dem **Birkenröhrling** *(Leccinum scabrum)* sowie dem **Pappelröhrling** *(Leccinum duriusculum)* verwechselt werden, die beide ebenfalls genießbar sind.

Synonyme: *Leccinum carpini, Boletus scaber, Boletus griseus.*

Speisewert: Der Hainbuchenröhrling ist essbar, jedoch nicht von besonders hoher Qualität. Er sollte jedenfalls bald nach dem Sammeln zubereitet werden, da das wässrige Fleisch sich nicht lange hält. Außerdem sollten Stiel und Huthaut nicht mitverwendet werden.

Boletinus cavipes • Hohlfußröhrling

Der eher dünne, elastische Hut ist anfangs kegelig glockig, später abgeflacht und mit einem stumpfen niedrigen Höcker versehen. Der dünne Hutrand ist oft mit Schleierresten behangen. Die trockene Huthaut ist filzig haarig überzogen. Der Stiel ist oft in der Mitte verdickt und bisweilen gebogen; er ist völlig hohl, wobei der Hohlraum sich bei Regen mit Wasser füllt. Am oberen Teil ist ein filzig flockiger Ring aus Schleierresten zu erkennen. Die zackig vorspringenden Poren sind weit und von unregelmäßiger bis länglicher Form. Die kurzen Röhren sind auffallend fest mit dem Hutfleisch verbunden. Sie sind durch Querwände, die vom Stielansatz zum Hutrand verlaufen, weiter unterteilt. Das elastisch weiche Fleisch ist geruchlos und hat einen milden Geschmack.

Farbveränderung: Der Hut kann zimtbraun bis orangebraun, in seltenen Fällen auch gelb gefärbt sein. Die Röhren sind ebenso wie die Poren zunächst gelb und später grünlich gelb getönt. Das Fleisch ist von blassgelber bzw. zitronengelber Farbe.

Standort: Der Hohlfußröhrling ist in Nadelwäldern im Gebirge beheimatet, wo er ausschließlich unter Lärchen wächst.

Erscheinungszeit: August bis Oktober.

Ähnliche Arten: Von den übrigen Röhrlingen unterscheidet sich dieser Pilz vor allem durch seinen von Anfang an hohlen Stiel.

Synonym: *Boletus cavipes.*

Speisewert: Der Hohlfußröhrling ist zwar essbar, auf Grund des gummiartigen Fleisches aber nicht allzu begehrt. Er eignet sich vor allem zum Trocken bzw. als Würzpilz.

Visitenkarte

Hut
ø 4-12 cm; braun

Stiel
4-10 cm; braun

Poren
gelb

Fleisch
gelblich

Geruch
keiner

Geschmack
mild

Sporen
gelbgrün

Standort
Nadelwald

Genießbarkeit
mittelmäßig

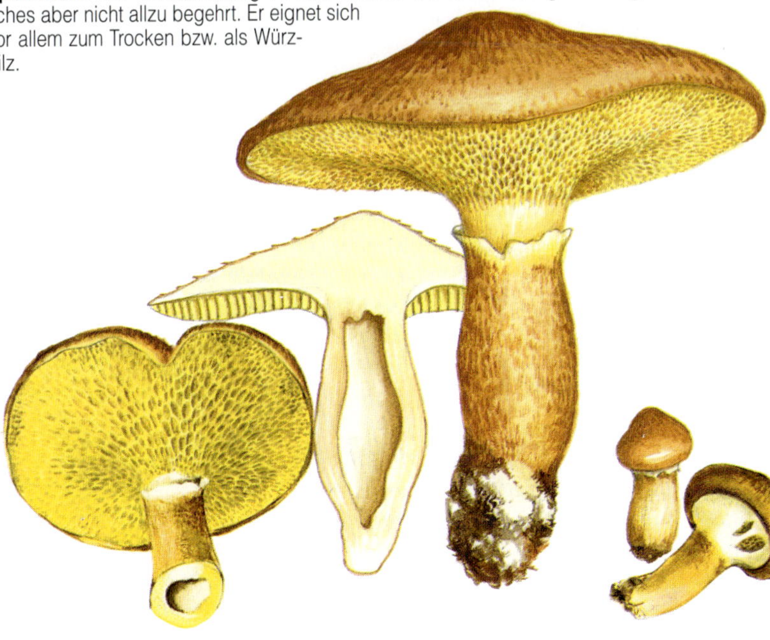

Maronenröhrling • Xerocomus badius

Visitenkarte

Hut
ø 4-15 cm; braun

Stiel
4-12 cm; hellbraun

Poren
weißlich

Fleisch
weißlich

Geruch
schwach obstartig

Geschmack
mild

Sporen
bräunlich

Standort
Nadelwald

Genießbarkeit
gut

Der recht fleischige Hut ist anfangs halbkugelig, später polsterförmig gewölbt, wobei der Hutrand bei jungen Pilzen noch eingerollt, später bisweilen sogar nach oben gebogen ist. Die Hutoberfläche ist für gewöhnlich feinsamtig matt, wird jedoch bei feuchtem Wetter etwas schmierig. Der festfleischige Stiel kann zylindrisch, aber auch bauchig bis dickknollig geformt sein, wobei er eine faserig streifige Oberfläche aufweist. Die Röhren sind am Stiel angewachsen bzw. buchtig vertieft und mit kleinen eckigen Poren versehen. Das zarte Fleisch lässt einen schwach obstartigen Geruch erkennen und schmeckt angenehm mild.

Farbveränderung: Der Hut ist von mehr oder weniger dunkler kastanienbrauner Farbe. Der Stiel ist anfangs hellbraun bereift, später faserig bis glatt. Die Poren sind zunächst weißlich, später gelblich bis grünlich, wobei sie sich bei Berührung grünblau verfärben. Die Röhren sind zunächst blassgelb, später hellgrün und schließlich olivgrün getönt. Das Fleisch des Pilzes ist weiß bis gelblich gefärbt und läuft bei Druck blau an.

Standort: Der Maronenröhrling ist vor allem in Nadelwäldern beheimatet, insbesondere unter Kiefern und Fichten. Gelegentlich tritt er jedoch auch im Laubwald bei Eichen und Buchen auf.

Erscheinungszeit: Juni bis November.

Ähnliche Arten: Der Maronenröhrling wird bisweilen für einen **Steinpilz** *(Boletus edulis)* gehalten, wobei Letzterer außer an der Netzzeichnung am Stiel auch daran erkennbar ist, dass er bei Verletzung keinerlei Verfärbung von Röhren und Fleisch zeigt.

Synonyme: *Braunhäuptchen, Boletus badius, Suillus badius.*

Speisewert: Der Maronenröhrling ist ein sehr guter Speisepilz, der für viele verschiedene Zubereitungsarten geeignet ist. Er kann auch in Essig oder in Öl konserviert werden.

Die Huthaut des Maronenröhrlings zeigt vor allem bei trockenem Wetter ein feinsamtiges dunkles Braun.

Suillus grevillei • Goldröhrling

Der festfleischige Hut ist anfangs halbkugelförmig, später ausgebreitet gewölbt, bisweilen auch mit stumpfem Höcker, wobei der Rand lange eingerollt bleibt. Die Hutoberfläche ist bei feuchtem Wetter stark schleimig. Der feste, elastische Stiel ist meist zylindrisch, bisweilen auch an der Basis verdickt. Seine Oberfläche erscheint an der Spitze schwach netzig, im unteren Teil faserig bis flockig. Die kurzen Röhren sind am Stiel angewachsen bzw. etwas herablaufend. Die Poren sind rundlich und klein. Das weiche Fleisch riecht leicht fruchtartig und schmeckt mild.

Farbveränderung: Die Farbe des Hutes variiert zwischen Hellgelb und Orange- bis Rotbraun. Der Stiel ist gelblich bis orangebraun getönt. Die Poren sind zunächst gelb, später olivbraun und verfärben sich auf Druck rotbräunlich. Die Röhren zeigen die gleichen Farben wie die Poren, verfärben sich aber bei Druck eher rötlich grau. Das hellgelb gefärbte Fleisch nimmt beim Durchschneiden einen rosa bis bräunlichen Farbton an.

Standort: Der Goldröhrling ist in Nadel- und Mischwäldern beheimatet, wo er stets unter Lärchen zu finden ist. Vor allem im Bergland tritt er in größeren Gruppen auf.

Erscheinungszeit: Juli bis Oktober.

Ähnliche Arten: Der Goldröhrling wird bisweilen mit dem **Butterröhrling** *(Suillus luteus)* sowie mit dem **Moorröhrling** *(Suillus flavidus)* verwechselt, die beide vorzugsweise unter Kiefern zu finden sind.

Synonyme: *Goldgelber Lärchenröhrling, Boletus grevillei, Suillus elegans, Ixocomus elegans.*

Speisewert: Von diesem Pilz sind ausschließlich die jungen Exemplare genießbar. Die schleimige Huthaut sowie die Röhren sollten allerdings vor der Zubereitung entfernt werden.

Visitenkarte

Hut
ø 4-15 cm; gelb

Stiel
4-10 cm; gelb

Poren
gelb

Fleisch
gelblich

Geruch
schwach obstartig

Geschmack
mild

Sporen
gelblich braun

Standort
Nadelwald

Genießbarkeit
mittelmäßig

Körnchenröhrling • Suillus granulatus

Visitenkarte

Hut
ø 4-10 cm; ockerfarben

Stiel
4-9 cm; gelb

Poren
gelb

Fleisch
gelblich

Geruch
angenehm obstartig

Geschmack
mild

Sporen
ockerfarben

Standort
Nadelwald

Genießbarkeit
gut

Der weichfleischige Hut ist anfangs halbkugelig, dann flach gewölbt, wobei der Rand zunächst eingerollt und später nach oben gebogen ist. Die glatte, glänzende Huthaut ist leicht abziehbar und bei feuchtem Wetter sehr schmierig. Der volle, feste Stiel ist meist zylindrisch, bisweilen auch im unteren Teil verdickt und an der Basis wieder verjüngt. An der Spitze ist er mit körnigen Wärzchen besetzt, von denen sich auch der Name des Pilzes herleitet. Die Röhren sind gerade am Stiel angewachsen oder etwas herablaufend, ihre kleinen Poren sind etwas unregelmäßig bis eckig geformt und sondern eine milchfarbene Flüssigkeit in Form von Tröpfchen ab, die sich mit der Zeit braun verfärben und zu kleinen Körnchen eintrocknen. Das zarte und feste, beim älteren Pilz eher schwammige Fleisch hat einen angenehm obstartigen Geruch und einen milden Geschmack.

Farbveränderung: Der Hut kann in ockergelber, gelblich brauner bis rötlich brauner Farbe auftreten. Die körnigen Wärzchen am Stiel sind anfangs gelblich weiß und nehmen mit der Zeit einen braunen Farbton an. Die Röhren sind beim jungen Pilz blassgelb, später olivgelb; ihre Poren sind anfangs blassgelb und werden zunehmend schwefelgelb.

Standort: Der Körnchenröhrling ist im Nadelwald zu Hause, wo er vor allem unter Kiefern zu finden ist. Oft tritt er scharenweise am Waldrand oder an lichten Stellen auf. Besonders gut wächst er auf trockeneren kalkhältigen Böden.

Erscheinungszeit: Mai bis Oktober.

Ähnliche Arten: Große Ähnlichkeit besteht mit dem **Ringlosen Butterpilz** *(Suillus collinitus)*, der jedoch keine Tröpfchen aus den Poren absondert.

Synonyme: Schmerling, *Boletus granulatus, Boletus circinatus, Ixocomus granulatus.*

Vorsicht! Genießbar sind nur junge, unreife Pilze. Ältere Exemplare sind oft nicht gut verdaulich und können bisweilen Durchfall hervorrufen. Wie bei allen Schmierröhrlingen, sollte man auch bei diesem Pilz die schleimige Huthaut vor der Zubereitung abziehen. Dabei sollte man am besten Gummihandschuhe tragen, da der Pilz eine Substanz abscheidet, deren Färbung höchst schwer zu entfernen ist.

Suillus luteus • Butterpilz

Der dickfleischige Hut ist zu Beginn halbkugelig, später zunehmend flach gewölbt, wobei der Rand etwas gewellt sein kann. Die vollkommen abziehbare Huthaut ist bei Trockenheit glänzend, bei feuchtem Wetter stark schleimig und weist nicht selten eine feine, eingewachsene Maserung auf. Der volle, kurze Stiel ist zylindrisch geformt, bisweilen auch abwärts verdickt und besitzt im oberen Teil einen breiten, häutigen Ring. Die langen Röhren sind am Stiel gerade angewachsen bis leicht herablaufend und haben feine, rundlich bis eckig geformte Poren. Das weiche, saftige Fleisch lässt einen leicht obstartigen Geruch und einen etwas säuerlichen Geschmack erkennen.

Farbveränderung: Der Hut ist von brauner Farbe mit mehr oder weniger deutlichen violetten Schattierungen. Der Stiel ist oberhalb des Rings gelb mit dunklen Körnchen, darunter graubräunlich gefärbt. Der Ring ist anfangs klebrig und von weißlicher Farbe, später wird er zunehmend trockener und nimmt einen violetten bis bräunlichen Farbton an. Das Fleisch des Pilzes kann weiß bis gelblich sein.

Standort: Der Butterpilz ist im Nadelwald beheimatet, und zwar ausschließlich unter Kiefern. Er ist in ganz Europa verbreitet.

Erscheinungszeit: Juni bis Oktober.

Ähnliche Arten: Sein Standort sowie der große häutige Ring machen den Butterpilz so gut wie unverwechselbar.

Synonyme: Butterröhrling, *Boletus luteus, Boletus annulatus, Ixocomus luteus.*

Vorsicht! Auch von diesem Pilz sind nur junge Exemplare genießbar. Ältere Pilze sind oft nicht besonders gut verdaulich, angeblich treten bei manchen Menschen allergieartige Erscheinungen auf. Auch beim Butterpilz ist vor der Zubereitung die schleimige Huthaut zu entfernen.

Visitenkarte

Hut
ø 4-12 cm; braun

Stiel
4-10 cm; gelblich

Poren
gelb

Fleisch
weißlich

Geruch
obstartig

Geschmack
säuerlich

Sporen
braun

Standort
Nadelwald

Genießbarkeit
gut

Der Hut des Butterpilzes ist stark schleimig und oft von Kiefernnadeln bedeckt.

Gallenröhrling • Tylopilus felleus

Visitenkarte

Hut
ø 5-12 cm;
bräunlich

Stiel
5-14 cm;
bräunlich

Poren
weiß
bis rosa

Fleisch
weiß

Geruch
pilzartig

Geschmack
sehr bitter

Sporen
rosa

Standort
Nadelwald

Genießbarkeit
ungenießbar

Der dickfleischige Hut ist anfangs halbkugelig, später polsterförmig gewölbt bis flach, wobei der Rand oft gewellt ist. Die Oberhaut ist trocken und feinfilzig. Der bräunliche Stiel ist unten stets etwas bauchig; er ist von einem erhabenen grobmaschigen Netz überzogen, das etwas dunkler gefärbt ist als der Untergrund. Die Röhren sind um den Stiel herum eingebuchtet, ihre engen Poren sind anfangs rundlich, später eher eckig. Das feste, im Alter schwammige Fleisch hat einen leicht pilzartigen Geruch und einen bitteren Geschmack.

Farbveränderung: Die Färbung des Hutes variiert zwischen Hellbraun und Gelblich. Die Netzzeichnung des Stieles ist an der Basis etwas weniger stark ausgeprägt. Die Röhren sind ebenso wie die Poren anfangs grauweiß, später rosafarben. Beim Anschnitt verfärbt sich das Fleisch rosa.

Standort: Der Gallenröhrling ist recht häufig in Nadelwäldern zu finden, insbesondere unter Kiefern und Fichten; bisweilen tritt er auch unter Laubbäumen auf.

Erscheinungszeit: Juni bis Oktober.

Ähnliche Arten: Der junge Gallenröhrling hat große Ähnlichkeit mit dem **Steinpilz**, unterscheidet sich von diesem jedoch durch das viel stärker ausgeprägte Netz am Stiel.

Synonym: *Boletus felleus.*

Auriscalpium vulgare • Ohrlöffelstacheling

Der dünnfleischige Hut ist halbkreis- oder nierenförmig und leicht gewölbt. Die Huthaut ist dicht und zottig von aufrecht stehenden Borsten bedeckt. Der dünne Stiel ist an der Basis verdickt, an der Spitze verjüngt und stets etwas seitlich am Hut angewachsen. Auch er weist - ähnlich wie der Hut - eine borstige bzw. haarig filzige Oberfläche auf. An der Hutunterseite sind dicht stehende zähe Stacheln von mehreren Millimetern Länge zu erkennen. Das zäh-elastische Fleisch verfügt über keinen nennenswerten Geruch oder Geschmack.

Farbveränderung: Die Färbung des Hutes bewegt sich zwischen Gelblich Braun und nahezu Schwarz. Der Stiel ist dunkelbraun bis schwarz gefärbt. Die Stacheln an der Hutunterseite sind zunächst rosa, später braun getönt. Beim reifen Pilz werden sie von den Sporen, die sich dort ansammeln, weiß verfärbt.
Standort: Der Ohrlöffelstacheling wächst auf abgefallenen Kiefernzapfen und ist das ganze Jahr über recht häufig anzutreffen.
Erscheinungszeit: Januar bis Dezember.
Ähnliche Arten: Dieser Pilz ist kaum mit anderen Arten zu verwechseln.
Synonyme: Ohrlöffelpilz, *Hydnum auriscalpium*.

Visitenkarte

Hut
Ø 1-2 cm;
bräunlich
Stiel
2-8 cm;
bräunlich
Stacheln
bräunlich
Fleisch
weiß
Geruch
keiner
Geschmack
keiner
Sporen
weiß
Standort
Nadelwald
Genießbarkeit
ungenießbar

Lentinellus cochleatus • Aniszähling

Der trichterförmige Hut ist auf einer Seite gespalten; er ist unregelmäßig gelappt und verbogen und hat einen dünnen, eingerollten Rand. Die Huthaut ist glatt, glänzend und etwas klebrig, bei trockenem Wetter aber stets trocken und runzelig furchig. Der rippig gefurchte Stiel ist an der Basis verjüngt und setzt stets seitlich am Hut an. Die Lamellen stehen nicht allzu gedrängt; sie sind an der Schneide gezähnt und laufen weit am Stiel herab. Das lederig zähe Fleisch hat einen charakteristischen Anisgeruch und einen nicht unangenehmen süßen Geschmack.
Farbveränderung: Der Hut ist ocker- bis rotbraun gefärbt. Der Stiel zeigt dieselbe Färbung wie der Hut, wobei die Stielbasis stets etwas dunkler getönt ist. Die Lamellen sind zunächst weißlich, später rosa gefärbt.
Standort: Der Aniszähling ist recht weit verbreitet und wächst in dichten Büscheln auf totem Laub- und Nadelholz.

Erscheinungszeit: Juli bis Oktober.
Synonym: *Lentinus cochleatus*.
Vorsicht! Essbar sind lediglich junge Exemplare, da das Fleisch des Aniszählings immer zäher und damit zunehmend ungenießbarer wird.

Visitenkarte

Hut
Ø 3-8 cm;
ocker,
rotbraun
Stiel
3-5 cm;
rötlich braun
Lamellen
weißlich
Fleisch
rötlich
Geruch
nach Anis
Geschmack
süß
Sporen
weiß
Standort
Laub-, Nadelholz
Genießbarkeit
mittelmäßig

Pfifferling • Cantharellus cibarius

Visitenkarte

Hut
Ø 3-10 cm; gelb
Stiel
3-8 cm; gelb
Leisten
gelb
Fleisch
gelblich
Geruch
fruchtig
Geschmack
leicht scharf
Sporen
gelb
Standort
Laub- und Nadelwald
Genießbarkeit
ausgezeichnet

Der fleischige Hut ist zunächst gewölbt, später trichterförmig mit lappigem, unregelmäßig gebogenem Rand. Der kurze stämmige Stiel ist an der Basis verjüngt und geht nach oben verbreitert in den Hut über. Die faltenförmigen, gabelig verzweigten Leisten an der Huntunterseite laufen weit am Stiel herab. Das feste Fleisch ist im Stiel eher faserig und verströmt einen angenehm fruchtigen Geruch, wobei der rohe Pilz eine gewisse Schärfe im Geschmack erkennen lässt.

Farbveränderung: Der Hut ist zumeist von satter dottergelber Farbe (»Eierschwamm«), bisweilen auch orangegelb oder blassgelb. Leisten und Stiel zeigen den gleichen Farbton wie der Hut. Das Fleisch ist im Inneren eher weißlich, nach außen hin gelblich getönt.

Standort: Der Pfifferling ist ein verbreiteter Pilz in Mischwäldern und vor allem in Nadelwäldern, wo er oft unter Fichten und Kiefern im Moos zu finden ist. Er ist mittlerweile fast nur noch in höheren Lagen in großer Zahl anzutreffen.

Erscheinungszeit: Juni bis Oktober.

Ähnliche Arten: Eine gewisse Ähnlichkeit besteht mit dem **Samtigen Leistling** *(Cantharellus friesii)*, der ebenfalls essbar, aber eher orangefarben getönt ist.

Synonyme: Eierschwamm, Reherl.

Der Pfifferling ist sowohl im Misch- als auch im Nadelwald des Gebirges weit verbreitet, wo er auf Moospolstern oder zwischen Laub- und Nadelstreu anzutreffen ist.

KULINARISCHE HINWEISE

Der Pfifferling gilt als sehr guter Speisepilz, der auf verschiedenste Weise zubereitet werden kann, wobei von Vorteil ist, dass er selten von Insektenlarven oder Schnecken befallen wird. Man ist bei diesem Pilz auch nicht darauf angewiesen, ihn selbst zu sammeln, da er häufig auf Märkten und in Lebensmittelgeschäften angeboten wird. Der Pfifferling ist gut gegart als Beilage für Fleischgerichte ebenso geeignet wie als Fülle für Omelettes, als Sauce zu Nudelgerichten oder als Verfeinerung von Risotto.

Herbsttrompete

Craterellus cornucopioides

Bei diesem Pilz ist keine herkömmliche Gliederung in Hut und Stiel zu erkennen - vielmehr haben wir es mit einem trichterförmig hohlen Fruchtkörper zu tun, dessen oberer, trompetenartig geformter Teil einen lappigen bzw. welligen, nach außen gebogenen Rand aufweist. Die Huthaut ist von kleinen dunklen Schüppchen bedeckt. Die sporenbildende Schicht wird von nicht allzu deutlich ausgeprägten grauen Runzeln bzw. Falten gebildet. Das dünne, häutige und eher elastische Fleisch ist im Geruch sowie im Geschmack recht mild.

Farbveränderung: Die Hutoberfläche ist rußgrau bis graubraun gefärbt, während die Außenseite des Fruchtkörpers von grauer Farbe mit bläulichen oder violetten Schattierungen ist.

Standort: Die Herbsttrompete ist oft in dichten Büscheln in Laubwäldern, insbesondere bei Buchen zu finden, tritt etwas seltener aber auch in Nadelwäldern auf. Der Pilz bevorzugt Lehm- oder Kalkböden.

Erscheinungszeit: August bis November.

Ähnliche Arten: Dieser Pilz ist in Form und Farbe absolut einzigartig und daher nicht zu verwechseln.

Synonyme: Totentrompete, Kraterpilz, *Cantharellus cornucopioides*.

Speisewert: Trotz seiner wenig verlockenden Farbe ist die Herbsttrompete als Speisepilz sehr beliebt. Das etwas zähe Fleisch macht jedoch eine längere Kochzeit notwendig. Durchaus lohnenswert erscheint es, den Pilz zu trocknen und - zu Pulver zerrieben - als delikate Würze von verschiedensten Speisen zu verwenden.

Visitenkarte

Hut
Ø 3-10 cm; graubraun

Stiel
3-7 cm; grau

Fleisch
grauschwärzlich

Geruch
mild

Geschmack
mild

Sporen
weiß

Standort
Laub- und Nadelwald

Genießbarkeit
gut

Die vor allem in Buchenwäldern häufig auftretende Herbsttrompete ist durch ihre charakteristische Trichterform mit keinem anderen Pilz zu verwechseln.

Trompetenpfifferling

Cantharellus infundibuliformis

Visitenkarte

Hut
Ø 2-6 cm; braun
Stiel
3-8 cm; gelblich
Leisten
gelblich
Fleisch
gelb
Geruch
schwach ausgeprägt
Geschmack
mild
Sporen
gelb
Standort
Laub-, Nadelwald
Genießbarkeit
mittelmäßig

Der fleischige Hut ist anfangs gewölbt und in der Mitte leicht genabelt und bildet schließlich einen tiefen Trichter mit gelapptem bzw. gewelltem Rand. Die Huthaut ist von feinen Schuppen bedeckt. Der hohle, zylindrische Stiel wirkt teilweise in der Längsrichtung eingebuchtet bzw. gequetscht. Die gabelig verzweigten Leisten sind queraderig miteinander verbunden und laufen am Stiel herab. Das dünne Fleisch zeigt keinen nennenswerten Geruch und einen milden Geschmack.

Farbveränderung: Der Hut kann graubraun bis gelblich grau gefärbt sein. Die Leisten sind zunächst gelb, später grau getönt.

Standort: Der Trompetenpfifferling ist vor allem an feuchten Standorten im Nadelwald zu finden, kommt aber auch in Laubwäldern vor.

Erscheinungszeit: Juli bis November.

Ähnliche Arten: Verwechslungsmöglichkeit mit dem **Duftenden** oder **Goldstieligen Leistling** *(Cantharella lutescens)*.

Speisewert: Der Trompetenpfifferling ist zwar essbar, wird aber auf Grund seines etwas zähen Fleisches als Speisepilz nicht sehr geschätzt.

Duftender Leistling

Cantharellus lutescens

Visitenkarte

Hut
Ø 2-8 cm; braun
Stiel
3-10 cm; goldgelb, orange
Leisten
rosa, orangegelb
Fleisch
gelblich
Geruch
stark fruchtig
Geschmack
mild
Sporen
weiß
Standort
Nadelwald
Genießbarkeit
sehr gut

Der dünnfleischige Hut ist anfangs nabelig eingedrückt, bald aber zum Stiel durchbohrt und trichterförmig vertieft. Die Huthaut erscheint oft faserig, später eher kahl, wobei der Rand gelappt bis gewellt ist. Die Hutunterseite ist von gabelig verzeigten Adern oder Rippen durchzogen, die eher entfernt stehen und nur schwach hervortreten und die außerdem am Stiel herablaufen. Der hohle Stiel ist nach unten verjüngt; er wirkt breitgedrückt und ist bisweilen von Längsfurchen durchzogen. Das dünne, zähe Fleisch verströmt einen ausgeprägt fruchtartigen Geruch, der im Alter eher unangenehm wird, es schmeckt angenehm mild.

Farbveränderung: Die Hutfarbe variiert zwischen Gelbbräunlich und Schwarzbraun. Der Stiel ist goldgelb bis orangegelb gefärbt. Die Hutunterseite ist anfangs rosaviolett und verfärbt sich mit der Zeit orangegelb.

Standort: Der Duftende Leistling ist in höher gelegenen Nadelwäldern vor allem auf Kalkböden beheimatet, wo er unter Fichten und Tannen und bisweilen auch unter Laubbäumen zu finden ist.

Erscheinungszeit: August bis November.

Ähnliche Arten: Der Duftende Leistling kann mit dem **Trompetenpfifferling** *(Cantharellus infundibuliformis)* und dem **Gelbstieligen Trompetenpfifferling** *(Cantharellus tubaeformis)* verwechselt werden, die an ähnlichen Standorten zu finden sind.

Synonyme: Goldstieliger Pfifferling, Gelbe Kraterelle, Gelbe Kantharelle, *Cantharellus xanthopus*.

Gelbstieliger Trompetenpfifferling

Cantharellus tubaeformis

Der dünnfleischige Hut ist anfangs gewölbt und später trichterförmig; in der Mitte ist er zunächst nur genabelt, dann aber zum Stiel durchbohrt. Der nach unten gekrümmte Hutrand wirkt etwas wellig und häutig. Die Huthaut ist von feinen Schüppchen bedeckt, was ihr ein faserig filziges Aussehen verleiht. Der hohle Stiel ist von zylindrischer Gestalt und wirkt oft etwas breitgedrückt. Die gegabelten, bisweilen queraderig verbundenen Leisten stehen eher entfernt und laufen etwas am Stiel herab. Das Fleisch ist sehr zäh und lässt einen erdartigen Geruch erkennen, wobei der Geschmack recht mild ist.

Farbveränderung: Der Hut ist beim jungen Pilz kräftig gelb, später eher gelbbraun bis graubraun gefärbt. Der Stiel ist gelb mit bräunlichen Tönungen. Die Leisten sind anfangs gelb, später bläulich grau gefärbt.

Standort: Der Gelbstielige Trompetenpfifferling ist in kleinen Gruppen in höher gelegenen Laub- und Nadelwäldern zu finden.

Erscheinungszeit: Juli bis November.

Ähnliche Arten: Häufig wird dieser Pilz mit dem ebenfalls genießbaren **Duftenden Leistling** *(Cantharellus lutescens)* verwechselt.

Synonym: Gelber Trompetenpfifferling.

Vorsicht! Der Gelbstielige Trompetenpfifferling gilt als guter Speisepilz, der aber wegen seines zähen Fleisches eine längere Kochzeit benötigt.

Visitenkarte

Hut
Ø 2-7 cm; braun

Stiel
3-8 cm; gelb

Leisten
gelb

Fleisch
weiß

Geruch
erdartig

Geschmack
mild

Sporen
weiß

Standort
Laub- und Nadelwald

Genießbarkeit
gut

Gomphus clavatus • Schweinsohr

Dieser Pilz zeichnet sich durch seine unregelmäßige Kreiselform aus; bisweilen ähnelt er auch einer oben abgestutzten Keule. Der dickfleischige Fruchtkörper ist oft einseitig eingeschnitten. Die aderigen Leisten des Pilzes sind gabelig verzweigt und durch Querleisten netzartig miteinander verbunden. Ein Stiel ist beim Schweinsohr meist nur im Ansatz zu erkennen; er ist nach unten verjüngt und geht allmählich in den Hut über. Das weiche weiße Fleisch hat einen würzigen Geruch und einen angenehm milden Geschmack.

Farb- und Geschmacksveränderung: Das Innere des Fruchtkörpers ist zunächst violett und nimmt später eine ockerfarbene, bisweilen auch eine grünlich gelbe Tönung an. Die Außenseite kann violett bis fleischfarben getönt sein. Der Stiel ist zunächst violett und verblasst mit der Zeit zu einem ocker- bis lilagrauen Farbton. Ältere Exemplare können einen etwas säuerlichen Geschmack annehmen.

Standort: Dieser Pilz ist vor allem in höher gelegenen Misch- und Nadelwäldern zu finden, insbesondere unter Fichten, Tannen und Buchen, wobei er eindeutig Kalkböden bevorzugt. In flachen Tallagen ist das Schweinsohr nur selten anzutreffen.

Erscheinungszeit: August bis Oktober.

Ähnliche Arten: Das Schweinsohr ist wegen seiner typischen Gestalt absolut unverwechselbar.

Synonyme: Keulenpfifferling, *Cantharellus clavatus*, *Nevrophyllum clavatum*.

Vorsicht! Das Schweinsohr ist ein sehr guter Speisepilz, wobei allerdings nur junge Exemplare genießbar sind.

Visitenkarte

Hut
Ø 4-8 cm; violett bis ockerfarben

Stiel
6-12 cm; violett

Leisten
violett

Fleisch
weiß

Geruch
würzig

Geschmack
mild

Sporen
ockerfarben

Standort
Misch- und Nadelwald

Genießbarkeit
gut

Herkuleskeule • Clavariadelphus pistillaris

Visitenkarte

Fruchtkörper
Ø 2-6 cm;
Höhe 6-30 cm;
gelblich

Fleisch
weiß

Geruch
keiner

Geschmack
bitter

Sporen
weiß

Standort
Laubwald

Genießbarkeit
ungenießbar

Dieser Pilz ist mit seiner typischen Keulenform kaum mit einer anderen Art zu verwechseln. Der oben meist abgerundete Fruchtkörper ist nach unten stielartig verjüngt, wobei manchmal auch völlig schlanke oder gabelig verzweigte Exemplare auftreten können. Die Oberfläche ist zunächst glatt, erhält aber mit zunehmender Reife tiefe Runzeln. Das schwammig weiche Fleisch hat keinen nennenswerten Geruch, schmeckt aber recht bitter.

Farbveränderung: Das farbliche Erscheinungsbild dieses außergewöhnlichen Pilzes variiert zwischen Ocker- bzw. Ledergelb und Rötlich Braun, wobei auch purpurviolette Tönungen auftreten können.
Standort: Dieser recht häufig auftretende Pilz ist in Laubwäldern beheimatet, insbesondere unter Buchen. Er bevorzugt kalkhaltige Böden.
Erscheinungszeit: August bis November.
Ähnliche Arten: Die Herkuleskeule kann unter Umständen mit der **Zungenkeule** *(Clavariadelphus ligula)* verwechselt werden, die jedoch deutlich kleiner ist.
Synonyme: Riesenkeule, *Clavaria pistillaris*.
Vorsicht! Aufgrund seines bitteren Geschmacks ist dieser Pilz ungenießbar, wenngleich man bisweilen hört, dass junge Exemplare nach kurzer Kochzeit essbar sein sollen. Es empfiehlt sich jedoch allemal, diesen ungewöhnlichen Pilz an seinem Platz stehen zu lassen.

Amethystkoralle • Clavulina amethystina

Visitenkarte

Fruchtkörper
Höhe 2-8 cm;
violett

Fleisch
weißlich

Geruch
mehlartig

Geschmack
leicht bitter

Sporen
weiß

Standort
Laubwald

Genießbarkeit
ungenießbar

Der Fruchtkörper besteht aus einem kurzknolligen Strunk, aus dem die korallenförmig verzweigten Äste in dichten Büscheln emporwachsen. Das brüchige Fleisch riecht leicht mehlartig und schmeckt etwas bitter.
Farbveränderung: Der Fruchtkörper ist lila bis violett getönt, wobei ältere Exemplare sich bräunlich grau verfärben können. Das weiße Fleisch lässt bisweilen gelbliche oder violette Farbtöne erkennen.
Standort: Die Amethystkoralle ist eher selten in höher gelegenen Laubwäldern anzutreffen, wobei sie feuchte, schattige Stellen bevorzugt.

Clavulina rugosa • Runzelige Koralle

Der keulenförmige Fruchtkörper zeigt an der Spitze einige kurze, aufrecht stehende, bisweilen auch verzweigte Auswüchse. Die Oberfläche erscheint runzelig oder faltig bzw. von Längsrillen durchzogen. Das brüchige weiße Fleisch hat keinen nennenswerten Geruch oder Geschmack.

Farbveränderung: Der Fruchtkörper ist weißlich bis cremefarben getönt, aber auch ockerfarbene bis graue Farbtöne sind bisweilen anzutreffen. Das Fleisch kann weiß oder gelblich gefärbt sein.

Standort: Die Runzelige Koralle wächst gesellig in höher gelegenen Laub- und Nadelwäldern.

Erscheinungszeit: Juli bis Oktober.

Ähnliche Arten: Große Ähnlichkeit besteht mit der **Kammförmigen Koralle** *(Clavulina cristata)*, die an ihren kammartig aufgespaltenen Astspitzen zu erkennen ist.

Visitenkarte

Fruchtkörper
Höhe 4-10 cm; weiß

Fleisch
weiß

Geruch
keiner

Geschmack
keiner

Sporen
weiß

Standort
Laub-, Nadelwald

Genießbarkeit
ungenießbar

Clavulinopsis corniculata • Wiesenkoralle

Der Fruchtkörper ruht auf einem gemeinsamen feinfilzigen Stumpf von weißer Farbe, von dem eine Vielzahl von gewundenen und gegabelten Ästen ausgehen. Das zähe, feste Fleisch hat einen bitteren Geschmack und einen unangenehmen Geruch nach ranzigem Mehl.

Farbveränderung: Die Färbung des Fruchtkörpers bewegt sich zwischen Dottergelb und Ocker.

Standort: Die Wiesenkoralle ist auf höher gelegenen Wiesen, Weiden und Waldlichtungen beheimatet.

Erscheinungszeit: Juni bis November.

Ähnliche Arten: Hier ist vor allem die **Spindelförmige Keule** *(Clavulinopsis fusiformis)* zu nennen, die ebenfalls von kräftiger gelber Farbe ist, deren Keulen aber aufrechter stehen und keine Verzweigungen aufweisen.

Spindelförmige Keule (Clavulinopsis fusiformis)

Wiesenkoralle (Clavulinopsis corniculata)

Visitenkarte

Fruchtkörper
Höhe 2-7 cm; gelb

Fleisch
gelb

Geruch
unangenehm

Geschmack
bitter

Sporen
weiß

Standort
Wiesen, Weiden

Genießbarkeit
ungenießbar

Hahnenkamm • Ramaria botrytis

Visitenkarte

Fruchtkörper
Höhe 10-20 cm; gelblich

Stiel
kurz; weiß

Fleisch
weißlich

Geruch
fruchtig

Geschmack
mild

Sporen
gelblich

Standort
Laubwald

Genießbarkeit
gut

Der nahezu kugelige Fruchtkörper wird aus vielen elastischen, fleischigen Ästchen gebildet, die korallenartig verzweigt sind und die aus einem sehr kurzen, fast knollenartig dicken Strunk hervorgehen, der nach unten zugespitzt ist. Das zerbrechliche Fleisch hat einen angenehmen, schwach fruchtigen Geruch und einen milden, später jedoch leicht bitteren Geschmack.
Farbveränderung: Die Äste sind anfangs weißlich und nehmen mit der Zeit eine ockerfarbene Tönung an. Die spitzen Zweige am Ende der Äste sind weinrot oder kräftig rosa gefärbt. Der Strunk kann weiß bis blassgelb getönt sein.
Standort: Der Hahnenkamm wächst vor allem in Laubwäldern, wo er sich gerne unter Buchen ansiedelt. Auf Grund seiner Seltenheit sollte dieser Pilz geschont werden.
Erscheinungszeit: August bis Oktober.
Ähnliche Arten: Ähnlichkeit besteht mit der **Bauchwehkoralle** *(Ramaria pallida)*, die sich durch ihre blasslila gefärbten Zweige auszeichnet und deren Verzehr zu Erbrechen und Durchfall führt.
Synonyme: Bärentatze, Rötliche Koralle, *Clavaria botrytis.*
Vorsicht! Genießbar sind nur junge Exemplare des Pilzes; die Astspitzen sollten entfernt werden, da sie vor allem bei älteren Pilzen bitter schmecken. Um sicherzugehen, dass kein bitterer Geschmack zurückbleibt, sollte der Pilz stets ausreichend gekocht werden.

Ramaria flava • Schwefelgelbe Koralle

Dieser typische Korallenpilz besteht aus dichten, strauchartigen Ästen, die sich nach oben immer weiter verästeln und die aus einem gemeinsamen dicken Strunk hervorwachsen. Die oftmals seitlich zusammengedrückten Äste sind glatt, glänzend und von lederartiger Konsistenz; oft sind sie mit zwei stumpfen Spitzen oder mit unregelmäßig abgestumpften Auswüchsen versehen. Das weiche, brüchige Fleisch hat einen recht angenehmen Geruch sowie einen milden, in den Spitzen - besonders bei älteren Exemplaren - jedoch etwas bitteren Geschmack.

Farbveränderung: Die Färbung der Äste bewegt sich zwischen Hellgelb und Schwefelgelb. Der Strunk ist weiß, wobei er weiter oben den Farbton der Äste zeigt. Bei Verletzung verfärbt er sich braunrot.

Standort: Die Schwefelgelbe Koralle ist recht häufig in Laub-, Nadel- und Mischwäldern anzutreffen, insbesondere in der Nähe von Buchen und Fichten.

Erscheinungszeit: Juli bis September.

Ähnliche Arten: Große Ähnlichkeit besteht mit dem **Goldgelben Ziegenbart** *(Ramaria aurea)*, der ebenfalls genießbar ist.

Synonyme: Zitronengelbe Koralle, *Clavaria flava*.

Vorsicht! Die Schwefelgelbe Koralle gilt zwar als essbar, es ist bei diesem Pilz jedoch Vorsicht angebracht; zunächst einmal sollte man sich beim Sammeln auf die jungen Exemplare beschränken, wobei man lediglich die Strünke, nicht aber die zumeist etwas bitter schmeckenden Äste verwenden sollte. Reife bzw. ältere Fruchtkörper sind ganz zu vermeiden, da ihr Fleisch zum einen sehr zäh ist und zum anderen auch abführende Substanzen enthält.

Visitenkarte

Fruchtkörper
Höhe 5-15 cm; gelblich

Fleisch
weiß

Geruch
angenehm

Geschmack
leicht bitter

Sporen
weiß

Standort
Laub-, Misch- und Nadelwald

Genießbarkeit
mittelmäßig

Die Schwefelgelbe Koralle, ein Pilz, der in verschiedenen Waldtypen zu Hause ist, tritt in der typischen Korallengestalt auf, wobei die zahlreichen Äste aus einem gemeinsamen Strunk emporwachsen.

Semmelstoppelpilz • Hydnum repandum

Visitenkarte

Hut
Ø 3-15 cm; gelblich

Stiel
3-8 cm; weißlich

Stacheln
weißlich

Fleisch
weiß

Geruch
leicht fruchtig

Geschmack
scharf; bei alten Pilzen bitter

Sporen
weiß

Standort
Laub- und Nadelwald

Genießbarkeit
gut

Der festfleischige Hut diese Pilzes ist anfangs gewölbt, später flach oder auch niedergedrückt, wobei er zumeist unregelmäßig verbogen bzw. gewellt ist. Die Oberhaut ist etwas filzig bzw. bereift. Der stämmige volle Stiel ist von zylindrischer Gestalt, oft auch gebogen; er ist meist seitlich am Hut angewachsen. Die spitzen Stacheln an der Hutunterseite stehen dicht gedrängt und laufen etwas am Stiel herab. Sie sind überaus zerbrechlich und lassen sich leicht vom Hut lösen. Das harte, aber brüchige Fleisch lässt einen angenehmen, leicht fruchtigen Geruch erkennen und schmeckt etwas scharf, wobei ältere Exemplare einen bitteren Geschmack annehmen.
Farbveränderung: Der Hut ist hellgelb bis semmelfarben, bisweilen aber auch orangebraun getönt. Der Stiel ist ebenso wie die Stacheln zunächst weißlich - beide nehmen aber mit zunehmender Reife die Farbe des Hutes an. Das Fleisch ist weiß und nimmt an der Luft einen bräunlich gelben Farbton an.
Standort: Der Semmelstoppelpilz kommt oft in dichten Gruppen in Laub- und Nadelwäldern vor, wobei bisweilen mehrere Exemplare miteinander verwachsen sein können. Nicht selten sind diese Pilze auch in Reihen oder Kreisen angeordnet. Der Semmelstoppelpilz ist vor allem auf Kalkböden häufig anzutreffen.
Erscheinungszeit: Juli bis November.
Ähnliche Arten: Große Ähnlichkeit besteht mit dem **Rotgelben Stoppelpilz** *(Hydnum repandum* var. *rufescens)*, der etwas kleiner ist und dessen Hut eher rötlich gefärbt ist.
Speisewert: Der Semmelstoppelpilz gilt als guter Speisepilz, wobei auch hier nur junge Pilze verwendet werden sollten. Ältere Exemplare müssen auf Grund ihres bitteren Geschmacks und ihres zähen Fleisches sehr lange gekocht werden.

Charakteristisch für die Familie der Hydnaceae sind die sporentragenden Stacheln an der Hutunterseite (siehe auch die Abbildung auf der folgenden Seite).

Sarcodon imbricatum • Habichtspilz

Der festfleischige Hut ist anfangs gewölbt, später flach bis niedergedrückt bzw. leicht trichterförmig. Der Hut ist zunächst eingerollt, später häufig gelappt. Die Huthaut ist von dicken, abstehenden Schuppen besetzt, die konzentrisch und in der Art von Dachziegeln angeordnet sind und die an das Gefieder eines Greifvogels erinnern. Der ungleich dicke, gedrungene Stiel ist meist sehr kurz und meist etwas seitlich am Hut angewachsen. Die dicht stehenden Stacheln laufen etwas am Stiel herab, sind sehr brüchig und lassen sich leicht vom Hut entfernen. Das feste, derbe Fleisch hat einen leicht würzigen Geruch und bei älteren Exemplaren einen etwas bitteren, bisweilen auch scharfen Geschmack.

Farb- und Formveränderung: Die Hutoberfläche ist beim jungen Pilz noch eher samtig, wobei die dunkelbraunen Schuppen mit zunehmender Reife immer größer werden und sich deutlich vom rehbraunen Untergrund abheben. Der Stiel ist ebenso wie die Stacheln zunächst beige, später eher graubraun getönt. Das Fleisch des Pilzes ist zunächst weißlich und nimmt mit der Zeit einen graubräunlichen Farbton an. Ältere Pilze entwickeln meist einen eher unangenehmen Geruch.

Standort: Der Habichtspilz ist vor allem in höher gelegenen Nadelwäldern recht häufig anzutreffen, wo er gern unter Fichten und Kiefern wächst. Seltener ist er auch in Laubwäldern zu finden.

Erscheinungszeit: August bis November.

Ähnliche Arten: Eine gewisse Ähnlichkeit besteht mit dem **Gallenstacheling** *(Sarcodon scabrosus)*, der jedoch deutlich kleinere Schuppen besitzt und außerdem ungenießbar ist.

Synonyme: Habichtsstacheling, Rehpilz, Hirschling, *Hydnum imbricatum.*

Speisewert: Zu kulinarischen Zwecken sollten ausschließlich junge Pilze verwendet werden. Rohe Pilze können bisweilen etwas giftig sein, weshalb man den Habichtspilz vor der Zubereitung stets abbrühen sollte. Getrocknet und zu Pulver zerrieben lässt er sich hervorragend als Speisewürze verwenden, wobei man ihn als Gewürz auf Grund seines starken Aromas nur sehr sparsam einsetzen sollte.

Visitenkarte

Hut
Ø 6-30 cm; braun

Stiel
3-8 cm; graubraun

Stacheln
graubraun

Fleisch
grau

Geruch
leicht würzig

Geschmack
bitter

Sporen
braun

Standort
Nadelwald

Genießbarkeit
gut

Semmelstoppelpilz (Hydnum repandum)

Habichtspilz (Sarcodon imbricatum)

Leberreischling • Fistulina hepatica

Visitenkarte

Fruchtkörper
Länge 10-20 cm; Höhe 2-6 cm; rot

Poren
gelblich

Fleisch
rot

Geruch
obstartig

Geschmack
säuerlich

Sporen
rötlich braun

Standort
Laubbäume

Genießbarkeit
gut

Der Fruchtkörper dieses baumbewohnenden Pilzes besteht lediglich aus einem Hut, der seitlich am Holz angewachsen ist. Dieser zartfleischige Hut ist von zungen- oder konsolenförmiger Gestalt. Die Fruchtschicht besteht aus kurzen, dicht angeordneten Röhren, die mit dem Hutfleisch verwachsen sind. Die weiten, rundlichen Poren bilden sich erst aus, wenn der Pilz bereits eine beträchtliche Größe erreicht hat. Das rötliche Fleisch des Pilzes lässt am Schnitt eine heller getönte Längsmaserung erkennen und enthält eine blutrote Flüssigkeit, die beim Anschneiden ausfließt; das Fleisch ist zart und saftig und hat einen leicht obstartigen Geruch sowie einen etwas säuerlichen, aber nicht unangenehmen Geschmack.

Farb- und Formveränderung: Der Hut ist anfangs eher orangefarben, später blutrot und schließlich leberfarben bis braun getönt. Die Oberfläche ist zunächst grob kurzborstig, später kahl und gelatinös, wobei die Haut ein schleimiges Sekret absondern kann. Röhren und Poren sind anfangs gelblich, später rötlich bis bräunlich getönt. Bei Berührung verfärben sie sich braunrot.

Standort: Dieser Pilz wächst an der Basis von alten Eichen sowie an Stümpfen. Auch an Edelkastanien oder Buchen ist er bisweilen als Parasit zu finden.

Erscheinungszeit: August bis Oktober.

Ähnliche Arten: Der Leberreischling ist kaum mit anderen Pilzen zu verwechseln.

Synonyme: Leberpilz, Ochsenzunge, *Boletus hepaticus*, *Fistulina buglossoides*, *Hypodrys hepaticus*.

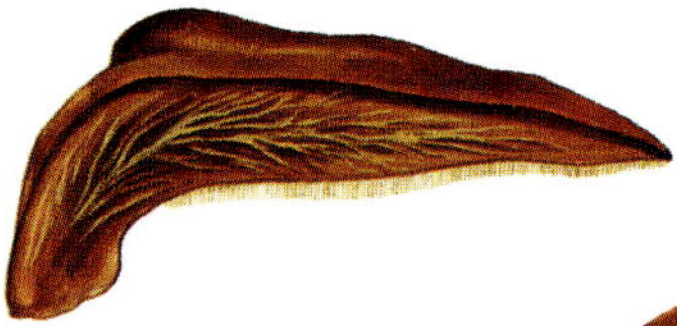

Der kurze Stiel des Leberpilzes ist in der Baumrinde hinter dem massigen Hut so verborgen, dass er kaum zu erkennen ist.

KULINARISCHE HINWEISE

Auch beim Leberpilz sind nur junge Exemplare essbar. Er eignet sich vor allem zum Braten oder Herausbacken. Auch als Salat, unter Umständen mit verschiedenen Gemüsesorten, schmeckt er hervorragend. Er ist vor allem reich an Vitamin C; schon hundert Gramm dieses Pilzes decken nahezu unseren Tagesbedarf an diesem Vitamin.

Schuppiger Porling

Polyporus squamosus

Wie viele andere Porlinge tritt auch dieser Pilz oft in größeren Büscheln auf, die einen Durchmesser von über 60 cm erreichen können. Jeder der fächer- bis trichterförmigen Hüte ist von konzentrisch angeordneten braunen Schuppen bedeckt. Der kurze dicke Stiel ist von zylindrischer Gestalt und meist seitlich am Hut angewachsen. Die kurzen Röhren laufen etwas am Stiel herab. Die Poren sind sehr weit und länglich bis eckig geformt; sie bilden eine netz- bzw. wabenartige Struktur und sind in das Hutfleisch eingebohrt, d. h. nicht ablösbar. Das Fleisch hat einen mehligen bis gurkenartigen Geruch und Geschmack.

Farbveränderung: Der Hut kann gelb bis ockergelb bzw. gelbbräunlich gefärbt sein. Der Stiel ist zunächst braun bereift und später kahl. Röhren und Poren sind anfangs weißlich, später gelblich. Das Fleisch ist zunächst elastisch weich und wird mit der Zeit zäh und holzig.

Standort: Der Schuppige Porling wächst auf lebenden und abgestorbenen Laubholzstämmen genauso wie auf Baumstümpfen, wobei er Weiden und Nussbäume bevorzugt.

Erscheinungszeit: Mai bis Oktober.
Ähnliche Arten: Der Schuppige Porling ist kaum mit anderen Pilzen zu verwechseln.
Synonyme: *Polyporus pallidus, Melanopus squamosus.*
Speisewert: Nur junge Exemplare sind essbar, ältere Pilze hingegen sehr zähfleischig.

Visitenkarte

Fruchtkörper
Ø 10-60 cm; gelblich
Stiel
2-8 cm; braun
Poren
weißlich
Fleisch
weiß
Geruch
gurkenartig
Geschmack
gurkenartig
Sporen
weiß
Standort
Laubbäume
Genießbarkeit
mittelmäßig

Das Fleisch des Schuppigen Porlings ist kulinarisch gesehen von nicht allzu hoher Qualität und außerdem bei älteren Exemplaren überaus zäh.

Zunderschwamm • Fomes fomentarius

Visitenkarte

Fruchtkörper
Ø 5-50 cm;
Höhe 2-25 cm;
gelb-grau

Poren
gelblich

Fleisch
braun

Geruch
fruchtig

Geschmack
bitter

Sporen
gelb

Standort
Laubbäume

Genießbarkeit
ungenießbar

Der harte, massige Fruchtkörper des Zunderschwamms ist zunächt knollig, bald danach hufförmig und breitet sich schließlich zunehmend flächig aus. Die Oberfläche wird von einer harten, trockenen Rinde bedeckt, die eine konzentrische Bänderung erkennen lässt. Die Röhren sind in Schichten angeordnet, an denen sich die einzelnen Wachstumsschübe erkennen lassen. Die Poren sind sehr fein und von rundlicher Form. Das zähe bis holzige Fleisch hat einen schwach fruchtigen Geruch und einen bitteren Geschmack.

Farbveränderung: Die Färbung des Fruchtkörpers bewegt sich zwischen Weißlich, Hellgelb und Grau. Die Poren sind hellgrau getönt und verfärben sich bei Berührung braun. Das Fleisch kann grau, gelbbraun oder rostbraun gefärbt sein.

Standort: Der Zunderschwamm wächst vor allem als Parasit an den Stämmen von geschwächten Laubbäumen, insbesondere von Buchen und Birken. Er ist in ganz Europa vor allem in Bergwäldern verbreitet.

Erscheinungszeit: Januar bis Dezember.

Synonyme: *Polyporus fomentarius, Ungulina fomentaria,*. Echter Zunderschwamm,

Ziegenfußporling • Albatrellus pes-caprae

Visitenkarte

Hut
Ø 6-12 cm;
braun

Stiel
3-5 cm;
weißlich

Poren
weiß

Fleisch
weiß

Geruch
keiner

Geschmack
nussartig

Sporen
weiß

Standort
Nadelwald

Genießbarkeit
gur

Der festfleischige, elastische Hut ist anfangs gewölbt und verflacht schließlich, wobei in der Mitte oft eine tiefe Furche zu sehen ist. Der Hutrand ist geschweift, oft auch gelappt. Die Oberhaut ist dicht von braunen Schuppen bedeckt. Der glatte, ziemlich unregelmäßig geformte Stiel ist exzentrisch bzw. seitlich am Hut angewachsen. Die kurzen Röhren laufen etwas am Stiel herab. Die weiten Poren sind von eckiger Form. Das etwas brüchige Fleisch hat keinen nennenswerten Geruch, dafür aber einen nussartigen Geschmack.

Farbveränderung: Der Hut kann dunkelbraun bis schwarzbraun gefärbt sein. Poren und Röhren sind anfangs weiß, später eher gelblich. Das Fleisch ist weißlich bis zitronengelb gefärbt, bisweilen auch mit grünlichen Schattierungen.

Standort: Dieser seltene Pilz tritt bisweilen in Gruppen im Nadelwald auf, vor allem in höheren Lagen.

Erscheinungszeit: August bis Oktober.

Synonyme: *Polyporus pes-caprae, Polyporus scobinacaeus.*

Speisewert: Junge Pilze sind essbar und außerdem recht schmackhaft. Vor der Zubereitung sollten Huthaut und Stiel entfernt werden. Er schmeckt vor allem gebraten oder gegrillt ausgezeichnet.

Albatrellus ovinus • Schafporling

Der fleischige, aber etwas zerbrechliche Hut ist anfangs gewölbt, später flach bis leicht niedergedrückt, wobei er oft unregelmäßige Krümmungen aufweist. Der Hutrand kann gewellt oder gelappt sein. Die trockene Huthaut wird bei älteren Exemplaren rissig bzw. gefeldert. Der kurze, feste Stiel ist nach unten verjüngt und setzt oft etwas außerhalb der Mitte am Hut an. Die kurzen Röhren laufen etwas am Stiel herab. Die Poren sind rundlich geformt und fein. Das zähe, aber brüchige Fleisch hat einen mandelartigen Geruch und schmeckt mild.

Farb- und Formveränderung: Der Hut ist zunächst grauweiß, später zunehmend gelblich getönt, bisweilen mit blassbraunen Flecken. Die Huthaut wird immer trockener und platzt schließlich auf, wobei sich ockerfarbene Felder bilden. Der glatte oder bereifte Stiel ist weiß mit gelblichen Flecken. Poren und Röhren sind anfangs weiß, später gelblich getönt. Das Fleisch ist zunächst weiß und nimmt mit der Zeit ebenfalls einen gelblichen Farbton an.

Standort: Dieser recht häufige Pilz tritt oft in Gruppen in höher gelegenen Nadelwäldern auf, vor allem bei Fichten und Kiefern.

Erscheinungszeit: August bis Oktober.

Synonyme: *Polyporus ovinus*, *Scutiger ovinus*.

Speisewert: Junge Pilze sind genießbar und auch schmackhaft. Die Pilze sollten vor der Zubereitung zunächst kurz gekocht werden. Der untere Teil des Stieles ist stets zu entfernen.

Visitenkarte

Hut
Ø 5-15 cm; weißlich

Stiel
2-4 cm; weiß

Poren
weiß

Fleisch
weiß

Geruch
mandelartig

Geschmack
mild

Sporen
weiß

Standort
Nadelwald

Genießbarkeit
gut

Schmetterlingstramete
Trametes versicolor

Der dünnfleischige, halbkreisförmige Fruchtkörper ist seitlich am Holz angewachsen, wobei die einzelnen Hüte fächerförmig bzw. dachziegelartig übereinanderstehen. Die Oberfläche ist kreisförmig zoniert, wobei sich seidig glänzende Zonen mit feinsamtigen oder haarigen abwechseln; die einzelnen Bänder heben sich auch in der Farbgebung voneinander ab. Der Hutrand ist oft leicht gewellt und gelappt. Die Poren sind fein und von rundlicher bis eckiger Form. Die Röhren sind kaum länger als 1 mm. Das Fleisch ist durchgehend dünn und zähfaserig.

Farbveränderung: Es treten grünlich schwarze Farbtöne ebenso auf wie dunkelbraune und ockerfarbene bis gelbliche.

Standort: Dieser Pilz wächst oft in Massen von dicht übereinander stehenden Einzelhüten auf abgestorbenen Stämmen.

Erscheinungszeit: Januar bis Dezember.

Ähnliche Arten: Eine gewisse Ähnlichkeit besteht mit der **Gezonten Tramete** (*Trametes* zonata), die weitaus seltener vorkommt und keine seidig glänzende Hutzone besitzt.

Synonyme: Bunte Tramete, Schmetterlingsporling, *Coriolus versicolor*.

Visitenkarte

Fruchtkörper
Ø 4-10 cm; Höhe 0,1-0,4 cm; verschiedene Farben

Poren
weiß

Fleisch
weiß

Geruch
keiner

Geschmack
keiner

Sporen
weiß

Standort
Laubwälder

Genießbarkeit
ungenießbar

Schwefelporling • Laetiporus sulphureus

Visitenkarte

Fruchtkörper
Ø 10-30 cm; orangegelb
Poren
gelb
Fleisch
gelblich
Geruch
säuerlich
Geschmack
säuerlich, alt bitter
Sporen
weiß
Standort
Laubbäume
Genießbarkeit
ungenießbar

Der stiellose Fruchtkörper dieses Pilzes kann sich auf verschiedenen Laubbaumarten zeigen. Die Hüte sind oft fächerartig ausgebreitet bzw. stehen auch in größerer Zahl dachziegelartig übereinander; nicht selten sind dabei mehrere Hüte zu einer Einheit verschmolzen. Der Hutrand ist oft gewellt oder tief eingerissen und gelappt. Die Oberseite ist stets cremegelb bereift. Die Poren sind sehr fein und rundlich geformt und sondern beim jungen Pilz gelbliche Wassertropfen ab. Das Fleisch ist zunächst weich und saftig und wird mit der Zeit hart, trocken und brüchig; es verströmt einen säuerlichen Geruch und einen im Alter zunehmend bitteren Geschmack.
Farbveränderung: Die Farbe des Fruchtkörpers bewegt sich zwischen Schwefelgelb, Orangegelb und einem weißgrauen Farbton beim alten Pilz.
Standort: Der Schwefelporling wächst an lebenden und toten Laubbäumen, insbesondere an Eichen, Weiden und Obstbäumen. Sobald die Fruchtkörper dieses gefährlichen Parasiten zum Vorschein kommen, ist der befallene Baum nicht mehr zu retten und stirbt binnen weniger Jahre.

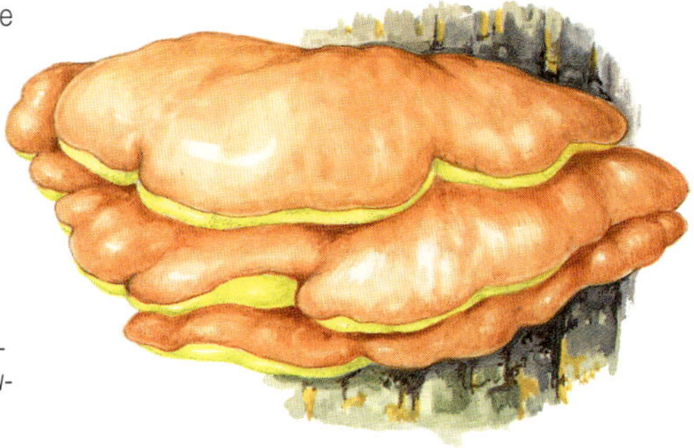

Erscheinungszeit: Mai bis August.
Ähnliche Arten: Größe und Farbe der Fruchtkörper machen diesen Pilz unverwechselbar.
Synonyme: *Polyporus sulphureus, Polypilus sulphureus.*

Anistramete • Trametes suaveolens

Visitenkarte

Fruchtkörper
Ø 3-12 cm; Höhe 1-4 cm; weiß
Poren
weiß
Fleisch
weiß
Geruch
nach Anis
Geschmack
nach Anis
Sporen
weiß
Standort
Laubbäume
Genießbarkeit
ungenießbar

Der Fruchtkörper der Anistramete ist konsolenförmig ausgebildet, wobei die Oberseite oft gewölbt ist. Er hat eine feinsamtige Oberfläche, die jedoch mit der Zeit zunehmend kahler wird. Die Röhren sind bis zu 1,5 cm lang, ihre Poren sind groß und zumeist von rundlicher Form. Das feste, elastische Fleisch zeichnet sich durch einen angenehmen und starken Geruch nach Anis aus.

Farbveränderung: Der Fruchtkörper kann auch schmutzig weiß, gelblich bis hellgrau gefärbt sein. Die Poren sind ebenso wie die Röhren zuerst weiß und verfärben sich mit der Zeit gelblich.
Standort: Dieser Pilz wächst sowohl auf lebenden als auch auf abgestorbenen Laubhölzern, insbesondere an Weiden und Pappeln.
Erscheinungszeit: Januar bis Dezember.
Ähnliche Arten: Die Anistramete ist leicht an ihrem starken Anisgeruch erkennbar.

Meripilus giganteus • Riesenporling

Der Fruchtkörper setzt sich aus dachziegelartig übereinander gelagerten Teilstücken zusammen. Jeder einzelne dieser flachen, halbkreisförmigen Hüte misst 10 bis 30 cm im Durchmesser; ihre Oberfläche ist samtig bereift und bisweilen konzentrisch gezont. Der Hutrand ist gewellt, bisweilen auch gelappt. Die Röhren sind sehr kurz; ihre feinen Poren sind von rundlicher bis länglicher Form. Der Riesenporling besitzt keinen wirklich ausgeprägten Stiel - dafür haben oft mehrere Hüte eine gemeinsame Basis, wo sie miteinander verwachsen sind. Das Fleisch ist anfangs weich und saftig, später zunehmend zäher und hat einen angenehmen Geruch sowie einen säuerlichen bis bitteren Geschmack.
Farbveränderung: Der Fruchtkörper ist gelbbraun bis dunkelbraun gefärbt. Die weißlichen bis gelblich getönten Poren verfärben sich bei Berührung schwarz. Das weiße Fleisch läuft an der Luft zuerst rötlich an, ehe es sich schwarz verfärbt.
Standort: Der Riesenporling wächst recht häufig am Grund von Laubholzstümpfen, aber auch an den Wurzeln bzw. an der Basis von lebenden Laubbäumen, wobei vor allem Eichen und Buchen betroffen sind. Dabei bildet er oft dicht gedrängte Ansammlungen, die bisweilen bis zu 30 kg schwer werden können.
Erscheinungszeit: Juli bis Oktober.
Ähnliche Arten: Verwechseln kann man den Riesenporling mit dem **Klapperschwamm** *(Grifola frondosa)*, der jedoch kleiner ist und einen deutlich ausgebildeten Stiel aufweist, sowie mit dem **Bergporling** *(Bondarzewia montana)*, dessen Fleisch sich an der Luft nicht schwarz verfärbt.
Speisewert: Zu Speisezwecken können ausschließlich junge Exemplare verwendet werden, da der Pilz mit zunehmender Reife immer zähfleischiger wird.

Visitenkarte

Fruchtkörper
Ø 20-80 cm; bräunlich

Poren
ockerfarben

Fleisch
weiß

Geruch
angenehm

Geschmack
säuerlich

Sporen
weiß

Standort
Laubbäume

Genießbarkeit
mittelmäßig

Krause Glucke • Sparassis crispa

Visitenkarte

Fruchtkörper
Ø 10-40 cm; gelblich

Fleisch
weiß

Geruch
würzig

Geschmack
nussartig

Sporen
weiß

Standort
Kiefern

Genießbarkeit
mittelmäßig

Der Fruchtkörper der Krausen Glucke besteht aus einem reich verzweigten Geflecht von blattartigen, wellig verbogenen Verästelungen mit krausen bzw. gelappten Enden, sodass dieser Pilz dem Blumenkohl oder einem Badeschwamm in gewisser Weise ähnelt. Der kurze, dicke Strunk steckt tief in der Erde und ist daher kaum zu erkennen. Das Fleisch der Krause ist von elastisch gummiartiger Konsistenz, während es im Stiel eher faserig ist; es verströmt einen angenehm würzigen Geruch und schmeckt nussartig.
Farbveränderung: Die flachen Zweige des Fruchtkörpers sind schmutzig weiß bis gelblich gefärbt, wobei die Enden etwas heller sind. Der Strunk ist von weißlicher bis hellgelber Farbe, bisweilen mit rötlichen oder auch braunen Tönungen.
Standort: Die Krause Glucke wächst oft als Parasit an den Wurzeln und Stämmen alter Kiefern.
Erscheinungszeit: August bis November.
Ähnliche Arten: Hier ist vor allem die **Eichenglucke** *(Sparassis laminosa)* zu nennen, die jedoch fast ausschließlich an Laubbäumen wächst.
Synonyme: Fette Henne, *Clavaria crispa*, *Helvella ramosa*.
Vorsicht! Die Krause Glucke gilt als recht schmackhaft, was jedoch nur auf junge Exemplare zutrifft. Ältere Pilze werden zunehmend zäh und ungenießbar. Mühsam ist allerdings das Entfernen der Kleinlebewesen, die sich häufig in den Hohlräumen des Pilzes aufhalten.

Mit einem Durchmesser von bis zu 40 cm kann dieser an einen Badeschwamm erinnernde Pilz oft beträchtliche Ausmaße erreichen.

Stereum hirsutum • Zottiger Schichtpilz

Der Fruchtkörper besteht aus dünnen, dachziegelartig angeordneten Hüten von elastisch zäher Konsistenz. Die Hutoberseite ist kreisförmig gezont und fellartig behaart. Der Hutrand ist jeweils unregelmäßig geformt und wellig verbogen. Das *Hymenium*, also die Fruchtschicht an der Hutunterseite, ist glatt und kahl.
Farbveränderung: Der Fruchtkörper kann weißlich, gelblich, grau oder rötlich gefärbt sein. Die Fruchtschicht ist zunächst orangegelb und verblasst mit der Zeit zu einem ockerbraunen Farbton.
Standort: Der Zottige Schichtpilz, der bisweilen auch als **Striegeliger** oder **Haariger Schichtpilz** bezeichnet wird, wächst vorwiegend auf totem Laubholz, in seltenen Fällen auch an Nadelholz.
Erscheinungszeit: Januar bis Dezember.
Ähnliche Arten: Der Zottige Schichtpilz kann leicht mit anderen Vertretern der Schichtpilze verwechselt werden.

Visitenkarte

Fruchtkörper
Ø 3-10 cm; weiß
Fruchtschicht
gelblich
Sporen
weiß
Standort
Laubholz
Genießbarkeit
mittelmäßig

Gallertstacheling
Pseudohydnum gelatinosum

Dieser einzigartige Pilz stammt aus Australien und ist mittlerweile auf der gesamten Nordhalbkugel verbreitet. Der gallertartig weiche Hut ist zunächst zungenartig, später halbkreisförmig bzw. muschelartig geformt. Die samtig behaarte Hutoberseite erscheint körnig warzig, während die Unterseite mit der Fruchtschicht dichte Stacheln aufweist. Die Fruchtkörper sind meist seitlich am Holz angewachsen; bisweilen ist aber auch ein kurzer, dicker Stiel zu erkennen, der etwas seitlich am Hut sitzt. Der gallertige Fruchtkörper wirkt fast durchscheinend. Das Fleisch des Pilzes ist weich und gallertig; es hat keinen nennenswerten Geruch, aber einen recht angenehmen Geschmack.
Farbveränderung: Die Hutoberfläche kann weiß, hellgrau bis hellbraun getönt sein, wobei oft bläuliche bis violette Schattierungen zu erkennen sind.

Standort: Dieser Pilz wächst vorwiegend auf morschen Baumstümpfen von Fichten und Kiefern, insbesondere in höheren Lagen.
Erscheinungszeit: Juli bis November.
Synonyme: Zitterzahn, Eispilz, Eiszahn, *Tremellodon gelatinosum*.
Speisewert: Der Gallertstacheling ist durchaus genießbar; blanchiert eignet er sich sogar als Salatpilz.

Visitenkarte

Fruchtkörper
Ø 2-6 cm; weißlich
Fruchtschicht
weiß, Stacheln
Fleisch
weiß
Geruch
keiner
Geschmack
angenehm
Sporen
weiß
Standort
Nadelhölzer
Genießbarkeit
gut

Judasohr • Auricularia auricula-judae

Visitenkarte

Fruchtkörper
Ø 3-10 cm; Dicke 0,2-0,5 cm; violett

Fleisch
violett

Geruch
keiner

Geschmack
keiner

Sporen
weiß

Standort
Laubbäume

Genießbarkeit
mittelmäßig

Der ohrmuschelförmige Fruchtkörper ist sehr dünnfleischig und von gallertartiger, zäher Konsistenz. Die Oberseite ist feinfilzig, rau und von grauer Farbe, während die Unterseite mehr oder weniger gefaltet bzw. wellig erscheint. An der Basis ist bisweilen ein kleiner Stiel erkennbar. Oft finden sich die Fruchtkörper dieses Pilzes zu unregelmäßigen Gruppen vereint.

Farb- und Formveränderung: Der Hut kann olivbraun bis grauviolett gefärbt sein. Das Fleisch ist beim jungen Pilz elastisch und weich und wird mit der Zeit zunehmend trockener und härter. Der Fruchtkörper schrumpft bei Trockenheit stark, er öffnet sich jedoch wieder unter feuchten Bedingungen.

Standort: Dieser Pilz wächst vor allem an abgestorbenen, aber auch an lebenden Laubholzstämmen, insbesondere auf Holunder.

Erscheinungszeit: Januar bis Dezember.

Synonyme: *Hirneola auricula-judae, Auricularia sambucina.*

Speisewert: Dieser Pilz ist essbar, wobei junge Exemplare sogar roh als Salat verzehrt werden können. Der in der ostasiatischen Küche häufig verwendete Pilz ist bei uns als»chinesische Morchel« bekannt, hat jedoch mit den echten Morcheln wenig Gemeinsamkeiten.

Dieser ohrmuschelförmige Pilz wächst besonders gern an toten Holunderästen.

Dickschaliger Kartoffelbovist

Scleroderma citrinum

Der rundliche Fruchtkörper ist kugelig bis länglich geformt, sodass er in seiner Form an eine Kartoffel erinnert. Die dicke, feste Außenschicht *(Peridie)* ist unregelmäßig von Wärzchen und Schuppen bedeckt. Der reife Fruchtkörper platzt schließlich am Scheitel in Form einer unregelmäßig gezackten runden Öffnung auf, durch welche die Sporen nach außen gelangen können. Am Grund des Fruchtkörpers sind dicke, wurzelähnliche Myzelstränge vorhanden.

Farb- und Formveränderung: Der Fruchtkörper kann hellgelb bis ockerfarben getönt sein. Die Fruchtmasse ist zunächst weiß, später bläulich und schließlich violettschwarz, wobei eine weiße Aderung zu erkennen ist. Sie zerfällt schließlich zu schwarzbraunem Sporenstaub.

Standort: Dieser Pilz ist recht häufig in Nadel- und Mischwäldern zu finden.

Erscheinungszeit: Juli bis November.

Ähnliche Arten: Hier ist in erster Linie der **Dünnschalige Kartoffelbovist** *(Scleroderma verrucosum)* zu nennen, der jedoch für gewöhnlich etwas dunkler gefärbt ist und zumeist eine stielartig verlängerte Basis aufweist.

Synonyme: Gemeiner Kartoffelbovist, *Scleroderma aurantium, Scleroderma vulgare.*

Visitenkarte

Fruchtkörper
Ø 3-12 cm; gelblich

Fruchtschicht
weiß bis violettschwarz

Geruch
würzig

Geschmack
Knoblauch

Sporen
braun

Standort
Mischwald

Giftigkeit
GIFTIG

Dünnschaliger Kartoffelbovist

Scleroderma verrucosum

Der Fruchtkörper ist von einer lederartigen Haut überzogen, die von kleinen braunen Schuppen bedeckt ist. Er tritt oft in einer etwas abgeflachten Knollenform auf, wobei der Oberteil auf einer stielartig verlängerten Basis ruht, die wurzelartig verflochten ist. Der reife Fruchtkörper platzt an der Oberseite, sodass die durch Reifungsprozesse gebildeten Sporen in Form von Staubwolken freigegeben werden. Die beim jungen Pilz noch feste Fruchtmasse hat einen intensiven Geruch und einen scharfen Geschmack.

Farbveränderung: Die Färbung des Fruchtkörpers variiert zwischen Gelb und Braun. Die anfangs feste weiße Fruchtmasse wird schließlich weicher, wobei sie sich olivbraun verfärbt, um sich zuletzt in schwarzes Sporenpulver zu verwandeln.

Standort: Der Dünnschalige Kartoffelbovist ist mitunter recht häufig in Laub- und Mischwäldern anzutreffen.

Erscheinungszeit: Juni bis Oktober.

Ähnliche Arten: Hier ist neben dem zuvor besprochenen **Dickschaligen Kartoffelbovist** der **Gefelderte Kartoffelbovist** zu nennen, der etwas kleiner ist und sich durch seine leopardenfellartige Außenschicht auszeichnet.

Vorsicht! Der Dünnschalige Kartoffelbovist ist ungenießbar!

Visitenkarte

Fruchtkörper
Ø 3-8 cm; gelblich

Fruchtschicht
weißlich

Geruch
unangenehm

Geschmack
scharf

Sporen
braun

Standort
Mischwald

Genießbarkeit
ungenießbar

Wetterstern • Astraeus hygrometricus

Visitenkarte

Fruchtkörper
Ø 3-8 cm; Höhe 2-4 cm; bräunlich

Geruch
keiner

Geschmack
keiner

Sporen
braun

Standort
Kiefern

Genießbarkeit
ungenießbar

Der Fruchtkörper ist anfangs von kugeliger Gestalt, doch zur Reifezeit zerteilt und entfaltet sich die sternförmige Außenschicht *(Exoperidie)* bis zu 15 Lappen und gibt damit die hellgraue Sporenstaubkugel frei. Bei trockenem Wetter rollt sich die Außenhülle wieder ein und bedeckt so das Innere mit den Sporen - sobald es jedoch feucht wird, breitet sie sich erneut aus. Die Lappen der Außenhülle sind hellbraun gefärbt und von Furchen durchzogen. Die Staubkugel bildet oben eine kleine Öffnung, aus der die Sporen ins Freie gelangen, wobei deren Verbreitung durch die Bewegungen der Sternlappen gefördert wird.

Farbveränderung: Die Außenhülle kann rötlich ockerfarben bis dunkelbraun gefärbt sein. Die Fruchtmasse ist anfangs weiß und fest, später schwärzlich und von pulveriger Konsistenz.

Standort: Der Wetterstern ist in lichten Wäldern zu finden, und zwar oft unter Kiefern. Mit Vorliebe erscheint er auf trockenen, sandigen Böden. Der Pilz ist in Mitteleuropa eher selten, in Südeuropa hingegen häufiger anzutreffen.

Erscheinungszeit: August bis Oktober.

Ähnliche Arten: Rein äußerlich ähnelt dieser Pilz den **Erdsternen**, obwohl er mit den **Kartoffelbovisten** näher verwandt ist.

Kugelwerfer • Sphaerobolus stellatus

Visitenkarte

Fruchtkörper
Ø 0,1-0,3 cm; orange

Fleisch
weiß

Sporen
weiß

Standort
totes Holz

Genießbarkeit
ungenießbar

Dieser Pilz ist zwar nur sehr klein, dafür aber besonders interessant, was seine einzigartige Methode der Sporenverbreitung betrifft. Der Kugelwerfer gleicht anfangs einer winzigen Kugel, die von der glatten Außenhülle umgeben ist. Diese teilt sich schließlich in fünf bis neun Lappen, welche sich nach und nach entfalten und einen orangefarbenen Stern bilden. Hier setzt nun der einzigartige Mechanismus zur Sporenverbreitung ein: der innere Teil der Außenhülle stülpt sich ruckartig um und schleudert die Glebakugel mit den Sporen bis zu einem Meter und weiter von sich. Möglich wird dieser Vorgang wegen der unterschiedlichen Quellung des Gewebes, durch die eine Spannung entsteht, welche sich entlädt und so die Sporenbehälter weit in die Umgebung katapultiert.

Standort: Der Kugelwerfer tritt vor allem auf totem Holz, Sägemehl und anderen pflanzlichen Überresten in Erscheinung, wo er bisweilen dicht gedrängt zu finden ist.

Erscheinungszeit: August bis Oktober.

Speisewert: Es ist bisher nicht bekannt, wieweit dieser Pilz in der Küche verwendbar ist; er ist deshalb als ungenießbar einzustufen.

Gewimperter Erdstern

Geastrum fimbriatum

Geastrum mirabilis

Großer Nesterdstern (Geastrum fornicatum)

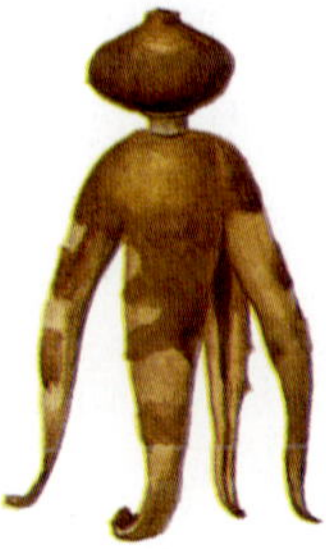

Gewimperter Erdstern (Geastrum fimbriatum)

Im Jugendstadium zeigt sich dieser Pilz als eine kleine, weißliche Kugel, deren Außenschicht sich schließlich an der Spitze öffnet und sich dann in fünf bis zehn spitze Lappen aufspaltet, welche sich sternartig ausbreiten bzw. nach unten einrollen. Inmitten dieses sternartigen Gebildes sitzt die Staubkugel, wo sich innerhalb der dünnen, papierartigen Innenhülle die Sporen entwickeln. An der Spitze dieser Kugel bildet sich eine rundliche Öffnung, die mit faserigen Wimpern besetzt ist und aus der schließlich die Sporen als Staub austreten.

Farbveränderung: Die spitzen, sternförmigen Lappen sind anfangs weiß und fleischig, nehmen später jedoch einen bräunlichen Farbton an, wobei sie zunehmend holziger werden. Der kugelig ausgebildete Sporensack ist zunächst weiß und verfärbt sich mit der Zeit olivbraun bis nussfarben. Die Fruchtmasse ist anfangs weiß und faserig und verwandelt sich schließlich in ein braunes Pulver.
Standort: Der Gewimperte Erdstern ist recht häufig auf dem Boden von Nadelwäldern zu finden, insbesondere bei Fichten. Etwas seltener tritt er auch in Laubwäldern auf.
Erscheinungszeit: August bis Oktober.
Ähnliche Arten: Eine Verwechslungsmöglichkeit besteht mit dem **Rotbraunen Erdstern** *(Geastrum rufescens)*, der jedoch einen etwas rötlicheren Farbton aufweist. Weitere Vertreter der Gattung Geastrum sind der **Kleine Nesterdstern** *(Geastrum quadrifidium)*, dessen Außenschicht sich in vier bis acht Lappen aufspaltet und dessen Sporensack auf einem kurzen Stiel ruht; weiters der **Große Nesterdstern** *(Geastrum fornicatum)*, der **Halskrausenerdstern** *(Geastrum triplex)*, dessen Sporensack zuletzt von einer Art Halskrause umgeben ist, und der **Dunkle Erdstern** *(Geastrum coronatum)*, dessen Sporensack auf einem Stiel sitzt.
Synonyme: Fransenerdstern, *Geastrum sessile*.

Visitenkarte

Fruchtkörper
Ø 2-5 cm;
Höhe 2-4 cm;
weißlich

Fleisch
weißlich

Geruch
kaum ausgeprägt

Geschmack
kaum ausgeprägt

Sporen
braun

Standort
Nadel-, Laubwälder

Genießbarkeit
ungonioßbar

Charakteristisch für die Erdsterne ist, dass sie sich zur Reifezeit sternartig öffnen, wobei die Lappen der Außenschicht wie die Blütenblätter einer Blume wirken.

Riesenbovist • Langermannia gigantea

Visitenkarte

Fruchtkörper
Ø 7-100 cm; weiß

Fruchtmasse
weiß

Geruch
angenehm

Geschmack
kaum ausgeprägt

Sporen
braun

Standort
Wiesen/Weiden

Genießbarkeit
gut

Der kugelige Fruchtkörper dieses Pilzes kann einen Durchmesser von bis zu 1 m erreichen und mehr als 20 kg schwer werden. Seine Entwicklung vollzieht sich unglaublich rasch, oft im Laufe einer einzigen Nacht. Er bildet eine glatte lederartige Außenschicht, die jedoch bald brüchig wird und beim vollreifen Pilz abzublättern beginnt. An der Basis hat der Riesenbovist dicke Myzelstränge, über die er mit dem Substrat verbunden ist. Zur Reifezeit bricht der Fruchtkörper nach Abblättern der Außenhaut auf und gibt die pulverige Sporenmasse frei.

Farbveränderung: Der Fruchtkörper ist von weißer Farbe, wobei stets gelbliche bis bräunliche Tönungen auftreten. Die Fruchtmasse ist zunächst weiß und fest, später braun getönt, wobei sie zunächst von schmieriger und zuletzt von pulveriger Konsistenz ist.

Standort: Der Riesenbovist ist vorwiegend auf Wiesen und Weiden, aber auch in Gärten und Parks zu finden, wobei er stickstoffreiche Böden bevorzugt.

Erscheinungszeit: Juli bis Oktober.

Synonyme: Riesenstäubling, *Lycoperdon giganteum*, *Lycoperdon maximum*, *Calvatia gigantea*.

Flaschenstäubling (Lycoperdon perlatum)

Riesenbovist (Langermannia gigantea)

KULINARISCHE HINWEISE

Der Riesenbovist gilt als schmackhafter Speisepilz - jedoch nur, solange er jung ist bzw. das Fleisch noch weiß ist. In diesem Fall kann er sogar roh als Salat verzehrt werden, wobei man ihn - in dünne Scheiben geschnitten - schwach salzt, mit Zitronensaft beträufelt und einige Stunden ziehen lässt. Da er sehr festfleischig ist, eignet er sich auch hervorragend zum Panieren oder Braten in der Pfanne.

Lycoperdon perlatum • Flaschenstäubling

Visitenkarte

Fruchtkörper
Ø 2-5 cm;
Höhe 3-6 cm;
weiß

Fruchtmasse
weiß

Geruch
jung rettichartig

Geschmack
angenehm mild

Sporen
braun

Standort
Laub-,
Nadelwald

Genießbarkeit
gut

Die Form dieses Pilzes erinnert an eine umgedrehte dickbauchige Flasche, bisweilen auch an eine Birne. Die Oberfläche ist von dicht stehenden Stacheln und Warzen bedeckt, die sich leicht abwischen lassen. Am Stiel sind die Warzen bedeutend kleiner und eher dünn gesät. Das Innere, also die Fruchtmasse des Pilzes, ist anfangs weiß und von fester Konsistenz.

Farb- und Formveränderung: Die Außenhülle ist anfangs von weißer Farbe und nimmt mit der Zeit einen ockergelben, beim vollreifen Pilz eher bräunlichen Farbton an. Zur Reifezeit bildet sich an der Spitze eine kleine rundliche Öffnung, durch welche die Sporen in Pulverform ins Freie gelangen. Die Fruchtmasse ist zunächst weiß und weich, wobei sie einen angenehmen Geruch und Geschmack aufweist; später verfärbt sie sich gelblich und wird zunehmend breiig, um sich zuletzt in trockenen braunen Sporenstaub zu verwandeln, wobei sie einen unangenehm stechenden Geruch bekommt.

Standort: Der Flaschenstäubling ist oft in großen Gruppen auf dem Waldboden zu finden, wobei sowohl Laub- als auch Nadelwälder als Standort in Frage kommen.

Erscheinungszeit: Juli bis November.

Ähnliche Arten: Hier ist vor allem der **Birnenstäubling** *(Lycoperdon pyriforme)*, aber auch der **Stinkende Stäubling** *(Lycoperdon foetidum)* zu nennen.

Synonyme: Flaschenbovist, *Lycoperdon gemmatum.*

Speisewert: Genießbar ist der Flaschenstäubling nur solange die Fruchtmasse noch völlig weiß ist. In diesem Fall kann man ihn sogar roh als Salat genießen oder in der Pfanne braten.

Der Flaschenstäubling ist einer der häufigsten Bauchpilze in unseren Wäldern und tritt oft in größeren Gruppen auf.

Igelstäubling • Lycoperdon echinatum

Visitenkarte

Fruchtkörper
Ø 2-6 cm;
bräunlich

Fruchtmasse
weiß

Geruch
angenehm

Geschmack
kaum
ausgeprägt

Sporen
braun

Standort
Laubwald

Genießbarkeit
ungenießbar

Der kugelige bis eiförmige Fruchtkörper verjüngt sich zur Basis hin, ohne einen eigentlichen Stiel erkennen zu lassen. Die Oberfläche ist dicht besetzt mit langen, pyramidenförmigen Stacheln, die oft zueinander geneigt stehen und die schließlich von der Mitte her abfallen, sodass ein grobes Netzmuster zurückbleibt. Zur Reifezeit bildet sich am Scheitel des Fruchtkörpers eine kleine, rundliche Öffnung, durch welche die Sporen ins Freie gelangen.

Farb- und Formveränderung: Die Farbe des Fruchtkörpers variiert zwischen Weißlich und Hellbraun. Die Fruchtmasse ist anfangs weiß und fest und nimmt später, wenn sie zu Staub zerfällt, einen purpurbraunen Farbton an.

Standort: Der Igelstäubling ist recht häufig in Laubwäldern, insbesondere unter Buchen zu finden, wobei er einzeln oder in kleinen Gruppen auftritt. Dieser Pilz ist vor allem auf Kalkböden zu Hause.

Erscheinungszeit: Juli bis Oktober.

Birnenstäubling • Lycoperdon pyriforme

Visitenkarte

Fruchtkörper
Ø 2-5 cm;
Höhe 3-8 cm;
weißlich

Fruchtmasse
weiß

Geruch
unangenehm

Geschmack
kaum
ausgeprägt

Sporen
braun

Standort
Laub-, Nadelholz

Genießbarkeit
gut

Der Fruchtkörper hat die Form einer Birne, wobei der rundliche Kopfteil eine stielartige Verlängerung, eine Art »Fuß« besitzt, der mehr oder weniger ausgeprägt ist. Die Außenseite ist kleiig körnig, d. h. mit feinen Warzen bedeckt, die aber bald verschwinden und eine kahle Oberfläche zurücklassen. Am Scheitel des Fruchtkörpers ist bisweilen ein leichter Höcker ausgebildet.

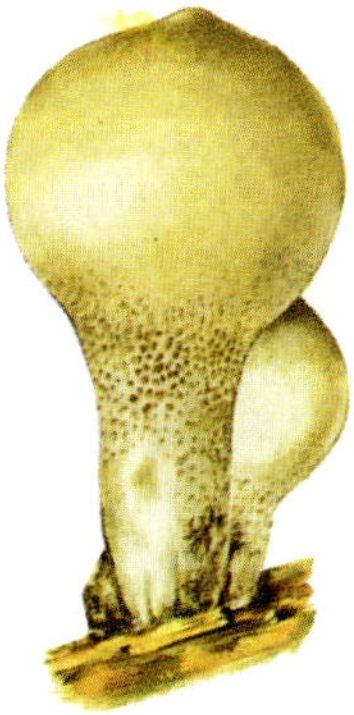

Farb- und Formveränderung: Die Oberfläche ist anfangs weiß und verfärbt sich später gelb und schließlich braun. Die Fruchtmasse ist zu Beginn weiß und nimmt mit der Zeit einen gelblich olivbraunen bis dunkelbraunen Farbton an. Sie ist zunächst fest und wird später zunehmend breiig und weich, um sich schließlich in Staub zu verwandeln.

Standort: Der Birnenstäubling wächst häufig auf abgestorbenem Laub- und Nadelholz, wobei er oft in größeren, dichten Gruppen bzw. Büscheln auf moderigen Stümpfen, liegenden Stämmen und Holzresten auftritt.

Erscheinungszeit: August bis November.

Ähnliche Arten: Der Birnenstäubling wird bisweilen mit dem **Flaschenstäubling** *(Lycoperdon perlatum)* verwechselt, der ebenfalls genießbar ist, dessen Außenschicht jedoch mit dicht stehenden Stacheln und Warzen bedeckt ist.

Speisewert: Genießbar ist der Birnenstäubling nur als junger Pilz, solange die Fruchtmasse noch völlig weiß ist.

Calvatia excipuliformis • Beutelstäubling

Der Fruchtkörper dieses Pilzes ist zumeist sehr deutlich in Kopf- und Stielteil gegliedert und kann keulen- bis flaschenförmig, bisweilen aber auch betont langstielig sein. Die Außenseite erscheint feinkörnig bzw. stachelig oder warzig, wobei die Oberfläche am Stielteil deutlich glatter wird. Am Scheitel des Fruchtkörpers ist oft ein leichter Höcker zu erkennen.

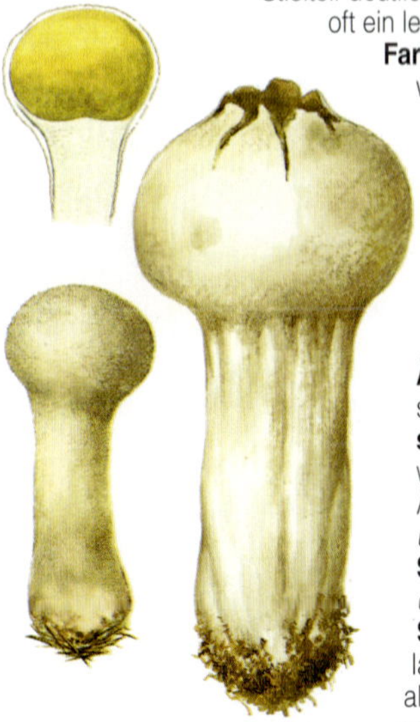

Farbveränderung: Die Färbung der Außenhülle bewegt sich zwischen Gelblich Weiß bis hin zu Hellbraun. Die Fruchtmasse ist anfangs weiß und fest und wird später schmierig, wobei sie sich olivbraun verfärbt, um sich zuletzt in ein braunes Pulver zu verwandeln.
Standort: Der Beutelstäubling ist vor allem in Laubwäldern, seltener auch in Nadelwäldern zu finden.
Erscheinungszeit: Juli bis November.
Ähnliche Arten: Kleinere Exemplare des Beutelstäublings werden bisweilen mit dem **Flaschenstäubling** *(Lycoperdon perlatum)* verwechselt, während größere Exemplare eine gewisse Ähnlichkeit mit dem **Hasenstäubling** *(Calvatia utriformis)* haben können.
Synonyme: *Calvatia saccata, Lycoperdon saccatum.*
Speisewert: Der Beutelstäubling ist essbar, solange er jung und innen völlig weiß ist. Wie bei allen Stäublingen sollte man die zähe Außenhaut entfernen; Gleiches gilt für den faserigen Stiel.

Visitenkarte

Fruchtkörper
Ø 3-8 cm; Höhe 5-25 cm; weiß
Fleisch
weiß
Geruch
angenehm
Geschmack
angenehm
Sporen
braun
Standort
Laubwald
Genießbarkeit
gut

Bleigrauer Zwergbovist

Bovista plumbea

Der Fruchtkörper ist von kugeliger Gestalt und mit einer glatten, an eine Eierschale erinnernden Außenschicht versehen. Die innere Schicht *(Endoperidie)* erscheint papierartig dünn.
Farb- und Formveränderung: Die Außenschicht ist zunächst weißlich und später grau getönt. Nachdem sich diese eierschalenartige Schicht geöffnet und teilweise abgefallen ist, tritt die innere Schicht zu Tage, die von typischer bleigrauer Farbe ist, in die sich auch weißliche oder bräunliche Töne mischen können. Die Fruchtmasse ist anfangs weiß und fest, später weich und von gelbbrauner Farbe und verwandelt sich zuletzt in ein rötlich braunes Pulver. Der Pilz verströmt einen recht intensiven Geruch, der zunächst durchaus angenehm ist, mit der Zeit aber regelrecht abstoßend wird. Zur Reifezeit bildet sich am Scheitel eine runde Öffnung, aus der die Sporen austreten.
Standort: Dieser Pilz ist recht häufig auf Wiesen und Weiden, auf Waldlichtungen sowie an Wegrändern anzutreffen.
Erscheinungszeit: Juni bis Oktober.
Ähnliche Arten: Der Bleigraue Zwergbovist hat große Ähnlichkeit mit dem **Schwärzenden Bovist** *(Bovista nigrescens)*, der jedoch etwas größer werden kann und der ebenso als essbar, aber nicht allzu schmackhaft gilt.
Speisewert: Dieser Pilz ist zwar essbar, zählt aber nicht zu den wirklich guten Speisepilzen, da er einen etwas aufdringlichen Geruch aufweist. Genießbar sind lediglich junge Exemplare.

Visitenkarte

Fruchtkörper
Ø 2-4 cm; weiß
Fleisch
weiß
Geruch
jung angenehm
Geschmack
nicht ausgeprägt
Sporen
braun
Standort
Wiesen/Weiden
Genießbarkeit
mittelmäßig

Hasenstäubling • Calvatia utriformis

Visitenkarte

Fruchtkörper
Ø 6-15 cm; weiß

Fleisch
weiß

Geruch
kaum ausgeprägt

Geschmack
angenehm

Sporen
braun

Standort
Wiesen, Weiden

Genießbarkeit
gut

Dieser Pilz ist von typisch birnenförmiger bis kugeliger Gestalt, wobei er an der Oberseite oft etwas flachgedrückt erscheint. Das untere Ende wird durch einen kurzen Stielansatz gebildet, der durch dicke Myzelstränge im Boden verankert ist. Die Außenhülle ist beim jungen Pilz noch feinfilzig bis körnig, wird aber mit der Zeit felderig rissig.
Farb- und Formveränderung: Der Fruchtkörper ist anfangs weiß, verfärbt sich aber mit der Zeit ockerfarben bis dunkelbraun. Die Fruchtschicht ist anfangs ebenfalls weiß, um sich mit zunehmender Reife grünlich gelb und schließlich braun zu verfärben. Wenn zur Reifezeit die Außenhülle allmählich in lappige Stücke zerfällt und die pulverige Fruchtmasse zerstäubt, bleibt schließlich nur mehr der schwarz gefärbte schüsselförmige untere Teil zurück.
Standort: Der Hasenstäubling ist vor allem auf Wiesen und Weiden bzw. am Waldrand anzutreffen, wo er oft in kleinen Gruppen auftritt.
Erscheinungszeit: Juni bis Oktober.
Ähnliche Arten: Der Hasenstäubling kann bisweilen eine gewisse Ähnlichkeit mit dem **Beutelstäubling** *(Calvatia excipuliformis)* haben, der jedoch für gewöhnlich nicht so groß wird.
Synonyme: Hasenbovist, *Calvatia caelata*, *Lycoperdon coelatum*.
Speisewert: Junge Exemplare sind genießbar, ja sogar recht schmackhaft. Die zähe Außenhülle ist vor der Zubereitung zu entfernen.

Charakteristisch für den Hasenstäubling ist die felderig zerissene Oberfläche des Fruchtkörpers.

Mutinus caninus • Hundsrute

Der Fruchtkörper ist beim jungen Pilz eiförmig, und zwar von der Größe eines Taubeneis. Zur Reifezeit platzt zuerst die Hülle oben auf, dann wächst ein rutenartiger Fruchtkörper hervor, der innen hohl und bisweilen schlaff ist und oft flach am Boden liegt. Die kegelförmige, leuchtend orange gefärbte Spitze ist nur leicht verdickt; zu Beginn ist sie mit einer olivgrünen schleimigen Sporenmasse bedeckt. An der Basis ist eine gallertige fleischige Scheide zu erkennen, von der kurze, wurzelartige Myzelstränge in den Boden reichen. Das Fleisch des Pilzes lässt einen nicht allzu intensiven, aber immerhin doch unangenehmen Geruch erkennen.

Visitenkarte

Hut
Ø 1-2 cm; orange

Schaft
8-12 cm; weißlich

Fleisch
weiß

Geruch
unangenehm

Sporen
gelb

Standort
Laubwald

Genießbarkeit
ungenießbar

Farbveränderung: Der rutenförmige Teil kann weißlich, gelblich bis rötlich gelb gefärbt sein. Die verdickte Spitze ist orange gefärbt und zu Beginn von einer schleimigen olivgrünen Sporenmasse bedeckt, die mit ihrem etwas üblen Geruch Fliegen anlockt, welche für die Verbreitung der Sporen sorgen.

Standort: Dieser aus Nordamerika stammende Pilz wurde gegen Ende des Zweiten Weltkrieges in Europa eingeschleppt - wahrscheinlich durch amerikanische Soldaten, welche die Sporen an ihrem Gerät mit sich führten. Die Hundsrute ist nicht sehr häufig anzutreffen, am ehesten in Laub- und Mischwäldern, wo der Pilz sich im Laub- und Nadelstreu oder an alten Baumstümpfen ansiedelt.

Erscheinungszeit: Juli bis Oktober.

Ähnliche Arten: Sehr ähnlich ist die Hundsrute auch der **Himbeerroten Hundsrute** *(Mutinus ravenelii)*, die sich durch einen besonders starken Aasgeruch auszeichnet. Etwas größer ist der **Vornehme Rutenpilz** *(Mutinus elegans)*, der ebenfalls stark nach Aas riecht und eine verschmälerte Spitze aufweist.

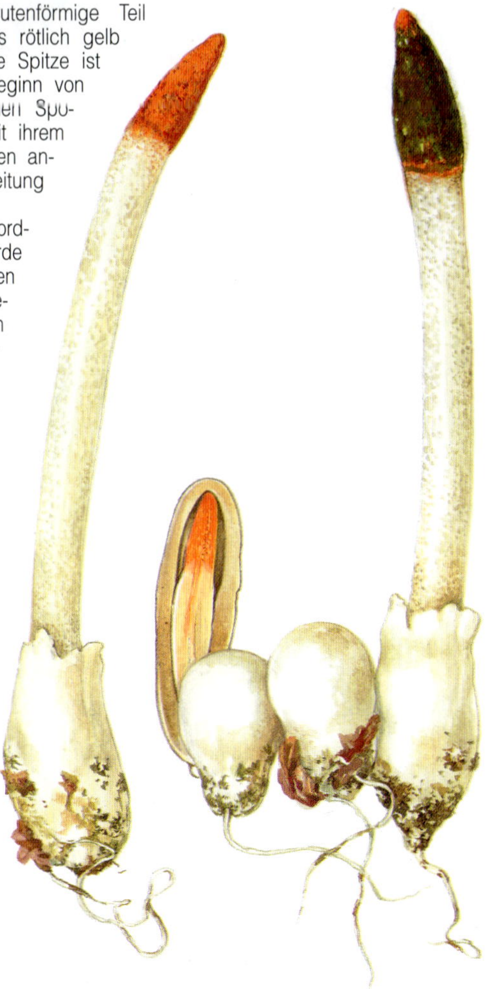

Stinkmorchel • Phallus impudicus

Visitenkarte

Hut
Ø 3-5 cm;
grünlich

Schaft
10-20 cm;
weiß

Fleisch
weißlich

Geruch
abstoßend

Sporen
gelblich

Standort
Laubwald

Genießbarkeit
ungenießbar

Im Jugendstadium tritt dieser Pilz als sogenanntes »Hexenei« in Erscheinung wobei dieses hühnereigroße, außen weiße, innen gallertige Gebilde halb in den Boden eingesenkt ist. Zur Reifezeit schiebt sich daraus ein weißer runzeliger Schaft in die Höhe, an dessen Spitze ein glockenförmiger Hut mit wabenartiger Struktur sitzt. Der Stiel ist zylindrisch geformt bzw. nach oben verjüngt; er ist schwammig porös und völlig hohl. An der Basis ist er von einer häutigen Scheide eingehüllt, die mit ihren wurzelartigen Myzelsträngen etwas in den Boden reicht. Das schwammig weiche Fleisch des Pilzes und insbesondere die schmierige olivgrüne Sporenmasse des Hutes entwickelt einen starken Aasgeruch, der in großem Umkreis Insekten anzulocken vermag.

Farb- und Formveränderung: Die Fruchtschicht, welche den Hut bedeckt, ist von olivgrüner bis schwarzer Farbe. Diese anfangs breiige, später schmierige Masse lockt mit ihrem Aasgeruch Insekten an, welche in der Folge für die Verbreitung der Sporen sorgen. Der junge Pilz, welcher noch vom »Hexenei« umschlossen ist, hat einen rettichartigen Geruch und Geschmack.

Standort: Die Stinkmorchel ist recht häufig in Laub- und Nadelwäldern, aber auch in Parkanlagen zu finden.

Erscheinungszeit: Mai bis November.

Ähnliche Arten: Große Ähnlichkeit besteht mit der **Dünenstinkmorchel** *(Phallus hadriani)*, die sich durch ihre rosa bis lilafarbene Scheide sowie den rundlichen Hut unterscheidet.

Große Ähnlichkeit mit den Stinkmorcheln haben die Pilze der Gattung Dictyophora, *die jedoch an ihrem »Röckchen« zu erkennen sind, das den Schaft oben teilweise bedeckt.*

Dictyophora duplicata

Stinkmorchel (Phallus impudicus)

Dictyophora indusiata

Morchella conica • Spitzmorchel

Der Hut des Spitzmorchel ist völlig hohl und zumeist von spitzkegeliger, seltener auch rundlicher Form. Die wabenartige Struktur der Oberfläche mit ihren viereckigen Vertiefungen ergibt sich durch die parallel in der Längsrichtung verlaufenden Hauptrippen sowie schwächere Querrippen. Der stämmige Stiel mit seiner etwas runzeligen, kleiigen Oberfläche ist oft nach unten verbreitert. Das Innere von Hut und Stiel besteht in einem gemeinsamen Hohlraum. Das Fleisch der Spitzmorchel ist wachsartig und brüchig; Geruch und Geschmack sind nicht allzu ausgeprägt, aber durchaus angenehm.

Farbveränderung: Der Hut ist anfangs bräunlich grau und später olivbraun getönt, wobei die Rippen sich allmählich schwarz verfärben. Der Stiel, der an der Basis verjüngt oder auch verbreitert sein kann, ist weißlich bis ockerfarben getönt. Das weiße Fleisch nimmt mit der Zeit einen grauen Farbton an.

Standort: Die Spitzmorchel ist in Laub- und Nadelwäldern ebenso beheimatet wie in Auwäldern und Parkanlagen, oft auch unter Gebüsch und auf Schuttplätzen.

Erscheinungszeit: April bis Mai.

Ähnliche Arten: Die Spitzmorchel ist leicht mit anderen Morcheln zu verwechseln, die allesamt - unter Einhaltung gewisser Vorsichtsmaßnahmen - sehr gute Speisepilze sind.

Vorsicht bei der **Dickfußmorchel** *(Morchella crassipes)!*

Visitenkarte

Hut
Ø 2-4 cm; Höhe 3-8 cm; braun

Stiel
4-8 cm; weißlich

Fleisch
weißlich

Geruch
kaum ausgeprägt

Geschmack
angenehm

Sporen
gelb

Standort
Laub- und Nadelwald

Genießbarkeit
ausgezeichnet

Morchella crassipes • Dickfußmorchel

Der stumpfkegelige Hut weist an der Oberfläche tiefe Gruben auf, die von dünnen Rippen begrenzt sind. Der lange, stämmige Stiel zeigt eine unregelmäßig gefurchte Oberfläche. Das Fleisch des Pilzes ist weiß und lässt keinen nennenswerten Geruch oder Geschmack erkennen.

Farbveränderung: Der Hut kann ockerfarben bis bräunlich grau getönt sein. Der Stiel ist im allgemeinen weiß, wobei oft rosafarbene Schattierungen zu sehen sind.

Standort: Dieser Pilz ist vorwiegend in Laubwäldern beheimatet.

Erscheinungszeit: April bis Mai.

Ähnliche Arten: Dieser Pilz hat große Ähnlichkeit mit anderen Morcheln, kann jedoch etwas größer als diese werden.

Vorsicht! Wie verschiedene andere Morcheln gilt auch die Dickfußmorchel als ausgezeichneter Speisepilz, wenngleich man vor der kulinarischen Verwendung dieser Pilze einige Vorsichtsmaßnahmen beachten sollte: **Wichtig ist,** dass nur junge Exemplare gesammelt werden dürfen, da ältere Pilze mitunter heftige Magenbeschwerden hervorrufen können. In jedem Fall ist eine längere Kochzeit zu empfehlen; auch sollte man diese Pilze nie in großen Mengen verzehren, da sich die Giftstoffe der Morcheln im menschlichen Organismus anreichern können.

Visitenkarte

Hut
Ø 5-8 cm; Höhe 6-12 cm; ockerfarben

Stiel
8-18 cm; weiß

Fleisch
weiß

Geruch
kaum ausgeprägt

Geschmack
kaum ausgeprägt

Sporen
weiß

Standort
Laubwald

Genießbarkeit
ausgezeichnet

Speisemorchel • Morchella esculenta

Visitenkarte

Hut
Ø 4-10 cm;
ockerfarben

Stiel
5-20 cm;
weiß/gelblich

Fleisch
weiß

Geruch
aromatisch

Geschmack
mild

Sporen
gelblich

Standort
Laub-,
Mischwald

Genießbarkeit
gut

Der Hut dieses Pilzes ist eiförmig bis stumpfkegelig, wobei die Oberfläche durch ihre wabenartigen Vertiefungen gekennzeichnet ist. Bei diesem Pilz sind die begrenzenden Rippen jedoch nicht längs ausgerichtet, sondern verlaufen wellenartig, sodass die Hutoberfläche an unregelmäßige Bienenwaben erinnert. Der stämmige Stiel ist an der Basis verdickt und zeichnet sich durch eine grubig faltige Oberfläche aus. Er ist ebenso wie der Hut völlig hohl. Das zarte, überaus brüchige Fleisch zeigt einen angenehm aromatischen Geruch und einen milden Geschmack.

Farbveränderung: Der Hut kann ockergelb bis braungelb gefärbt sein. Der Stiel ist zunächst weiß und nimmt mit der Zeit einen gelblichen Farbton an.

Standort: Die Speisemorchel ist in Laub- und Mischwäldern, aber auch in Auwäldern, oft unter Eschen, sowie in Parkanlagen zu finden.

Erscheinungszeit: April bis Mai.

Ähnliche Arten: Hier ist vor allem ein weiterer Vertreter der Morcheln, *Morchella rotunda,* zu nennen, die sehr oft als Abart der Speisemorchel betrachtet wird. Verwechslungsgefahr besteht allerdings auch mit der stark giftigen **Frühjahrslorchel** *(Gyromitra esculenta).*

Vorsicht! Die Speisemorchel gilt als sehr schmackhafter Pilz. Sie sollte jedoch, wie alle Morcheln, nicht im Übermaß genossen werden, da dies unter Umständen Magenbeschwerden hervorrufen kann.

Morchella rotunda

Der zerbrechliche, hohle Hut ist von kugeliger Form. Seine Oberfläche zeichnet sich durch wabenartige Vertiefungen aus, die von unregelmäßigen, gewellten Rippen begrenzt sind. Der stämmige, an der Basis verdickte Stiel ist an der Spitze flockig und nach unten hin von Rillen durchzogen. Er ist ebenso wie der Hut völlig hohl. Das brüchige weiße Fleisch hat einen leicht süßlichen Geruch und einen angenehm milden Geschmack.
Farbveränderung: Der Hut ist ockerbraun bis olivbraun gefärbt, wobei die Rippen der unregelmäßigen Waben gelblich getönt sind. Der Stiel ist anfangs weiß und nimmt mit der Zeit einen gelblichen Farbton an.
Standort: Dieser Pilz ist vor allem in lichten Laubwäldern anzutreffen, insbesondere unter Eschen und Ulmen. Auch an Wegrändern ist er nicht selten zu finden, wobei er eine Vorliebe für sandige Böden zeigt.
Erscheinungszeit: April bis Mai.
Ähnliche Arten: Von den übrigen Morcheln unterscheidet sich dieser Pilz durch seine rundliche Hutform.
Vorsicht bei der **Dickfußmorchel** *(Morchella crassipes)*!

Visitenkarte

Hut
Ø 4-7 cm; gelblich

Stiel
4-8 cm; weiß

Fleisch
weiß

Geruch
leicht süßlich

Geschmack
angenehm

Sporen
ockerfarben

Standort
Laubwald

Genießbarkeit
ausgezeichnet

Wie alle Morcheln muss auch dieser Pilz vor jeder Zubereitung ausreichend gekocht werden, damit die thermolabilen Giftstoffe ihre Wirksamkeit verlieren.

Frühjahrslorchel • Gyromitra esculenta

Visitenkarte

Hut
Ø 5-15 cm; braun

Stiel
3-8 cm; weißlich

Fleisch
weiß

Geruch
angenehm

Geschmack
angenehm (nicht roh kosten)

Sporen
weiß

Standort
Nadelwald

Giftigkeit
TÖDLICH

Die Frühjahrslorchel galt früher abgekocht als essbar. Da sie aber auch gekocht noch unliebsame allergische Reaktionen hervorrufen kann, sollte man auf diesen Pilz unbedingt verzichten.

Der hohle Hut dieses Pilzes zeigt gehirnartige Windungen, wobei er oft in mehrere Lappen unterteilt ist. Die Wülste sind am Hutrand mit dem Stiel verwachsen. Dieser ist mehr oder weniger hohl und an der leicht filzigen Oberfläche von Längsfalten durchzogen oder mit Gruben versehen. Das brüchige und wachsartige Fleisch hat einen nicht sehr intensiven, aber durchaus angenehmen Geruch und Geschmack.

Farbveränderung: Der Hut kann von gelblich brauner bis rötlich brauner Farbe sein. Der Stiel ist anfangs weißlich und nimmt mit der Zeit oft eine fleischfarbene Tönung an.

Standort: Die Frühjahrslorchel ist vor allem in sandigen Kiefernwäldern zu Hause, wo sie an Baumwurzeln und Strünken sowie auf Kahlschlägen zu finden ist.

Erscheinungszeit: März bis Mai.

Ähnliche Arten: Die Frühjahrslorchel wird bisweilen mit der ebenfalls giftigen **Riesenlorchel** *(Gyromitra gigas)* verwechselt, die etwas heller gefärbt ist. Ähnlichkeit besteht aber auch mit einigen Morcheln, die sich jedoch durch ihre wabenartigen Hüte von den Lorcheln unterscheiden.

Synonym: *Physomitra esculenta.*

VERGIFTUNGSGEFAHR

In rohem Zustand ist dieser Pilz stark giftig, unter Umständen sogar tödlich. Verantwortlich dafür ist das Gift Gyromtrin, das Leber und Nieren angreift. Es wird durch Kochen oder Trocknen zwar weitgehend zerstört, es können dennoch auch beim Genuss des gekochten Pilzes allergische Reaktionen auftreten, sodass vom Verzehr in jedem Fall abzuraten ist. Zusätzliche Gefahr droht von älteren Exemplaren, die Giftstoffe enthalten, welche auch durch Erhitzen nicht unschädlich gemacht werden können. Eine durch diesen Pilz hervorgerufene Vergiftung äußert sich zunächst in Übelkeit, Erbrechen und Durchfall, bisweilen gefolgt von Gelbsucht bzw. Leber- und Nierenerkrankungen, welche unter Umständen sogar zum Tod führen können.

Kastanienbrauner Becherling

Peziza badia

Der Fruchtkörper dieses Pilzes zeichnet sich durch sein schüssel- bzw. schalenförmiges Äußeres aus, wobei der Rand oft unregelmäßig verbogen oder gelappt sein kann. Die Innenseite ist von dunkelbrauner Farbe, während die Außenseite rotbraun getönt und kleiig ist. Ein Stiel ist - wenn überhaupt - nur im Ansatz vorhanden. Das wachsartige, brüchige Fleisch lässt keinen nennenswerten Geruch oder Geschmack erkennen. Beim Anschnitt tritt ein Saft aus, der sich braun verfärbt.

Farbveränderung: Die Färbung des Hutes bewegt sich zwischen Rötlich Braun und Dunkelbraun.
Standort: Der Kastanienbraune Becherling ist in Laub- und Nadelwäldern auf sandigen und lehmigen Böden beheimatet.
Erscheinungszeit: Juni bis Oktober.
Ähnliche Arten: Dieser Pilz kann leicht mit anderen braunen Becherlingen verwechselt werden.
Vorsicht! Der Kastanienbraune Becherling wird zwar von manchen als essbar eingestuft, kann aber sicher nicht als hochwertiger Speisepilz angesehen werden.

Visitenkarte

Fruchtkörper
Ø 3-8 cm; Höhe 2-4 cm; bräunlich
Fleisch
rötlich
Geruch
kaum ausgeprägt
Geschmack
kaum ausgeprägt
Sporen
weiß
Standort
Laubwald
Genießbarkeit
mittelmäßig

Tuber aestivum • Sommertrüffel

Der mehr oder weniger kugelförmige Fruchtkörper ist ganz von pyramidenförmig schwarzbraunen Höckern bedeckt. Die festfleischige Fruchtmasse im Inneren hat einen starken aromatischen Geruch und einen nussartigen Geschmack.
Farbveränderung: Die Färbung des Fruchtkörpers variiert zwischen Dunkelbraun und Schwarz. Die Fruchtmasse ist zunächst weißlich, später gelblich getönt; sie zeigt eine typische Marmorierung in Form von grauen bis dunkelbraunen oder weißen Adern, die den Fruchtkörper durchziehen.
Standort: Die Fruchtkörper der Sommertrüffel wachsen unterirdisch in Laubwäldern, insbesondere unter Eichen und Buchen; etwas seltener ist sie auch in Nadelwäldern anzutreffen.

Erscheinungszeit: August bis Dezember.
Ähnliche Arten: Auf Grund der mit pyramidenförmigen Höckern bedeckten Oberfläche ist dieser Pilz kaum mit anderen Arten zu verwechseln.
Speisewert: Die Sommertrüffel ist essbar und gilt als guter Speisepilz; vor allem als Würzpilz wird sie gerne verwendet.

Visitenkarte

Fruchtkörper
Ø 3-9 cm; bräunl. schwarz
Fleisch
weißlich
Geruch
aromatisch
Geschmack
nussartig
Sporen
braun
Standort
Laubwald
Genießbarkeit
gut

Kurioses und Wissenswertes rund um die Pilze

EIN RIESENPILZ

Aus der Vielzahl der Pilze ragt im wahrsten Sinne des Wortes eine Art hervor - de Riesenbovist *(Langermannia gigantea)* aus der Familie der Staubpilze (Lyco perdaceae). Dieser kugelförmige Pilz kann nämlich einen Durchmesser bis zu 1 m (! und ein Gewicht von 25 kg erreichen. Seine bisweilen außergewöhnliche Größ drückt sich sogar in den verschiedenen wissenschaftlichen Bezeichnungen aus, di für diesen Pilz z. T. auch heute noch in Verwendung sind, wie z. B. *Lycoperdo giganteum*, *Lycoperdon maximum* oder *Calvatia gigantea*. Um kein falsches Bil entstehen zu lassen, sei aber erwähnt, dass sich dieser Riese unter den Pilze gewöhnlich mit einer weitaus geringeren Größe begnügt. Junge Exemplare de Riesenbovists werden übrigens als Speisepilze sehr geschätzt. Vor allem in frühere Zeiten wurden für diesen Pilz aber auch andere Verwendungsmöglichkeite gefunden - unter anderem von Bienenzüchtern, die, wann immer sie am Bienenstoc arbeiteten, ein Stück des Riesenbovists entzündeten, da der Rauch, den der Pil dabei entwickelte, die Bienen beruhigte, was die Arbeit des Imkers spürba angenehmer gestaltete.

Angesichts der Größe dieses Pilzes überrascht es nicht, dass er noch einen weiteren »Rekord« innehat: der Fruchtkörper kann in manchen Fällen bis zu sieben Milliarden Sporen enthalten.

DER PILZ ALS BEHAUSUNG

Jeder Pilzefreund weiß, dass es Tiere gibt, die sich besonders gerne von Pilzen ernähren. Da sind in erster Linie die Schnecken zu nennen, deren Vorliebe für Pilze einen äußerst gefährlichen Irrtum aufkommen ließ - oft ging man nämlich davon aus dass Pilze, die von Schnecken befallen würden, nicht giftig sein könnten, was absolu nicht der Wahrheit entspricht. Aber nicht nur Schnecken, sondern auch Mäuse und Eichhörnchen wissen einen schmackhaften Pilz zu schätzen und horten die Fruchtkörper oft als Nahrungsmittelvorräte in ihren Höhlen.

Weniger bekannt dürfte die Tatsache sein, dass Pilze von manchen Tieren nicht als Nahrungsquelle, sondern als Behausung genützt werden. Je nachdem, wie eng das jeweilige Lebewesen an den Pilz als Lebensraum gebunden ist, kann man dre Gruppen von Tieren unterscheiden: zur ersten Gruppe gehören bestimmte Insekten, Spinnentiere und Weichtiere, die bisweilen ihr ganzes Leben in einem bestimmten Pilz verbringen - ja, die unter Umständen in keiner anderen Umgebung leben können. Die zweite Gruppe wird von jenen Lebewesen gebildet, die nicht unbedingt an einen Pilz als Behausung gebunden sind und die - je nach Angebot - auch in pflanzlichem Material, das in Zersetzung begriffen ist, leben können. Zur dritten Gruppe gehören jene Tiere, die nur vorübergehend bei einem Pilz zu Gast sind - sei es, weil seine Feuchtigkeit ihnen behagt, oder weil sie nirgendwo sonst Nahrung finden konnten. Es versteht sich von selbst, dass mehrjährige Fruchtkörper für Gäste aus der Tierwelt besonders attraktiv sind.

DIE TINTLINGE

Unter dieser Bezeichnung versteht man Pilze der Gattung *Coprinus*, die sowohl an der Gestalt ihrer Fruchtkörper als auch an einigen Besonderheiten in ihrer Entwicklung leicht erkennbar sind. Hier ist vor allem die Eigenart der Lamellen zu ennen, sich mit zunehmender Reifung der Sporen dunkel zu verfärben und schließlich tintenartig zu zerfließen. Bei diesem Prozess lösten sich große Teile des Fruchtkörpers samt den Lamellen in einer schwarzen wässrigen Masse auf. Es handelt sich dabei erstaunlicherweise um einen Vorgang, der chemisch gesehen dem Verdauungsprozess im tierischen Organismus ähnlich ist. Die Auflösung des Gewebes wird nämlich durch die Tätigkeit bestimmter Enzyme vorangetrieben. Dieser Auflösungsprozess vollzieht sich bei größeren Pilzen innerhalb einiger Tage, während er bei kleineren Arten binnen weniger Stunden ablaufen kann.

3000 METER UND DARÜBER

Im Gebirge herrschen üblicherweise nicht jene Bedingungen, wie sie die meisten Pflanzen für ihr Gedeihen benötigen, und dennoch haben es viele Pilze geschafft, auch in einer solchen eher unwirtlichen Umgebung Fuß zu fassen - und zwar vor allem mit Hilfe bestimmter Pflanzen, mit denen sie in enger Gemeinschaft zu beiderseitigem Vorteil leben - eine Symbiose, die als Mykorrhiza bekannt ist. Im allgemeinen sind im Gebirge dieselben Arten zu finden wie im Tiefland, wenngleich es auch einige typische Bewohner des Berglandes gibt, wie z. B. *Russula alpina*, *Lactarius lacunarum* oder *Amanita nivalis*. Besonders anpassungsfähig sind die Pilze aus der Familie der Scheibenlorcheln (Discinaceae), von denen die meisten auch in Höhen von über 2000 Metern leben können. So treten etwa die Vertreter der bekannten Gattung *Discina* (Scheibenbecherlinge) in den Alpen oft schon nach der Schneeschmelze in Erscheinung. Ein Pilz, der sich ebenfalls sehr gut an die Lebensbedingungen in höheren Lagen (Gebirge) anzupassen vermag, ist der Wurzelschopftrichterling *(Clitocybe vermicularis)* aus der Gattung der Trichterlinge (Clitocybe).

PILZE ALS WASSERBEWOHNER

Einige Schlauchpilze haben das Wasser als Lebensraum gewählt - so wachsen z. B. die Haubenpilze *(Mitrula paludosa)* an den Stängeln und Wurzeln von Wasserpflanzen sowie an versunkenen Blättern und Ästchen. Zur Reifezeit wächst der Stiel des Fruchtkörpers zur Wasseroberfläche empor, sodass die Sporen vom Wind fortgetragen werden können. Bei anderen wasserbewohnenden Pilzen ist es das Wasser selbst, das für die Verbreitung der Sporen sorgt und so dem Pilz die Möglichkeit gibt, neuen Lebensraum zu erobern.

LEUCHTENDE PILZE

Der überaus weit verbreitete Hallimasch *(Armillariella mellea)*, der - wenngleich nicht von allen vertragen - doch als guter Speisepilz gilt, hat eine ganz besondere Eigenschaft aufzuweisen: Nachts kann man beobachten, dass ein grünliches Leuchten von ihm ausgeht. Zurückzuführen ist diese Erscheinung auf bestimmte chemische Reaktionen, die im Zuge der Atmung in den Zellen vor sich gehen. Es wurde zwar bisweilen die Vermutung geäußert, dass dieses Phänomen vom Pilz dazu eingesetzt werde, um Insekten anzulocken, welche dann für die Verbreitung der Sporen sorgen würden, doch geht man heute davon aus, dass es sich dabei um rein chemische Vorgänge handelt, die in keinerlei Zusammenhang mit irgendwelchen Fortpflanzungsstrategien stehen. Der Hallimasch ist nicht der einzige Pilz, welcher in der Dunkelheit leuchtet - auch *Clitocybe illudens*, *Lactarius lampus* sowie *Omphalotus olearius* (der Ölbaumpilz) verfügen über diese Eigenschaft. Eine Vielzahl derartiger Pilze ist in den Tropen beheimatet; so ist es in manchen Gebieten in Indonesien Brauch, dass die Mädchen sich Halsketten aus solchen leuchtenden Pilzen anfertigen, um auf diese Weise ihre Verehrer in der Dunkelheit auf sich aufmerksam zu machen.

EIN PILZ ALS HAUSBEWOHNER

Es gibt eine Pilzart, die gänzlich an menschliche Siedlungen gebunden ist; dieser Pilz, der Echte Hausschwamm *(Serpula lacrymans)*, kommt in der Natur nur im

Himalajagebiet vor, wo er in abgestorbenen Bäumen lebt. Der Hausschwamm befällt in menschlichen Behausungen feuchtes Holz, wobei großer Schaden entstehen kann. Ausgehend von feuchten Stellen kann sich der Pilz nämlich auch auf trockene Bereiche ausbreiten, da er - wenn er einmal Fuß gefasst hat - in der Lage ist, sich selbst die Bedingungen zu schaffen, welche er zum Überleben benötigt - indem er mit Hilfe seiner Hyphen Wasser an trockene Stellen transportiert; außerdem vermag er das Wasser, welches bei der Zersetzung von Zellulose frei wird, für denselben Zweck zu nutzen. Die etwa 1 cm dicken Fruchtkörper des Pilzes können sich auch an Ziegelmauern entwickeln, wobei sie dann über Hyphenstränge, die sogenannten Rhizomorphen, mit dem Myzel im Holz verbunden bleiben.

DIE WEITE REISE DER SPOREN

Die meisten Sporen können sich ihre Keimfähigkeit sehr lange bewahren: manche Pilzarten bringen Sporen hervor, die bis zu zehn Jahre im Boden ruhen können, ehe jene Bedingungen eintreten, welche die Bildung eines Myzels und damit auch neuer Fruchtkörper ermöglichen. Derart lange Zeiträume des inaktiven Zuwartens machen verständlich, dass die Übertragung von Pilzsporen durch den Menschen von einem Kontinent zum anderen möglich war, wobei nicht selten tausende von Kilometern überwunden wurden. Ein derartiger historisch belegter Fall ist die Gemeine Hundsrute *(Mutinus caninus)*, die heute in den Wäldern Europas recht weit verbreitet ist. Vor dem Zweiten Weltkrieg war dieser Pilz ausschließlich in Nordamerika beheimatet. Es waren amerikanische Soldaten, welche die Sporen als »blinden Passagier« nach Europa brachten - wahrscheinlich im Schmutz, der an ihren Stiefeln haftete. In Europa angekommen, fanden die Sporen sogleich ideal geeignete Bedingungen vor, die es ihnen ermöglichten, zu keimen und zu fruchten und sich in der Folge über den gesamten Kontinent auszubreiten. Ein weiteres Beispiel für die Überwindung großer Distanzen stellen die Rostpilze dar, die als Parasiten auf verschiedenen Pflanzen, u. a. auch auf Getreide, leben; die Sporen dieser Pilze können - vom Wind getragen - in einem Jahr Entfernungen zurücklegen, welche der Distanz zwischen Kanada und Texas entspricht.

EIN RÄTSEL AUS PRÄHISTORISCHER ZEIT

Im September 1991 wurde am Rande des Similaungletschers, an der Grenze zwischen Österreich und Italien, die mumifizierte Leiche eines Mannes im Eis gefunden, der vor rund 5300 Jahren gelebt hatte. Bei dem Leichnam, dem Similaunmenschen oder »Ötzi«, wie man ihn bisweilen liebevoll nennt, fand man eine ganze Reihe von Dingen und Gegenständen, die wohl sein Reisegepäck dargestellt hatten. Unter diesen Habseligkeiten befanden sich auch einige sehr kleine Pilze mit dünnem Stiel und feinem Hut. Zu welchem Zweck mochte er sie mit sich geführt haben? Diese Frage ausreichend zu beantworten ist den Wissenschaftlern bis heute nicht gelungen. Es sind vor allem zwei Hypothesen, denen man eine gewisse Wahrscheinlichkeit zugesteht: die eine lautet, dass diese Pilze, nachdem ihre Hütchen im trockenen Zustand leicht entzündbar waren, dem Mann im Eis dazu dienten, Feuer zu machen, d. h., er trug die Pilze als eine Art Zünder mit sich. Die andere Möglichkeit geht davon aus, dass es sich um halluzinogene Pilze handelte, die der Mann hin und wieder zu sich nahm, um neue Kräfte zu mobilisieren bzw. jene Strapazen zu meistern, welche die Wanderung durch unwegsames und gefährliches Gelände ihm ohne Zweifel bereitet haben muss.

DIE »JUWELEN« DER KÜCHE

Diese Bezeichnung verdient wohl vor allem die Trüffel, der wohl kostbarste und auch teuerste unter allen Pilzen. Schon Plinius schwärmte von diesen sonderbaren »Knollen«, die bereits in der Antike mit Gold aufgewogen wurden. Nach dem Fall des Römischen Reiches geriet die Trüffel etwas in Vergessenheit, doch mit der Renaissance begann ihr Ansehen rasch wieder zu steigen. Die Suche nach diesem Pilz ist heute längst nicht mehr Angelegenheit von Hobbysammlern; angesichts der enormen wirtschaftlichen Bedeutung, die der Trüffel mittlerweile zukommt, wird die Sammeltätigkeit nur noch von Experten ausgeübt. Wir wollen hier dennoch ein wenig auf die charakteristischen Standorte dieses wertvollsten aller Pilze eingehen. Ein Hinweis, dass sich Trüffeln unter der Grassode befinden kann z. B. das Fehlen von Gräsern und Kräutern sein, da das Myzel der Trüffel die Entwicklung von Pflanzen behindert, welche nicht in Symbiose mit ihr leben. Darüber hinaus sind an Trüffelfundorten immer wieder Risse im Boden zu beobachten, die durch das unterirdische Wachstum der Pilze hervorgerufen werden.

Ein traditionelles Hilfsmittel bei der Trüffelsuche stellt ein einfaches Stöckchen dar, mit dem man die Erde vorsichtig durchstöbert, bis man auf ein Hindernis stößt, bei dem es sich um einen Stein oder besser um den gesuchten Pilz handeln kann. Ein wirkungsvollerer Helfer bei der Suche ist natürlich ein abgerichteter Hund, der mit seinem empfindlichen Spürsinn die Trüffeln zielsicher zu finden vermag. Allseits bekannt in dieser Rolle sind auch Schweine, die dank ihrer Vorliebe für Trüffeln die begehrten Fruchtkörper ebenfalls mit großem Erfolg aufzuspüren vermögen. Auf Grund der Schäden, die diese Tiere beim Graben verursachen, und wohl auch weil sie viele Fundstücke selbst fressen, werden ihre Dienste bei der Trüffelsuche heute jedoch nicht mehr so häufig in Anspruch genommen.

PILZE, KINDER DES DONNERS

Auf Grund ihrer einzigartigen Formen und ihres so plötzlichen, unvermuteten Erscheinens in Wiesen und Wäldern haben die Pilze seit jeher die Fantasie der Menschen beflügelt. Im ersten nachchristlichen Jahrhundert spürte Plinius der Jüngere dem Ursprung der Trüffel nach, wobei er sich vor allem Gedanken darüber machte, wie sich diese Gewächse ohne herkömmliche Wurzeln entwickeln konnten. Im Laufe der folgenden 1500 Jahre kam man der Antwort auf diese Frage kaum einen Schritt näher. Die Kräuterkundigen des 16. Jahrhunderts interessierten sich vor allem für die Heilkräfte der Pilze und kaum für deren biologische Merkmale und Eigenheiten. Im Jahr 1522 schrieb Gerolamo Block, dass Pilze und Trüffeln nichts anderes wären als »die überschüssige Feuchtigkeit des Bodens, der Bäume, des morschen Holzes und anderer verrottender Stoffe«. Diese Sichtweise leitet sich von Annahmen her, wie sie in der Antike vorherrschten, denen zufolge die Pilze von Regen und Donner geschaffen würden. Im Volksglauben der Germanen findet man bisweilen noch viel seltsamere Erklärungen: So soll Gott Odin in stürmischen Gewitternächten - von Dämonen verfolgt - auf seinem Pferd über den Himmel gehetzt sein; wobei der blutige Schaum des keuchenden Tieres aus Maul und Nüstern zur Erde fiel, wo daraus die roten und weißen Hüte der giftigen Pilze entstanden seien.

DIE RÖMER DER ANTIKE - WAHRE FEINSCHMECKER

Die Ersten, die den feinen Geschmack gewisser Pilze so richtig zu würdigen wussten, waren wohl die Römer. Doch auch unter ihnen gingen die Meinungen darüber auseinander. So betrachtete sie Seneca nicht als Speise im eigentlichen Sinne, sondern eher als eine Art Appetitanreger, der in der Lage sei, einen völlig gesättigten Menschen zum Weiteressen zu animieren. Wie auch immer, es besteht kein Zweifel, dass die Römer Mengen an Pilzen verschiedenster Art verzehrten. Trüffeln, Morcheln, Stäublinge, Röhrlinge und Champignons waren feste und sehr hoch geschätzte Bestandteile der römischen Küche. Der begehrteste Speisepilz jener Tage war der Kaiserling *(Amanita caesarea)*, der gar als »Speise der Götter« angesehen wurde. Im mediterranen Raum erfreut sich dieser Pilz übrigens nach wie vor großer kulinarischer Beliebtheit.

PILZKULT IN MITTELAMERIKA

Auf der Halbinsel Yucatan in Mexiko werden immer wieder bearbeitete Steine gefunden, welche die Form von Pilzen aufwiesen, in die menschliche Gesichtszüge eingemeißelt waren. Daraus lässt sich die Vermutung ableiten, dass die Maya, die ab 2500 v. Chr. eine blühende Kultur entwickelten, einst Kulte pflegten, die auf der

Verehrung von Pilzen beruhten. Eine derartige Verehrung dieser Gewächse mag vielleicht in den halluzinogenen Eigenschaften mancher Pilze liegen, wie sie beispielsweise manche Arten der Gattungen *Psilocybe* und *Stropharia* innehaben. Dass man über die halluzinogene Wirkung mancher Pilze in Mittelamerika schon vor langer Zeit Bescheid wusste, wird in verlässlichen Aussagen der spanischen Konquistadoren des 16. Jahrhunderts überliefert. Der in Mexiko tätige spanische Missionar Bernardino de Sahagún berichtete z. B. von »kleinen Pilzen, von den Indios *teonanacatl* (›Fleisch der Götter‹) genannt, welche im Moos höher gelegener, kalter Regionen wachsen. Wer von ihnen isst, scheint nämlich Visionen oder auch Wahnvorstellungen zu bekommen oder sich schwach zu fühlen.« Bernardino beschreibt auch, auf welche Weise diese Pilze zu rituellen Zwecken verzehrt wurden: »Sie essen die kleinen Pilze mit Honig, worauf sie von seltsamen Erregungszuständen befallen werden; manche beginnen zu tanzen, andere weinen, wieder andere beginnen zu singen.« *Teonanacatl* galt als heiliges Wort, das höchstens geflüstert werden durfte; bei manchen Stämmen war es allein dem Schamanen gestattet, dieses Wort auszusprechen.

PILZVERGIFTUNGEN

Die Verwendung von Pilzen als Nahrungsmittel nahm wahrscheinlich schon in prähistorischer Zeit ihren Anfang. Während der langen Zeitspanne, in der die Menschen als Jäger und Sammler lebten, stellten Waldpilze wohl bereits ein wichtiges Nahrungsmittel dar, auch wenn ihr Erscheinen an bestimmte Jahreszeiten gebunden war. Zweifellos lernten die Menschen schon damals, welche Pilze sich als Nahrung eigneten, genauso wie sie - durch bittere Erfahrungen - lernten, welche Pilze es zu meiden galt. Die ersten Aufzeichnungen über die Verwendung von Pilzen zu Ernährungszwecken stammen aus der Antike. Griechen und Römer waren bereits Kenner auf diesem Gebiet und wussten ein köstliches Pilzgericht durchaus zu schätzen. Doch auch bei ihnen scheint es beim Verzehr von Pilzen immer wieder zu tödlichen Zwischenfällen gekommen zu sein, wie schon Euripides (480 bis 406 v. Chr.) berichtet, wenn er von einer Frau schreibt, die mitsamt ihrer Familie »an Pilzen erstickt« sei.

KRÖTENSCHEMEL

Die Auffassung, dass zwischen den genießbaren und den giftigen Pilzen ein prinzipieller Unterschied bestünde, dürfte vermutlich ihren Ursprung in den pflanzenkundlichen Werken haben, welche im 16. und 17. Jahrhundert angefertigt wurden. Ein typisches Beispiel hierfür stammt aus einem solchen im Jahr 1526 in England veröffentlichten Werk: »Es gibt zwei Arten von Pilzen - jene, die für jedermann tödlich sind, der von ihnen isst - man nennt diese Pilze *toad stooles* (›Krötenschemel‹) -, und jene, die diese Auswirkung nicht haben. Die Tod bringenden Pilze sind stets schleimig und klebrig und ganz und gar unverdaulich; sie bergen schreckliche Gefahr für jeden, der von ihnen isst und sollten deshalb unbedingt gemieden werden.« Dasselbe Prinzip wurde in den ersten Klassifikationen der Pilze angewandt; so unterteilte Clusius (1601) die Pilze in zwei große Gruppen, die *Fungi esculenti* (essbare Pilze) und die *Fungi noxii et perniciosi* (gesundheitsschädliche Pilze).

DIE ERSTEN PILZZUCHTEN

Mit einer gezielten Aufzucht von Pilzen wurde in der ersten Hälfte des 17. Jahrhunderts in Frankreich begonnen. Es war unter der Herrschaft Ludwigs XIV., als französische Bauern erste Methoden zur Züchtung von Champignons entwickelten. Doch erst im 19. Jahrhundert gelangte man von vereinzelten Zuchtexperimenten zu einer Verfeinerung der Anbaumethoden. Wirtschaftliche Bedeutung erlangte diese Weiterentwicklung schließlich im 20. Jahrhundert, als man die Pilzzucht mit Erfolg auch im größeren Maßstab zu betreiben begann.

Glossar

APOTHECIUM
So nennt man den Fruchtkörper bestimmter Schlauchpilze, die eine schüssel-, kelch- oder scheibenartige Form besitzen und deren Fruchtschicht, Thecium genannt, freiliegt.

ASCOMYCETES
Die Klasse der Schlauchpilze, bei denen die Sporen im Inneren von Schläuchen gebildet werden.

ASCUS
Organ der Schlauchpilze (siehe Ascomycetes), das sack- oder schlauchartig geformt ist und in dessen Innerem die Sporen (Ascosporen genannt) gebildet werden.

ATROPIN
Gegengift, das bei manchen Pilzvergiftungen verabreicht wird, beispielsweise bei einer Muscarinvergiftung.

AUTOTROPH
Eigenschaft aller Pflanzen, die zur Photosynthese fähig sind, d. h., die mit Hilfe des Sonnenlichts aus Wasser und Kohlendioxid Zucker herstellen können. Pilze sind im Gegensatz zu allen Grünpflanzen nicht autotroph sondern heteroph (siehe heterotroph).

BASIDIE
Zelle von meist keulen- oder walzenförmiger Gestalt, an deren Fortsätzen (Sterigmen) bei den Ständerpilzen die Sporen (sogenannte Basidiosporen) gebildet werden.

BASIDIOMYCETES
Die Klasse der Ständerpilze, bei denen die Sporen an Ständern (Basidien) gebildet werden.

BASIS
Unterer Teil des Stiels. Ihre Form stellt ein wichtiges Unterscheidungsmerkmal für die Bestimmung eines Pilzes dar. Die Basis kann beispielsweise knollig verdickt, spindelartig verlängert, ringförmig gebändert, von einer hohen Scheide umgeben oder kugelförmig sein.

BEREIFT
Huthaut und Stiel eines Pilzes können von einem weißen Belag bedeckt sein, der ihnen ein samtiges oder wachsartiges Aussehen verleiht.

BUCKEL oder HÖCKER
Mehr oder weniger deutliche Erhebung in der Hutmitte, die vielen Pilzen eigen ist. Man unterscheidet grundsätzlich zwischen rundgebuckelten und (rundhöckerigen) spitzgebuckelten (spitzhöckerigen) Formen.

CORTINA
Haarschleier, der vor allem bei jungen Pilzen zwischen Hut und Stiel zu sehen ist. Die

Cortina ist Teil des *Velum partiale* (Teilhülle) und fehlt oft bei älteren Pilzen. Sie kann von häutigem, feinsamtigem oder spinnwebartigem Aussehen sein.

ENDOPERIDIE
So nennt man die Innenhülle der Bauchpilze, die bei reifen Pilzen zerreißt, um die Sporen freizugeben. Sie ist dünner als die Außenhülle (siehe Exoperidie).

EPIGÄISCH
Merkmal von Organismen, in unserem Fall von Pilzen, deren Fruchtkörper oberirdisch, also über der Erde wachsen.

EXOPERIDIE
So wird die dickere Außenhülle der Bauchpilze genannt, die - ebenso wie die Innenhülle (siehe Endoperidie) - zerreißt, um die reifen Sporen entweichen zu lassen.

FASERIG
Merkmal des Pilzstiels, dessen Faserstruktur eine bevorzugte Teilung in der Längsrichtung ermöglicht.

FLECHTEN
Symbiontische Organismen, die aus der Lebensgemeinschaft eines Pilzes mit einer dazu passenden Algenart hervorgehen.

FLOCKIG
Mit kleinen bis winzigen Flocken besetzt, die schuppenähnlichen Charakter haben.

FRUCHTKÖRPER
Sichtbarer, kurzlebiger Teil des Pilzes, welcher die Basidien bzw. die Asci trägt, auf bzw. in denen die Sporen produziert werden.

FRUCHTSCHICHT
Siehe Hymenium.

GELAPPT
Merkmal von Pilzhüten mit eingerissenem, in relativ große Lappen geteiltem Rand.

GENETZT
Merkmal des Stiels, wenn er mit einer fein- oder grobmaschigen Netzstruktur überzogen ist, die weißlich, gelblich bis rötlich oder bräunlich gefärbt sein kann. Netzzeichnungen sind bei Pilzen der Gattung Boletus (Röhrlinge) sehr häufig zu finden.

GERIEFT
Feine Längsstreifen entlang des Stiels, oder noch häufiger Radialstreifen auf dem Hut, wie sie z. B. bei der Gattung Russula (Täublinge) häufig zu beobachten sind.

GLEBA
Fruchtmasse, in der bei den Bauchpilzen die Basidien mit den Sporen gebildet werden.

HALLUZINOGENE
Pilzgifte, die Sinnestäuschungen hervorrufen, z. B. Muscarin, Muscaridin, Bufotenin und Psilocybin.

HETEROTROPH
Eigenschaft von Organismen, die nicht zur Photosynthese fähig sind und die somit

gezwungen sind, von anderen Organismen produzierte Nährstoffe aufzunehmen und in ihren Stoffwechsel einzuschleusen. Zu dieser Gruppe gehören auch die Pilze.

HEXENEI
Volkstümliche Bezeichnung für den unreifen eiförmigen Fruchtkörper mancher Pilze (Stinkmorchel, *Phallus impudiens*), welcher unterhalb der Außenhaut von einer dicken Gallerthülle umgeben ist. Im Inneren des »Hexeneis« befindet sich die Fruchtmasse (siehe Gleba).

HUT
Oberer Teil des Fruchtkörpers bei den Ständerpilzen und manchen Schlauchpilzen, an dessen Unterseite sich die Fruchtschicht (Hymenium) in Form von Lamellen (Blätterpilze), Poren (Röhrlinge und Porlinge) oder Stacheln (Stachelpilze) befindet. Der Hut kann zentrisch (gestielt), exzentrisch (seitlich gestielt) bzw. stark exzentrisch (am Rande gestielt, zungenförmig) an den Stiel angewachsen sein. Form und Oberfläche des Hutes können sehr unterschiedlich sein: Bei den Morcheln beispielsweise ist der innen hohle Hut oft kegelförmig und mit wabenartigen Vertiefungen versehen.

HYMENIUM
Fruchtschicht, in welcher die Sporen gebildet werden. Das Hymenium kann aus Schläuchen (Asci) oder Basidien bestehen (siehe auch Hymenophor).

HYMENOPHOR
Träger der Fruchtschicht, d. h. jene formgebende Struktur, die von der Fruchtschicht überzogen wird. Dies können Lamellen, Röhren, Stacheln oder Leisten sein.

HYPHEN
Mikroskopisch kleine Pilzfäden von unterschiedlicher Länge, die aus aneinandergereihten, miteinander kommunizierenden langgestreckten Zellen bestehen; aus solchen Hyphen ist sowohl das Pilzgeflecht (siehe Myzelium) als auch der Fruchtkörper aufgebaut.

HYPOGÄISCH
Merkmal von Organismen, in diesem Fall von Pilzen, die unterirdisch wachsen, wie dies beispielsweise beim Fruchtkörper der Trüffel der Fall ist.

KONIDIE
Ungeschlechtlich (asexuell) durch Abschirmung entstandene Zelle, die später Sporen bildet.

KONSOLENFÖRMIG
Die typische halbrunde Hutform, die vielen Porlingen zu Eigen ist, deren Fruchtkörper seitlich aus der Rinde von Bäumen herauswachsen.

KONVEX
Nach oben gewölbte Hutform.

KOPROPHIL
Eigenschaft von Pilzen, die vorzugsweise auf Kot oder Mist wachsen.

KUTIKULA
Die Huthaut des Pilzes, deren Beschaffenheit (glatt, trocken, samtig, glänzend, schleimig, schuppig etc.) ein wichtiges Unterscheidungsmerkmal darstellt.

LAMELLEN
Radial verlaufende feine Blättchen an der Hutunterseite von Blätterpilzen. Sie können

abgelöst oder frei, d. h. nicht am Stiel angewachsen, oder aber auch buchtig angewachsen, breit angewachsen, weit herablaufend bzw. ausgekerbt und mit Zähnchen angewachsen sein. Außerdem können sie queraderig miteinander verbunden oder gegabelt sein. Weiters können sie dicht gedrängt oder eher entfernt stehen.

MILCH
Die Flüssigkeit, welche Pilze der Gattung Lactarius (Milchlinge, Reizker) absondert. Diese kann süßlich, säuerlich, bitter oder scharf schmecken und weißlich bis rötlich gefärbt sein.

MUSCHELFÖRMIG
Typische Form des Fruchtkörpers, wobei der Hut einem exzentrisch angewachsenen kurzen Stiel aufsitzt. Als Beispiel wäre der bekannte Austernseitling zu nennen.

MYKOLOGIE
Wissenschaft von den Pilzen.

MYKORRHIZA
Das Zusammenleben einer höheren Pflanze (Baum) mit einem Pilz zu beiderseitigem Vorteil (siehe auch Symbiose), wobei sich die Hyphen des Pilzes mit den Wurzeln des Baumes verbinden. Bei der Ektomykorrhiza umschließt das Pilzmyzel die Wurzelspitzen des Baumes äußerlich. Von einer Endomykorrhiza spricht man, wenn die Pilzfäden tief ins Innere des Wurzelgewebes eindringen.

MYKOSE
Erkrankungen, die - von Pilzen verursacht - an Menschen, Tieren und Pflanzen auftreten können.

MYZELIUM (Myzel)
Bezeichnung für das aus vielen meist milchig weißen filzigen Pilzfäden (siehe Hyphen) bestehende Pilzgeflecht, welches unterirdisch wächst und zur gegebenen Zeit Pilzfruchtkörper zum Zweck der Fortpflanzung hervorbringt. Primärmyzel nennt man jenes Myzel, das sich nach der Keimung aus einer Spore bildet und das männlichen oder weiblichen Geschlechts sein kann. Ein Sekundärmyzel bildet sich, wenn zwei Primärmyzelien verschiedenen Geschlechts miteinander verschmelzen. Aus diesem neuen Myzelium gehen nach einiger Zeit Fruchtkörper hervor.

PARASIT
Pilz, der auf Kosten anderer lebender Organismen wächst. Ein parasitischer Pilz entnimmt seiner Wirtspflanze laufend Nährstoffe und schädigt bzw. vernichtet sie mit der Zeit.

PERIDIE (Peridium)
Die äußere unfruchtbare Hülle des Fruchtkörpers bei Bauchpilzen.

PERITHECIUM
Geschlossener kugel- bis birnenförmiger Fruchtkörper bei einigen Schlauchpilzen, in dem die Sporenschläuche heranwachsen und der sich gewöhnlich am Scheitel in Form eines kleinen fasergepolsterten Kanals (Ostiolum) öffnet.

POREN
Öffnungen bzw. Mündungen der Röhren bei den Gattungen Polyporaceae (Porlinge) und Boletaceae (Röhrlinge). Die rundlichen, eckigen oder länglichen Poren können sehr fein, bisweilen aber auch ziemlich groß sein. Sie können u. a. weiß, gelb, rot, braun oder olivfarben getönt sein.

RING (Manschette)
Häutiges Gebilde am oberen Abschnitt des Stiels. Er kann einfach (bei Wulstlingen) oder doppelt (bei Champignons) ausgebildet sein. Beim Ring handelt es sich um den Rest der Teilhülle (siehe auch *Velum partiale*), welche die Lamellen, Poren oder Röhren der jungen Pilze schützt. Der Ring kann beweglich (bei vielen Pilzen der Gattung Lepiota) bzw. vergänglich sein.

RHIZOMORPHEN
Wurzelähnliche Myzelstränge, die bei manchen Pilzarten nach dem Pflücken an der Stielbasis haften bleiben und die in erster Linie dem Stofftransport aus dem unterirdischen Myzel zum Fruchtkörper dienen.

RÖHREN
Form des Hymenophors bei Röhrlingen und Porlingen. Die Röhren können bei den verschiedenen Pilzarten von recht unterschiedlicher Länge sein. Sehr kurze Röhren werden irreführend auch als Poren bezeichnet.

SAPROPHYT
Pilz, der von der Zersetzung abgestorbener Organismen lebt.

SCHUPPIG
Beschaffenheit der Oberfläche eines Pilzes, wenn sie mit mehr oder weniger großen Schuppen bedeckt ist. Diese können fest anhaften oder leicht ablösbar sein.

SITZEND
Manche Pilze entwickeln keinen Stiel, sitzen also mit ihrem Hut direkt auf dem Substrat auf (siehe ungestielt).

SPOREN
Einzellige Vermehrungskörperchen der Pilze, die mit den Samen von höheren Pflanzen nicht zu vergleichen sind, weil Letztere vielzellige Fortpflanzungskörper darstellen.

STACHELN
Ausbildung des Hymenophors in Form von Stacheln, wie sie bei der Gattung Hydnaceae (Stachelpilze) zu beobachten ist.

STANDORT
Wuchsstelle der Pilze. Die meisten Pilze bevorzugen als Standort einen bestimmten Waldtyp, nämlich Laubwald, Nadelwald oder Mischwald. So trifft man häufig eine Pilzart nur in einem bestimmten Waldtyp bzw. auf oder unter einer bestimmten Baumart an. Für den Pilzsammler ist es daher wichtig zu wissen, welche Umgebung (Habitat) ein Pilz bevorzugt.

STIEL
»Ständer«, auf dem der Hut sitzt. Die Oberfläche des Stiels kann flockig, schuppig, gerieft, körnig oder mit einem Netz überzogen sein. Die Form des Stiels kann u. a. zylindrisch, keulenförmig, nach unten verjüngt oder dickbauchig sein.

SUBSTRAT
Substanz oder Unterlage, auf der ein Pilz gedeiht und aus der er seine Nährstoffe bezieht.

SYMBIOSE
Das Zusammenleben zweier unterschiedlicher Organismen zu beiderseitigem Nutzen. Mykorrhizapilze leben beispielsweise in einer Symbiose mit höheren Pflanzen (Bäumen).

THALLUS
In der Mykologie (Pilzkunde) ist damit der gesamte Pilzkörper gemeint, also Pilzgeflecht (Myzel) und Fruchtkörper zusammengenommen.

THERMOLABIL
Hitzeunbeständig; manche Pilze enthalten thermolabile Gifte, die durch Abkochen ihre Giftwirkung verlieren.

THERMOSTABIL
Hitzebeständig; manche Pilzgifte bleiben auch nach längerer Kochzeit wirksam.

TRICHTERFÖRMIG
Form des Hutes, wenn in der Mitte eine tiefe Einbuchtung besteht.

UNGESTIELT
Fruchtkörper, der ohne Stiel, also sitzend aus dem Substrat herauswächst.

VELUM GENERALE (Gesamthülle)
Schutzhülle, die bei vielen Pilzarten den jungen Fruchtkörper völlig umschließt. Mit fortschreitender Entwicklung streift der Pilz diese Hülle ab, sodass sie nur noch in Form einer Scheide (Volva) an der Stielbasis oder aber in Form von Warzen bzw. Schuppen auf der Huthaut zurückbleibt (z. B. bei vielen Wulstlingen).

VELUM PARTIALE (Teilhülle)
Hülle, die bei einigen Pilzarten die Hutunterseite bedeckt und beim ausgewachsenen Pilz am Stiel einen Ring bzw. einen Schleier (siehe Cortina) hinterlässt (z. B. bei vielen Schirmlingen, Knollenblätterpilzen, Schleierlingen etc.).

VOLVA (Scheide)
Häutiges Gebilde von meist weißlicher Farbe, das sich rund um die Stielbasis erhebt und den Rest der Gesamthülle (siehe *Velum generale*) darstellt. Eine Scheide ist beispielsweise bei manchen Pilzen der Gattungen Amanita (Wulstlinge) und Volvariella (Scheidlinge) zu beobachten.

WARZEN
Rundliche, meist weiße Gebilde, die als Reste der Gesamthülle (siehe *Velum generale*) auf der Huthaut mancher Pilzarten zurückbleiben. Diese können fest anhaftend oder leicht vom Regen abwaschbar sein.

ZWISCHENLAMELLEN
Lamellen, die deutlich kürzer als die herkömmlichen Lamellen ausgebildet und bei manchen Pilzen zwischen den längeren Lamellen eingestreut sind.

Einteilung der Pilze in Familien

STÄNDERPILZE (BASIDIOMYCETES) 26-36, 42-204

Wissenschaftliche Pilznamen